薄荷实验
Think As The Natives

Ashley Mears

VIP世界
美貌经济的社会学透视

Very Important People
Status and Beauty in
the Global Party Circuit

〔美〕阿什利·米尔斯 著
时川萌 译

华东师范大学出版社
·上海·

图书在版编目（CIP）数据

VIP 世界/（美）阿什利·米尔斯著；时川萌译.
上海：华东师范大学出版社，2024. —ISBN 978 - 7
- 5760 - 5577 - 1

Ⅰ. F014.5

中国国家版本馆 CIP 数据核字第 2025WQ5490 号

VERY IMPORTANT PEOPLE: Status and Beauty in the Global Party Circuit
By Ashley Mears
Copyright © 2020 by Princeton University Press
All rights reserved. No part of this book may be reproduced or transmitted in any form or by any means, electronic or mechanical, including photocopying, recording or by any information storage and retrieval system, without permission in writing from the Publisher.
Simplified Chinese translation copyright © 2025 by East China Normal University Press Ltd.
All Rights Reserved.

上海市版权局著作权合同登记　图字：09 - 2020 - 851 号

VIP 世界

著　　者　（美）阿什利·米尔斯
译　　者　时川萌
责任编辑　赵万芬　顾晓清
审读编辑　陈　震
责任校对　姜　峰　时东明
装帧设计　周伟伟

出版发行　华东师范大学出版社
社　　址　上海市中山北路3663号　邮编 200062
网　　址　www.ecnupress.com.cn
客服电话　021 - 62865537
网　　店　http://hdsdcbs.tmall.com

印 刷 者　苏州工业园区美柯乐制版印务有限公司
开　　本　890×1240　32开
印　　张　12.75
版面字数　244千字
版　　次　2025年3月第1版
印　　次　2025年3月第1次
书　　号　ISBN 978 - 7 - 5760 - 5577 - 1
定　　价　89.00 元

出 版 人　王　焰

（如发现本版图书有印订质量问题，请寄回本社客服中心调换或电话 021 - 62865537 联系）

目 录

中译本序言	001
致 谢	001
序 章	001
第一章 我们是最酷的人	009
第二章 白昼	063
第三章 夸富宴	097
第四章 模特营中的交易	151
第五章 谁是支配者	217
第六章 从底层起步	301
第七章 尾声	335
研究附录	351
参考文献	358

中译本序言

亲爱的中国读者朋友：

《VIP世界》这本书通过披露VIP派对全球性巡回的细节，展示了众多商界大鳄和时尚美女台前幕后的经济交易。本书的研究素材全部来源于我的实地田野调查，例如在纽约、汉普顿、迈阿密、法国里维埃拉等地派对和俱乐部的亲身经历。尽管深植于西方场域，本书的论述在全球都具有适用性。值得一提的是，在本书中文版寻找译者之际，即将在哈佛大学攻读东亚研究硕士的时川萌来信表示了极大的热忱。很高兴这本书由她翻译，这样我的第二本书也继续在华东师范大学出版社出版。

我写作这本书的想法始于很久以前。参加完佐治亚大学毕业典礼两天后，我便登上了飞往中国香港的飞机，去履行模特表演合同。其实在整个大学本科期间，我一直签约在亚特兰大某家模特经纪公司。此类公司为业余模特演出提供商业市场，并把当地模特介绍给世界各地的经纪公司，以换取一些佣金。当我的许多同学参加留学交换项目时，我则拖着装满高跟鞋和紧身牛仔裤的行李箱，穿梭于一栋栋小型模特公寓——只要那个城市有愿意接待我的经纪公司。从米兰到东京再到大阪，我进入了全球模特经营系统。这一系统将年轻的美女模特作为资源，在业已成熟的时尚市场和新兴的时尚市场之间进行配置。用行业术语来说，我是一个"新面孔"。作为时尚界的新人模特，我渴望在职业生涯起步阶段尽可能多地出国旅行来丰富人生，但缺乏明确的职业发展路径。大学毕业之后，我于2002年8月到了香港。

香港是当时中国商品出口的主要集散地之一。自1997年回归后，香港的时尚设计领域就充满活力，金融市场一派繁荣。拔地而起的玻璃幕墙摩天大楼见证着财富的积累，成为这座城市标志性的天际线。那时香港的模特市场收益颇丰，尤其青睐我这样的欧亚混血模特——这还要感谢我父亲的韩国血统。在香港的短短六个月内，我赚到的钱相当于接下来在纽约读社会学博士期间五年模特收入的总和。那一年我才21岁。

在香港，我了解到了在亚洲时尚市场中美貌的价值。同样，美的价值也体现于精英阶层夜生活的毗邻空间。那些精英俱乐部的老板彼此熟悉，并和他们的男性主顾多为朋侪。他们大都出身富裕家庭，在香港一起长大，上过同一所寄宿学校，或同在海外常春藤名校留学。而这些模特大多是高中学历，进入其社交网络，组成这一男性世界"十字旋转门"的另一面。坐落于兰桂坊的俱乐部（Dragon-I）每个星期一晚上都会为模特们举办一场丰盛的晚宴，这被戏称为"饥饿星期一"。因为在这一天能窥见模特的普遍经济状况——她们会为了免费佳肴蜂拥而来。

我21岁那年，对这种安排既反感又好奇。一方面，我喜欢出来工作而不想自掏腰包；另一方面，却隐隐感到这是一种不公平的交易。美貌与金钱之间的资本交换本质上是权力结构的失衡。在接下来的 20 年里，我对这一失衡机制产生了极大的研究兴趣。

本书则是这一兴趣的一个成果。在《VIP 世界》中，我观察了女性如何利用美貌来吸引精英男性，也记录了男人如何在美女的陪伴下搭建富有价值的商业联系，并将女性排除于利益方之外。这本书还记述了一种特殊的炫耀性消费形式：男人购买并挥霍昂贵的酒水，以此作为财富的证明。

社会学家金伯利·凯·黄（Kimberly Kay Hoang）在胡志明市的高端女侍俱乐部中也观察到了类似的状况。在那里，女性工作者打扮精致、面容姣好、举止优雅，提升了越南商贾在全球金融和投资领域的交易地位（*Dealing in Desire*, 2015）。

性别地位的动态变化，以及女性的美貌在男性商业洽谈中的价值，其实存在于各领域、各阶层，而并非是精英们的标配。社会学家欧爱莲（Eileen Otis）在研究观察一些奢华酒店时，注意到美女经济和互动性服务业的并行运作（*Markets and Bodies*, 2011）：根据男宾客阶层的不同，酒店女员工需要调整外表和仪态，以免被误认为是性工作者。

美貌经济对女性而言既可能是奖赏，也可能是惩罚。这些变化将引发极具魅力的研究问题。在当今时代，美貌的重要性如何强调也不为过，无论在婚恋还是劳动市场上皆是如此。那么，随着女性社会地位的提升、社会运动的变革和社交媒体的发展，外貌的权重与之带来的社会不公是否会逐渐减轻？

此外，种族问题和白人霸权问题也值得研究。金伯利·凯·黄认为，在越南，女性身体连同名牌手机、手表和威士忌，赋予越南男性质疑西方殖民主义式的自信。社会学家詹姆斯·法勒（James Farrer）和历史学家安德鲁·大卫·菲尔德（Andrew David Field）观察到，经常光顾亚洲俱乐部的客人对白人的青睐在降低。这些洞见激发了更多关于国际模特在亚洲俱乐部未来市场的价值问题的讨论：西方白人女性是否会一直享有"饥饿星期一"的特权？随着亚洲经济与政治的崛起，殖民历史带来的白人审美标准是否会被本土审美所取代？许多研究还提及，得益于韩国流行音乐和偶像经济在亚洲乃至全世界的发展，此种现象已经出现。

我对美和性别问题研究得越多，便越觉得美貌是一种资本。尤其相比于拥有它的女性本身，男性更能主导它的价值。换言之，美貌成为将金钱转化为社会地位的"炼金术"的重要一环。揭示遍布全球的这一"炼金术"的秘密，仍是有意义的社会学挑战。

致 谢

首先,感谢带我走进他们世界的先生和女士们。他们花费时间,与我分享他们的故事。这是完成此书的基础。

用了较长时间写这本书的一个好处,就是有机会与更多的人进行讨论。在这里,我真诚地感激朋友、同事和家人的慷慨,他们不厌其烦地与我交流想法。很多同事都阅读了本书的不同版本,并提出了宝贵的意见:加布里埃尔·罗斯曼(Gabriel Rossman)、戴维·格拉齐安(David Grazian)、布鲁诺·库森(Bruno Cousin)、塞巴斯蒂安·乔文(Sébastien Chauvin)、吉赛琳德·凯珀斯(Giselinde Kuipers)、诺亚·麦克莱恩(Noah McClain)、克莱顿·柴尔德斯、尼基·福克斯(Nicky Fox)、维维安娜·泽利泽、蒂莫西·多德(Timothy Dowd)、杰里米·舒尔茨(Jeremy Schulz)、艾莉森·格伯(Alison Gerber)、莎伦·科普曼(Sharon Koppman)、西莫斯·可汗、弗雷德里克·戈达尔(Frédéric Godart)、弗朗西丝卡·塞特菲(Francesca Seteffi)、瑞秋·谢尔曼、卢娜·格卢克斯伯格(Luna Glucksburg)、加里·艾伦·法恩(Gary Allen Fine)与安妮特·拉鲁(Annette Lareau)。我在波士顿大学的同事,尤其是埃米莉·巴曼(Emily Barman)、朱利安·戈(Julian Go)、凯瑟琳·康奈尔(Catherine Connell)、米歇尔·安特比(Michel

Anteby)、阿莉亚·古塞瓦（Alya Guseva）、纳兹莉·基布里亚（Nazli Kibria）与南希·安默曼（Nancy Ammerman），分享他们的智慧，助我拓宽学术视野。我的学生康纳·菲茨莫里斯（Connor Fitzmaurice）在写作初期给予了我宝贵的意见，希瑟·穆尼（Heather Mooney）提供了大力的研究支持。

我开始这项民族志研究是在2012年。那年我获得了波士顿大学人文学科中心授予初级职员的研究资金；这个中心由詹姆斯·温恩领导，而他给了我很多鼓励。感谢塞巴斯蒂安·乔文的邀请，让我在研究尚处于资料分析阶段时就得到了"阿姆斯特丹性别和性倾向研究中心"的研究职位。我与发出邀约的塞巴斯蒂安·乔文进行多次对话，逐渐形成了关于性别与资本的论点。在撰写本书时，我在位于布达佩斯的中欧大学著名的性别研究系和社会学与社会人类学系做访问教授。尤其感谢亚历山德拉·科瓦尔斯基（Alexandra Kowalski）、埃莉萨·赫尔姆斯（Elisa Helms）和多利特·盖娃（Dorit Geva）的支持。此外，我还有幸与美国多个座谈会和工作坊的读者分享书中的不同论点，使之更加完善。它们包括麻省理工学院的经济社会学研讨会、哈佛大学的文化与社会分析工作坊、普林斯顿大学的社会组织研究中心，以及宾夕法尼亚大学、埃默里大学、佐治亚大学、南加利福尼亚大学、多伦多大学、得克萨斯大学奥斯汀分校、加州大学伯克利分校的社会学系。在欧洲，我也到以下机构讲演并与其他学者进行研讨：德国科隆的马克斯·普朗克研究所，瑞士的洛桑大学，意大利的帕多瓦大学、维罗纳大学、博洛尼亚大学，巴黎的社会科学高等学院，以及塞尔维亚的贝尔格莱德大学哲学和社会理论研究所。

第四章的内容曾以"作为精英特质的女孩：身体资本的占有"为题，2015年在《诗学：文化、媒体与艺术实证研究期刊》上发表。第五章的内容曾以"在VIP派对中的无偿工作：关系工作和同意书的产生"为题，2015年在《美国社会学评论》上发表。第六章的内容曾以"超级高端活动：VIP派对经纪人、中间人的目标冲突"为题，在《社会科学研究论文集》上发表。在此，我由衷地感谢这些学术杂志的审稿人与编辑们。

我更要感谢普林斯顿大学出版社的编辑梅根·莱文森（Meagan Levinson）。梅根是一位非常有耐心的人。在本书受到的评论中，最尖锐也最有帮助的两条是她提出的。此外，也感谢那些匿名的评审者。在写作中，我在早期收到了大卫·洛本斯坦（David Lobenstein）发来的宝贵意见。雷诺兹·里克特（Reynolds Richter）一直以来也是一位优秀且有效的批评性读者。感谢斯蒂芬·特威利（Stephen Twilley）出色的编辑工作！

感谢在整个写作过程中支持我的朋友们：奥利亚·祖埃娃（Olya Zueva）、艾琳·兰侬（Eileen Lannon）、尤利娅·瓦西里佐娃（Yulia Vasiltsova）、恩利克·科尔尼亚尼（Enrico Corniani）、玛丽·瓦斯（Marie Vaz）、阿尔瓦罗·塞维利亚·布伊特拉戈（Álvaro Sevilla Buitrago），以及我的导师朱迪思·斯泰西（Judith Stacey）。

最后，向我的家人致谢。感谢我的父母，凯西和迈克。感谢爱德温和凯西的支持。我的婆婆斯拉维卡·彼得洛维奇给我提供了极大帮助，让我有时间写作。我的妹妹珍妮弗·米尔斯帮我设计图表甚至有时陪我去做田野调查。还要致谢弗拉基米尔·彼得洛维奇，我横跨大西洋进行学术探险旅程中真正的伴侣，感谢你照顾我们的诺拉和卢卡。

序章

星期日，下午 5 点，迈阿密

我在迈阿密明星岛的一栋别墅的客房里醒来时，已是下午5点，满身是蚊咬的痕迹及午后潮热的汗液。三天前，我跟随26岁的俱乐部经纪人桑托斯抵达迈阿密，来参加著名的电子音乐盛会超世代音乐节。三天内，我经历了旋风般的快节奏派对串场：从一个俱乐部到另一个俱乐部，再到酒店的阁楼套房和清晨泳池派对。到了第四天，参加完所有宴会派对之后，桑托斯接上扬声器，在我们的别墅里继续派对活动。震耳欲聋的电子乐到正午时分才消停——我不知道（具体时间），但至少那时我终于睡着了。

这并不是我们*的别墅。它是用一个周末50000美元的租金租来的。这个周末，它将属于一群来自南加州抵押银行的富有的年轻人。租赁中介已经邀请桑托斯和"他的女孩们"——其中大部分是模特——参加银行家的周末派对。银行家们憧憬着这样的周末，激动不已。模特是全球VIP俱乐部场景必需的"设备"。"模特与酒瓶"意味着一段美好的时光。作为一名"形象经纪人"，桑托斯的主要工作是负责在夜晚为高端派对接

---

* 原文为斜体的内容，以仿宋字体表示。——编者注

送模特。据我所知，有时甚至通宵达旦。

在潮闷的小客房里，我在两张床之间小心翼翼地迈步，小心移动地上的裙子、高跟鞋和行李箱里散落的物件，并从我的香奈儿手包里翻出已经凉了的麦当劳早餐卷饼，那是我几个小时前在派对间隙匆忙购买的。我带着它和电脑，坐到室外的游泳池旁。这里没有任何银行家，也没有桑托斯和他的模特。在修剪整齐的草坪和棕榈树旁边，空啤酒瓶和香槟瓶散落一地。

四周静谧，除了长夜未眠引起耳鸣的偶尔发作。对话声要想超过聚会的音乐几乎是不可能的。为了在 72000 瓦数的音响系统里听到别人说话，你必须用一根手指按住离说话人最近的那只耳朵凸起的小软骨——只有按平它，才能淹没背景噪音，让大脑聚焦在一股垂直而来的声振上。

这就是为什么在昨晚派对的最高潮时刻，我在嘈杂声中仍能听到桑托斯的声音。当一桶香槟在欢呼声与烟花棒闪烁中送到我们桌前时，桑托斯面朝我脸的方向靠过来，用一只手指按住我的耳朵："不可思议！你看吧，我就说过。我这是在全世界最棒的派对上！"

跟桑托斯外出，的确给我带来了奢侈派对上不可思议的体验：身体被烟花照亮的美女模特们和一拨拨向我们送来的昂贵香槟。在前一晚的某个时刻，一位有钱男士为我们这一桌点了一排烟花棒、几十瓶香槟酒后，我们每个人都喝到了自己专属的唐培里侬香槟。推杯换盏之间，我们脱下的高跟鞋散乱地放在桌子上——我们赤着脚在沙发上跳舞。这是属于桑托斯、我、其他女孩和经纪人刺激的几小时，是美貌与金钱专有世界的一部分，全部以最过度的和满负荷展示的方式呈现出来。

2012 年 3 月的时候，我曾在派对的旺季来过迈阿密。那时，美国经济已从 2008 年的金融危机中复苏，但很不均衡。大部分收益还是流向所受影响最小的高收入者。对富人群体来说，香槟就像从经济大萧条里免费流出的一样。所以，为了了解 VIP 的世界，我参加了派对巡回，来了解他们如何使用自己巨大且日益增长的可支配收入，以及如何看待极度浪费的烧钱娱乐——一种局外人通常感到荒唐且厌恶的行为。从 2011 年至 2013 年，我记录了精英俱乐部中财富挥霍的惯例形式——一种从汉普顿到圣特罗佩，在整个世界通用却不易实现的形式。这惹人注目的"休闲"，需要难以置信的大量劳动来保障，且劳动的价值由性别经济支撑：女性的身体由男人的金钱所衡量。点上成排的香槟，对于一个现代经济学家来说，可能是不理性的行为，但对于一个经济社会学家来说，这不过是一种特权等级制和男性主导心理的仪式化表演。通过在这个 VIP 空间里的高度剧本化和劳动性别化，极其荒诞的奢侈行为变得习以为常——甚至比在剧本编排精彩的舞台上还值得吹捧。

我之所以能进入这些场所，是因为我还可以通过"女孩"的标准——尽管遇到桑托斯时我已经 31 岁了——远大于跟随他的那些 18 岁到 25 岁的姑娘。我看起来比我的真实年龄要年轻；并且，作为一个前模特，我也"足够"漂亮，虽然我很确定自己比其他女孩更僵硬、清醒、缺乏吸引力——这也是桑托斯经常提醒我的，比如将我便于行走的坡跟凉鞋换成性感的细高跟。

像桑托斯这样的经纪人让我进入高端派对还有另外一个原

因。一个拥有博士学位、在大学任教的教授有兴趣向他请教,这令他自信心膨胀。当我们在纽约第一次见面共进晚餐时,我阐述了我的项目,告诉他我正在研究消费、性别和市场。他用极快的语速打断我,带着哥伦比亚口音说:"我们做的事是讲心理学的,是心理学上的,因为你的工作就是跟人打交道。"他接着谈到工作的压力,比如女孩们在本该出门的前一刻找借口取消了跟他外出的约定,之后很可能没有一个人跟他去派对。

不过桑托斯爱虚张声势,吹嘘他在这个精英世界里的地位。

"我是最好的,最顶尖的那种。不信你可以问任何人。世界的任何角落都知道我是谁。因为你在一个城市办了最棒的派对,接下来每个人的派对都需要你。他们都知道我的!"

那晚见面分别后,桑托斯给我留下的印象就是,他在等一个人来研究他的世界,已经很久了。

作为一名来自美洲中部的出身贫寒的拉丁裔混血,桑托斯认为,他自己在全球精英中爬升的故事就非常了不起。他深信,他注定会成为像他的客户一样的超级富豪。过了一会儿,他向我展示了他接下来夏天的业务清单和计划:即将在巴黎、米兰、圣特罗佩、戛纳和伊维萨岛举办的派对。"他们会带我飞去各个地方。这是顶级的,最顶级的水平。我可以去任何地方,这感觉真的爽极了。"

因此,我和其他三个女生加入了他前往迈阿密的俱乐部行程。在那里,我们一起住在明星岛度假别墅的一间有三张床的客房。来机场接我们的司机说,这是小镇里最奢华的住宅区,名人和富豪居住的地方。这间客房或许大多数时候都非常漂亮,但这个周末它被暂居的女孩和派对垃圾弄得一团糟。租一幢这样的别墅一周通常需要 70000 美元。受那个周末的电子音乐节的影响,银行家们的付款高了一些。

汉娜是桑托斯团队里的一员,也是一个兼职模特,任职于阿贝克隆比(Abercrombie)品牌公司。她听到银行家花了 50000 美元只租了别墅一个周末,整个人都惊呆了:"为什么?这样做的意义是什么?"

这些抵押银行的银行家们并没给出一个有说服力的解释。他们中有四个人和他们的老板乔治经常来迈阿密。乔治是这家抵押银行的创始人。我们看到乔治和他的同事在俱乐部的卡座旁坐下。在那里,乔治告诉我,卡座一个晚上的租金是 30000 美元。

"不过,我没跟你说那些。你知道的,我不想做那种把什么真实情况都说出来的人。"

"30000 美元?那很贵啊!"我说,"花这么多能带给你什么?"

"一生中最棒的夜晚。"他讽刺地笑了笑,"好吧,不是一生中真的最棒的夜晚,就是给你带来了香槟和伏特加。"乔治也知道,在俱乐部把它们提价 10 倍之前,那都是些相对廉价的饮品,但那些夜晚有乔治、他的同事们、桑托斯和女孩们都追寻的一种纸醉金迷的体验。

"只要你来过,你就会明白。"关于这个 VIP 世界,桑托斯这样解释。在我们去迈阿密的前几天,他经常说这句话。这只是 18 个月之久的全球精英派对巡回的第一站。这一旅程从纽约到迈阿密、汉普顿，一直到法国的蔚蓝海岸。抵达目的地之后，我发现了关于美貌、地位、金钱这个错综复杂的性别经济，正是像桑托斯这种经纪人日夜拼凑的成果。

　　此时，一阵阵耳鸣袭来。我坐在泳池旁，边写着昨晚的笔记，边想着自己奇怪的纠结：既为能进入这个财富与美貌的独特世界而窃喜，又分明厌弃它。最后一缕橙色的夕阳沉落到棕榈树下。过不了多久，桑托斯和其余的女孩也将醒来——再次外出参加派对的时间到了。

第一章

我们是最酷的人

VIP

星期日,深夜 11 点半,纽约

大多数人认为炫耀是件容易的事。德雷的生活则证明了炫耀的成本极其高昂。

已经将近午夜,德雷在纽约苏活区一家名为"市中心"的绝对高档的餐厅刚刚用过晚餐。德雷的左右两侧各坐了一群美女,其美貌不亚于时尚模特:年轻、高挑、无瑕,衣服和高跟鞋都是应季款,简直像刚走出秀场。她们走进来时,你几乎挪不开眼。

"市中心"是星期日夜晚的亮点。它有着奢华的内部装潢:软垫家具、红木吧台、华丽的大吊灯,墙上挂着著名时尚摄影师的大幅标志性作品。这里没有音乐。大厅里传来阵阵谈话声,大多是得体的欧洲语言,偶尔被笑声与香槟酒杯轻碰的声音打断。其间,身着白色制服的意大利服务员及时过来将酒杯倒满。在这里,每桌都坐着富人:名流和贵族,绯闻报纸常见的社交精英,演员、演奏家和作曲家,企业家和银行家——在美丽女伴的陪同下在这里用餐。

德雷的桌子在正中央,餐桌上摆着贝里尼和几份意大利面。他是其中的焦点,在他的客人中主导着对话。无论在做什么,他总会下意识环顾四周,瞥一下谁在注意他。他会故作亲切地微笑和眨眼,起身迎接前来的客人,娴熟切换着英语和法语,并与每个来宾行贴面礼,在他们的脸颊各吻两次。

德雷是一个有着迷人微笑和接近板寸发型的38岁黑人男士。他穿着皮裤和白T恤,一双崭新的限量版阿迪达斯板鞋——一副看似随意却价格不菲、被他自己称为"摇滚时尚"的装扮。他正放松地和这群白人打趣——他是这个地方仅有的几个有色族裔之一。尽管整个餐厅都难以忽视他的魅力,他仍有意吸引与他同桌的女人的注意。他与她们调情,时不时搂抱一下离他最近的那个——我知道在接下来的几个月,坐在那个位置的会是我。

"我太喜欢经纪人这个职业了!你看看我身边这些漂亮女孩儿!"他说,"她们里面可是有喜欢我的。这就比较麻烦啦。"他向斜对面的一个女孩眨了下眼。那女孩笑了一下,摇了摇头。

德雷喜欢博得关注。他已经连续六年每个星期日都在这家餐厅请美女们用餐了。在那之前,他曾在不同俱乐部出没,最早可以追溯到20世纪90年代初期。从事夜生活生意,德雷的角色算是形象经纪人。他是自由职业者,负责联系这所城市的多家俱乐部和餐厅,为那些"高质量客户群"——美女、富商、名流、精英提供社交场地。理论上讲,他带来的人应该能提升这个俱乐部的形象,而最终目的是吸引那些富有的客户来买单。每个星期日,"市中心"餐厅都会付德雷一笔不小的费用,从1200美元到4500美元不等。德雷会抽取吧台收入的25%,作为他五小时工作的酬劳。

这并不算一份可靠的工作。人们会管经纪人叫"拉皮条的"或"模特牛仔"——所谓的模特通常是时尚行业富余出的低薪新人,我们称之为"女孩",非常好挑选。[1] 经纪人也叫 PR,尤其为模特公司所不齿,每隔几年他们就会成为媒体高调曝光的对象。[2] 他们工作的核心是一个令人不悦的现实:经纪人实现了有钱男人的酒与漂亮女孩间的利益循环。德雷知道他的工作是不光彩的,但它暴利。他仅仅凭此,其年薪就可达 20 万美元。尽管这离他身边的富商的收入仍有一定差距,但德雷有信心这差距会不断缩小。和这些全球精英新贵在一起,他坚信终有一日会成为他们中的一员。

"你好?"他向身旁路过的一位身着昂贵西服的绅士问好。德雷起身与他握手,聊了一会儿又坐回来,在我耳边低语:"刚才那人是沙特阿拉伯的亿万富豪。"他又冲吧台的一位女士眨了眨眼——大约是哪个以海外银行闻名的小国的公主。当另一个男人走向我们桌子时,德雷耳语:"这个人极其有钱。他们家族,极其有钱。"德雷跟那个男人熟络地撞肩、碰拳。"我的一个女性朋友问我今晚有没有靓仔,"德雷颇有心计地停顿了一下,"有啊!你进门那一刻我就说有啦!"

这就是德雷世界里的精英。他们不是社会的 1%。他告诉我:"他们是那 0.0001%。那就是我想融入的人群。"

坐在德雷身旁的女人,比如我,不需要真的有钱,只需要看起来有钱。那太好了,因为我们这些女生可没人付得起今晚的账单。数不清的鸡尾酒、意大利面、新鲜蔬菜和沙拉、鱼肉、牛排,还有餐后甜点与咖啡,现在我们已经不再看价格了。最早我是看的,在"市中心",一杯鸡尾酒是 20 美元,一份奶酪甜菜沙拉就要 24 美元。在这 18 个月的 VIP 派对调查中，我在这里用餐很多次，但一分钱都没花过。

作为"女孩"中的一员，我们的餐饮仿佛是赠品。无尽的餐盘和酒杯，都算在俱乐部账上。为了招待我们，德雷给了服务员小费，通常是账单的 25%。每个星期日，"市中心"会为我们的陪同付 1000 美元。但长远来看，我们的在场为这家餐厅、在这里用餐的男人和德雷本人都带来了更大的利益。

德雷请来的女孩通常是时尚领域职业刚起步的模特、学生或是想从事设计或金融行业的姑娘。能坐在德雷身边的主要标准就是——长得漂亮。的确，在下午早些时候，德雷给我发了两条玩笑性的短信来确保我外表合适。"阿什，穿得惊艳些！"过了几分钟他又发了一条，"穿细高跟。"

或许他没在开玩笑。当女人们穿得漂亮时，他会不吝赞美，一旦穿错，他的态度便急转直下。他会对穿衣不符合他标准的女人冷若冰霜——除非她们有钱或有势。有一次他冲一个中等身高的女人冷漠地说："去那边儿站着。"说着，指了指远离桌子的墙角。

我陪德雷来这些地方时也经常感到不适，尽管我穿着一条崭新的丝绸连衣裙和一双 10 厘米的高跟鞋。2011 年，德雷同意带着我这个"社会学研究者"出入俱乐部，我开始背起 20 世纪 80 年代的二手香奈儿包。这个包是我从我妹妹那里借来的，外观已不太好。她在二手网站上买的，才 200 美元。我从史密斯店买了一小块皮，缝补在包包磨破的角落里；不久前连它们也开始剥落。我把包藏在背后，只露出它金黑交织的标志性包链,和这社会中1%的人群玩起以貌取人的游戏。

但我不是个例:德雷也和精英们玩着以貌取人的游戏,只不过姿态更放松些。他来自法国郊区的一个中产家庭,是阿尔及利亚一个职业家庭的第二代移民。从法国的一所法学院退学之后,他来迈阿密开启了他的音乐职业生涯。钱不够花时,他就兼职做服务员。你永远也想不到他有段时间曾无家可归——因为现在的德雷满口炫耀的都是他的人脉和企业家潜能。他总是在吹嘘他手上的五六个项目——作为流行歌手的职业生涯,他的电影制作公司,怎样为一家技术公司造势,开发一个真人秀节目,"在非洲"建立一家食品物流公司(这一项最为语焉不详),还有一家汽车服务公司。他口中的清单其实每周都会变,但他发自肺腑的乐观倒是从未改变。德雷总是这样描绘他汽车服务公司的生意模式:"你就从一辆汽车开始,然后就变成两辆,然后再有十辆。这就是美国式生意。"

随便哪天我问他日程,他典型的回复都是,"我正在忙一笔大单子!祝我好运……最多两天内就能知道结果!百万美元的大单"。

"我爱夜生活,"他喜欢接下来这句,"你永远不知道接下来会发生什么。"但就像德雷的很多其他事情一样,这只是口头说说。

过了一会儿,在请嘉宾上楼来俱乐部之前,德雷一如既往地点了一杯美式咖啡。"姑娘们,我们一起上楼参加派对怎么样?"

詹娜,一个想投身金融行业的年轻金发女郎叹了口气站起来，小声说了句：“为了我们这顿晚餐，跳舞吧。”詹娜很少来这种饭局——她在一年前认识了德雷，那时德雷在街上注意到了这个路过的漂亮本科生，便上前去做自我介绍。詹娜在学校里朋友不多，又觉得德雷性格有趣，最终把他算作自己的一个朋友。德雷以免费大餐为由说服她今晚来"市中心"。"你永远猜不到接下来你会遇见谁。"他对她使出了杀手锏——这是经纪人惯用的让女生同意出来的话。詹娜也同意了，期待可以认识金融行业某个对她毕业后求职有帮助的人。

楼上的俱乐部有点像餐厅一样，狭小且私密，只不过灯光更暗，声音更吵，醉意更浓。我们来到一个弧形的长座沙发前。沙发的左右两端连着低茶几，茶几上摆满了巴黎之花香槟、贝尔维德尔伏特加、银制篮子里冰镇的玻璃瓶装橙汁与蔓越莓汁以及整齐摆放的一摞玻璃杯。这张桌子的旁边就是 DJ 区域，在这里德雷会主持每周的卡拉 OK 派对。从半夜 12 点至凌晨 3 点，他唱啊跳啊，一边哄着身边的人做同样的事——来确保派对始终处于最佳氛围。狂欢之夜持续升温，室内随着人群拥挤也变得愈加闷热。穿着细高跟鞋的女人们踩在沙发上，更显高挑；德雷则在桌前倒着取之不尽的香槟与伏特加；模特们一边唱着俄语流行歌曲一边大笑；商人们解开衬衫的领口扣子，摘下西装背带。德雷从明显喝醉了的巴西富豪手中抢过麦克风，人们全程随着音乐忘我地舞动——这就是由德雷举办的"市中心"声名远扬的星期日派对。

尽管德雷的酬劳不少，但他的女性嘉宾，即"市中心"或其他俱乐部的女孩们，都是没有报酬的。[3] 她们得到的只有两样东西：免费的酒水食物，以及进入这个不欢迎中产群体但对美貌网开一面的 VIP 世界的"殊荣"。当我事后采访"女孩"的时候，她们大部分人理智地把这理解为一种交换，但在派对上她们闭口不谈。

与此同时，"市中心"这类 VIP 场所却获得暴利。"市中心"是一家在曼哈顿、伦敦、香港、迪拜都设有分店的连锁餐厅，年利润超过 1 亿美元。而这较之在此消费的沙特王子、俄罗斯政客、科技精英或金融巨鳄的财富来说，可谓九牛一毛。

"这间屋子里可全是钱啊。"德雷说道，笑着摇了摇头。当有穿着惹眼的女服务员高举着一瓶闪闪发光的唐培里侬香槟从他身边飘过时，他经常打手势让我注意。这种香槟每瓶价值 495 美元。

香槟的买主是全球的金融精英男性，这个群体是出了名的难以研究和下定义。我在此先将"精英"定义为掌握极大经济资源的人群，姑且先不考虑他们的社会影响和政治权力。[4] VIP 派对主要吸引着年轻的新贵阶层。对于他们来说，消费"市中心"的一瓶 495 美元的香槟等同于詹娜这类中产阶层买一杯星巴克咖啡。詹娜此刻正站在德雷的桌子旁环视房间，兴致寥寥地跟着音乐摇摆。和德雷带来的大部分女孩一样，她通常紧贴着德雷的桌子，偶尔才和屋子里的人社交。一小时后詹娜离开了。在嘈杂的音乐和闪光灯中，她没有看到任何求职的希望。

这间屋子里的每个人都有一种力量。有些力量可能转瞬即逝，比如女性的美貌。美貌像一种短命的资产，赠予她们入场券,然而在她们踏入这间屋子的那一刻,就已不再值钱。另一种力量是赤裸裸的金融资本。例如那些巨额消费者——他们纯粹的金钱力量可以充分展现给任何人,尽管有时招来批判。还有一种力量游刃其间,就像经纪人们在全球建立的精英人脉。坐拥如此富足的社会资本,这类人几乎可以爬到任何位置、做任何事——至少对这些全球精英的司仪、礼宾、小丑,偶尔还是朋友的人,比如德雷来说,是这样的。

新贵时代

或许当你偶尔路过一家俱乐部时,会注意到红绒长绳的金色围杆后面有一排正要进去的人。你可能好奇里面会发生什么,进去的都是些什么人,他们是如何进去的。在纽约夜生活的各类早期形态中——无论是20世纪70年代的迪斯科,还是九十年代中期大名鼎鼎的舞厅,像帕拉丁(Palladium)、隧道(Tunnel)之类——规则基本上是一样的。只要付一个入场费,口袋里有20美元的任何人都会在当晚共享同一个空间,熙熙攘攘地挤到吧台消费涨价的酒水。[5] 大部分俱乐部还有一个不大但隔离开来的"VIP区",在众目睽睽之下给名人和店长的朋友们提供一个世外桃源。

整座城市曾历经重大变迁,从20世纪七八十年代曼哈顿标志性的城区衰败转向九十年代经济投资与文化发展的复苏。随着城市犯罪率降低、财富积累增加,更多的俱乐部开始营业。2000年伊始,夜生活和娱乐业开始在米特帕金区萌芽。旧工业街区的大型仓库被逐渐改造成时尚公司、画廊和俱乐部。[6]千禧年年初,米特帕金区的商业租金已高达每平方米860美元,是九十年代租金的三倍。[7]

在纽约经济复苏的同时,全球财富的分布开始集中流向经济地位阶梯的顶端人群,财富所有者中顶端的1%的资产大大扩张。比如,截止到2017年,最富有的1%人群掌握着世界财富的一半——高达241万亿美元。[8]在这顶端的群体里,资产扩张比率仍有所不同:最顶尖的0.1%的人的资产在1979年的占比为7%——这一年正逢名噪一时的54俱乐部合伙人史蒂夫·卢博将风评不佳的名流拒之门外;到了2012年,最顶尖人群的资产已经激增到22%——也就是德雷正为身边那些银行家和企业大亨挥金如土买酒大为震惊的时候。[9]美国被称为"超级富豪"的这最顶尖的0.1%的人群,拥有底层家庭约90%的财富。[10]我们的时代,财富集中之极端已类似于20世纪20年代,即《了不起的盖茨比》中的精彩派对所象征的镀金时代的骄奢放纵。[11]

差距不止体现在财富占有上,更体现在资源获取上。比如,美国社会阶层顶端的1%人群,以股票和互惠基金的形式掌握着将近半数的国有资产。[12]对于在既得利益产业工作的群体来说,收入也日益成为财富的特定来源。社会学家奥利维耶·戈德肖(Olivier Godechot)曾指出,"薪富族"阶层正在崛起,他们的财富来自金融、地产、科技等蒸蒸日上的行业,他们的收入和奖金可以超过投资所得。[13]随着金融业在经济中的作用不断增强,华尔街员工的工资大幅增长,自1975年以来增长了6倍,几乎是美国工薪阶层平均工资增长的两倍。[14]在20世纪80年代末,金融证券从业者的平均奖金就已经到了1.3万美元左右;到2006年经济大萧条前,其奖金已高达19.136万美元。[15]同年,美林银行一位20多岁的金融分析师的基础薪水约为13万美元,外加奖金25万美元。一位30多岁操盘手的薪水约为18万美元,其奖金高达500万美元。[16]

在金融财富增长的大背景下,曼哈顿市中心也经历了转型,迎合新贵们的新型奢侈休闲服务应运而生。随着华尔街的财富与日俱增,越来越多的年轻金融家有大量可支配资金来享受上千美元账单的吧台服务。

长久以来,纽约就是富有消费者的胜地。随着全球化和地方政策支持,这座城市不断扩展其核心经济驱动力——金融、房地产、保险。纽约已成为国际富豪、有钱的旅行家和商人的胜地。[17]截至2008年金融危机爆发时,米特帕金区已经是百万富豪的游乐场,每个角落都被新生的豪华俱乐部、设计师奢侈品店、著名画廊、高级餐厅和酒店所占据。[18]

或许这是不可避免的——在财富激增的时代,俱乐部老板开始以经营房地产的思维经营自己的店。随着店租增加,以往的店铺运营方式和酒价已经不足以盈利。现在,舞池和吧台旁的人群区还维持着以前的模式:任何愿意付入场费和高额酒价的人都可以去。但是一家俱乐部的核心利润来自"租"给有钱客户——那些愿意为几个小时的使用权而一掷千金的人——的独立卡座。在门口稍作协商,比如了解他们所需最低消费之后,卡座客户会在贵宾金色围栏后被匆匆接走并迎到他们的座位。有些客户会为了确保空位提前预订卡座,有些则在门口干脆利落地甩出信用卡，来彰显他们的消费决心。会有专门的服务员把酒水送去他们的桌子，因此他们可以在俱乐部获得一个享用自己酒水的私人空间。其他人只能在吧台旁拥挤地站着。

早在 20 世纪 80 年代，卡座服务就是巴黎一些俱乐部的常规模式；纽约俱乐部老板抄来，并在 20 世纪 90 年代加以引进。曼哈顿第十大道的华盖（Marquee）俱乐部通常被认为是先锋酒瓶文化的倡导者，它通过雇用形象经纪人，把模特带来吸引消费者。[19] 由杰森·斯特劳斯（Jason Strauss）和诺厄·泰珀伯格（Noah Tepperberg）两位前经纪人创立的华盖俱乐部于 2003 年落成，由一个 464 平方米的仓库改建而成。连接舞池的休息区装置了 36 个卡座，有沙发、方形椅、长软座椅。经纪人占这些卡座的三分之一——他们会颇费心机地站在角落或挨近大买主，让这些 VIP 感到自己正被经纪人带来的模特们环绕着。

俱乐部曾经长期雇用"大众经纪人"来招引大量人群，以打折入场券或酒水等方式带来一组至少 50 人的男男女女。大众经纪人只负责让俱乐部不显得空落落的，但不负责人群外形等细节。"形象经纪人"则相反：他们专注于质量而非数量，严格把控入场女性的身材，为俱乐部吸引大买主。形象管理的商业模式很简单："让 10 个人免费入场，引来 50 个人为她们买单。"一名经理补充道。

在大部分俱乐部里，卡座位于舞池和屋子四壁之间，吧台在一侧，DJ 台通常略高于舞池。曼哈顿米特帕金区一个典型的高端俱乐部内部结构如图 1 所示。这家俱乐部不算大，能容纳

300人。若想在星期五晚上留一个卡座,最低消费为1000美元。在这家俱乐部的17个卡座中,每4到8个之间就会有一个经纪人(或其团队)。每个经纪人身边都会坐5到15个漂亮女孩。俱乐部老板有时也会为自己的模特和名流客人们预留一个卡座。而在经济层面和象征意义上不那么重要的人,只能站在吧台旁点酒——他们被称为"充场者"。

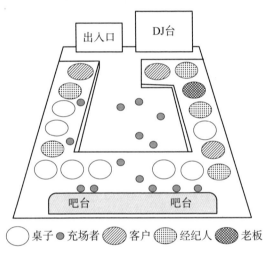

图 1　VIP 俱乐部内部

卡座由一个多人可坐(或站、跳舞)的长沙发与几张摆放酒水、冰篮和玻璃杯的矮茶几构成。一个卡座(如图2所示)通常可以容纳10到15人。在拥挤的夜晚,人们会爬上沙发靠背,或走到周边卡座和舞池里。

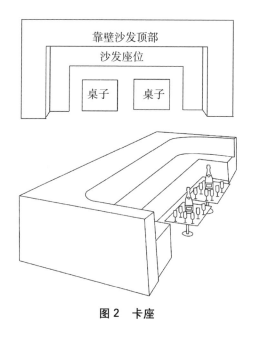

图 2　卡座

起初，酒瓶服务是出于便捷考虑，避免让额外付费的客户在吧台等太久；然而这种服务很快升级成了一种奢侈体验。21 世纪初，酒价飙升，俱乐部开始鼓励过度消费。它们设置了一种公众可见的 VIP 消费模式。[20]20 世纪 90 年代早期，酒瓶服务刚刚在纽约出现时，一瓶伏特加大约 90 美元。10 年后，一瓶法国灰雁已经卖到 500 美元（相较于零售店的 30 美元，单价飙升超过一千个百分点）。[21] 几年前，甘斯沃尔特大街占地 223 平方米、可容纳 175 人的"双七"俱乐部，平均每个卡座的账单"只要"2500 美元。[22]

酒瓶服务推陈出新。起初是在瓶颈上放烟火，很快就推出了 6 升装的香槟,而今酒单上已不乏镀金镶钻的品类。在曼哈顿第八大道的甘斯沃尔特酒店前,占地 650 平方米的"挑衅者"(Provocateur)俱乐部里,一瓶 6 升的水晶香槟可以卖到 4 万美元。有些客户抱怨俱乐部已经成为只供富人享乐的场所,变得无聊了;有些俱乐部老板抱怨酒瓶服务毁掉了大家的夜生活,会走向消亡。[23] 随着电子舞蹈音乐的兴起,俱乐部老板们会为一些巨星 DJ 开辟专门的空间。他们每晚的出场费往往高达六位数。尽管大型电子乐俱乐部以大众入场门票的方式盈利,但它们利润的绝大部分仍源于 VIP 客人所付酒水的差价。[24]

纽约,特别是纽约的夜场,已成为欧文·戈夫曼口中的"繁华胜地"。如今的俱乐部是一长串城市娱乐中最新潮的,先是歌剧、游戏厅、滨海长廊,然后是酒吧、地下酒吧和俱乐部。[25] 这些现代城市的娱乐空间里,蕴含了一种奇妙无穷的可能性,那便是只有陌生人才能带来的刺激和愉快。在 20 世纪 30 年代的舞厅,工薪阶级男人可以用 10 美分来雇一个女人陪舞 90 秒。社会学家保罗·克雷西(Paul Cressey)发现舞厅只不过是现代城市设计出的满足人类刺激需求的众多休闲场所之一。[26] 城市居民们的关注点不断从家里转移到新型商业空间,通过外出来寻求刺激。

用戈夫曼的话说,如今俱乐部的酒瓶服务体现了世界精英的"做派";它鼓励富人们去彰显财富,为了炫富而炫富。酒瓶服务俱乐部是建立在"炫耀性消费"基础上的,这个词由索尔斯坦·凡勃伦(Thorstein Veblen)在 1899 年率先提出。这位挪威裔美国经济学家在新贵时代写道,消费是社会地位竞争的一种体现。[27]他认为，暴发户们缺乏"老钱"所享有的显赫头衔，从而试图通过炫耀闲暇来获得地位，以表明他们不必为钱而工作。比如，凡勃伦发现，上流社会的太太通常有双细嫩的手和不实用的裙子，既无用又显贵——这是她先生事业成功的明证。"有闲阶级"这种为区别自己与财富较少阶层的展示，往往会转变成一种无止境的炫富，即"金钱竞赛"。然而，这份张扬之下，深藏了他们对社会地位不确定的焦虑。

如今的暴发户至少在一个关键方面不同于凡勃伦所说的有闲阶级。20世纪90年代金融薪资的蓬勃增长，导致"薪富族"一跃成为收入阶梯的顶端，闲暇与收入之间形成了某种反比关系。甚至，精英们的闲暇时间还少于一些财富、教育不如他们的人。[28]看金融从业者这类高强度的工作日程表，美国的"薪富族"比凡勃伦所写的有闲阶级工作更多、休闲更少。我在提供酒瓶服务的俱乐部里所采访的大部分客户，都赞美勤奋工作的美德并自豪于在自己工作上所付出的时间。在他们的自我展示中尤为重要的一个理念是，他们理应偶尔享受俱乐部的奢华休闲：尽情工作、尽情娱乐。

VIP俱乐部则为这些尽情工作的"有闲阶级"提供了一个进行炫耀性消费的平台，这种展现形式已经传播到世界的各个城市。[29]俱乐部里的金钱狂欢还跨越了种族界限。高级香槟不再是华尔街衣着笔挺的白人男性特权，说唱和嘻哈界也经常光顾——比如在名人中，杰伊-Z（Jay-Z）首先赞扬了水晶香槟。然而，路易王妃香槟的总经理弗雷德里克·鲁佐（Frédéric Rouzaud）公开反对把奢侈品和"纸醉金迷的生活方式"绑定在一起。这使得说唱歌手们转而抵制水晶香槟,开创了自己的黑桃 A 金瓶香槟,并将其列为高端俱乐部菜单上的固定酒水。嘻哈的全球流行印证了炫耀性消费的狂欢已经遍布世界,广受伦敦、阿比让、科特迪瓦等城市青年文化的迎纳。[30]

即使在金融危机期间及之后,世界巨鳄们对炫耀和制造过剩的表演仍在继续。经济衰退对于奢侈性花销几乎没有影响。[31]2012 年,华尔街精英们在曼哈顿四季酒店一如既往地举办年度奢华派对,恶搞金融危机,其中包括一场以阿巴(ABBA)乐队《舞后》为背景的变装表演节目,名为《拯救国王》。[32]德雷这类经纪人并非巨富群体的一员,但他们可以共享巨富阶层对金融危机的免疫性。在经济复苏期间,德雷对我说道:"我们没事儿。这儿根本没有经济衰退。"紧接着他在我的酒杯里倒满香槟,转而将注意力放在他另一侧的女孩身上。那时,美国的失业率高达 10%。

大多数人,包括凡勃伦本人,认为炫耀是富人与生俱来的特质。然而我发现,想要构建出看似不费力气的一掷千金,实则需要动用巨大的协调性工作来聚集人力——这正是 VIP 俱乐部所擅长的。VIP 俱乐部里的卡座全部经过精心策划和控制。尽管它们看起来像是派对自然而然的一部分,实际上却是后台大量劳动的产物——这些隐形工作才使得炫耀性消费变成可能。像所有盛大的戏剧一样,它的开幕需要合适的观众与合适的舞台。

模特与酒瓶

从本质上看,经纪人的工作就是为两种力量——财富和美貌——搭建舞台,这分别体现在精英男士和"女孩"身上。

"每晚都是一部作品,"一个经纪人将他的工作比喻为一部剧作的招募,"这就是我们要把众多玩家会聚一堂的原因……这是一场秀,是一场创作。你也是其中一员。"他指向我:"而我是试镜导演。我们各司其职。"

这些来自世界各地的 VIP 俱乐部的财富挥霍者,大多是男性。偶尔会有几名女性来买酒,但她们在这个男性主导性的财富世界里终究是个例外。

决定俱乐部与经纪人工作成功与否的最核心要素是"女孩"。这里的"女孩"指一个社会类属,一种具备定义这是"VIP 场所"能力的女人。尽管出于安保考虑,大部分俱乐部希望女性数量多于男性,但仅有女性数量这一点并不足以将一个普通俱乐部和一个 VIP 俱乐部区别开来。[33] 所谓的"VIP 场所"需要"有质量"的女人,而这样的女人被称为"女孩":她们年轻(通常 16 岁到 25 岁)、纤细且高挑(裸跟至少 175 厘米且带跟超过 182 厘米)。[34] 由于精英男士和时尚产业的主流品位同为白人女性,俱乐部里的"女孩"也以白人为主。

"女孩"最显著的外在特征便是美貌、身高和身材——这三方面的考量比任何性格特点和阶层出身(例如口音或魅力)都重要,毕竟俱乐部里灯光昏暗、声音嘈杂。22 岁的埃莉诺,一位常出没于纽约米特帕金区俱乐部的白人女孩解释道:"一切只关乎你多美、多瘦和多高。真的,他们只在意这些。你可以性格极糟,但仍以优越的身高而进入俱乐部。总体上来说,经纪人会来找迷人的女孩,并计你带上同样漂亮且瘦高的朋友。然后他会带你们出去,而你们不用支付任何费用。"

拥有这类身体资本的女人可以在全世界的高级餐厅与俱乐部享受免费的夜晚,无论她们财务状况、教育背景、性格特点如何。但并不是所有女孩都具有同等的价值。处于"女孩金字塔"顶端的是那些模特女郎。"啊,纽约的模特——该怎么形容呢?"埃莉诺继续道,"我不是说她们像英格兰的贵族——但我想,不是权力,而是她们所赢得的赞美。那是我人生中从未见过的。"

基于最基本的人性假设,女孩的迷人程度与其社会地位成正比。俱乐部和经纪人更想要这一类稀缺的女人:模特,或至少看似能成为模特的女人。[35] 真正的模特是最受青睐的——她们或者隶属于照片墙(Instagram)认证的大经纪公司,或者签约了不知名的小公司。当然,那种能在杂志和广告牌上被一眼认出的名模最好。找到维密超模是最理想不过的,因为她们外形火辣,又有极高的象征性地位。

在这样的场域,模特拥有一种只有圈内人才能识别的资本符号。[36] 模特不仅体现了时尚产业的高端性,还提升了和她同一空间内的人们的地位。这种陪酒服务流程被称为"模特与酒瓶",或许并非讥讽。27 岁的克劳德是一位做过四年经纪人的法国白人男性。他解释道:

这在于女人的质量,在于完美本身。模特就是模特,只是看着她们就赏心悦目。她们走进俱乐部,就像……就像是一束亮光。她们就在那里,你知道的。而站在她们身边的男人会说:"可恶,这俱乐部太棒了。再开一瓶酒!"

有个讽刺意味的声明显示了模特对整个产业的重要性。一位经纪人将"我恨模特"这四字金色浮雕印在了他黑色名片的背面,因为他的全部生计都寄托在模特的迷人程度上。大部分经纪人力图带五位以上漂亮女孩到任何一个雇用他们的俱乐部;而理想情况是带10至15位。这些高端俱乐部每晚都会雇用不少经纪人,让他们彼此竞争,去找寻模特、与其交友,并夜夜把她们带来。假如经纪人让俱乐部失望——当女孩数量太少或不够漂亮时——他们会被经理训斥,甚至会遭到解雇。

除了真正的模特,另一类受青睐的女孩是看似能够成为模特的"模特优选"。不仅貌美,她们还具备两种能显示高地位的标识:高挑和纤细。29岁的马尔科姆,一个做过八年经纪人的黑人男性,定义一个"模特优选"为"比模特稍胖或稍矮的女孩"。"你带她到俱乐部,看起来也不算差。"这类女孩并不是真正的模特,但已足够接近。

在这之外,便是"路人"了——那些不属于本场域的女人。她们既不漂亮,也没有钱,是本经济体中的隐形者。这些样貌平平的女孩大部分目测超过30岁、低于170厘米,而且穿不下小码。

那么,经纪人与赞助人如何鉴别女孩之间这些微妙的差别呢？人们可能会想，俱乐部里灯光昏暗、人影朦胧，模特与"模特优选"间细微的差别不会有太大影响。然而，在性感美女和模特之间的确存在一种可体察的区别，一种经纪人、高端客户和俱乐部经理可以体察的区别。凡娜，一位不多见的女性经纪人兼模特，便可轻易甄别出在场的职业模特："你要看她们展现自己的姿态，她们穿着打扮的风格。"前纽约俱乐部老板史蒂夫·路易斯曾告诉我："只有富有经验的人才能分辨模特与性感美女的区别。"一位27岁的来自纽约的经纪人伊桑将这种区别比喻为"在香奈儿和普拉达精品店购物与去坚尼街买商品之间的不同"。对于未经训练的普通人而言，面容姣好的女人长相多少有些相似，但伊桑的客户可不是普通人。"在俱乐部里，一晚豪掷15000美元的人只想要货真价实，"他补充道，"他们想确保自己是上流社会中的一分子，那些社会精英。这就是区分的意义。"

漂亮女人值得买单。换句话说，她们是账单的一部分。任何经理都明白，女人的美貌可以轻易地改变场域氛围并刺激消费。[37] 布鲁克，一位VIP俱乐部的助理门卫兼经纪人说："那些男人环顾四周后会感到这一晚值得，因为把钱花在了这辈子见过的最漂亮的人身上。"若只是被普通女孩环绕，客户就不那么情愿消费了。经纪人曾见过在大量"路人"涌现的俱乐部里，客户们短暂逗留，之后便离开并走进其他俱乐部。在田野调查中我还遇到过，一家俱乐部甚至雇了一批每晚只付100美元的"酒桌女孩"：她们仅仅站在酒吧边等待经理安排，一旦促成酒局便立刻坐下陪酒。

同其他依靠身体资本生存的职业（例如拳击手）一样，模特们年轻且职业生涯短暂。她们有些13岁就开始工作，25岁左右便到达了职业巅峰。[38] 很多俱乐部里的女孩都没到法定成年年龄。我遇到的不少女孩都低于美国法定的饮酒许可年龄（21岁），有些甚至不满欧洲饮酒年龄（18岁）。21岁的卡蒂娅可以轻松通过安检——她只需亮一下伪装成身份证的信用卡就能蒙混过关。汉娜，一名白皙高挑的19岁兼职模特，有次甚至直接晃了晃她那位大块头黑人经纪人的驾照。"保安当时都要憋不住笑啦！"她笑着说。只有在一些安检森严或收到警察巡逻信息的夜晚，未成年女孩才不能进入。不过，大部分时间女孩们都能出入自如，保安甚至连脑袋都不会点一下。

其他"女孩"跟少女的年龄已经不太相符，但这个称呼还勉强适用。我在为这本书做研究的时候有三十一二岁。当俱乐部里的人听到我的真实年龄时，全都非常震惊。我看起来年轻所以得以进入，不过他们听说一个有事业和家庭的成熟女性还愿意跟经纪人出来还是惊诧的。俱乐部里当然有年长的女性，她们通常是男性消费者的客户或朋友。偶尔也会有女性客户在店里畅饮。不过她们相比于女孩，很少被察觉或显得不大重要。

在这种经济里，任何事情都围绕着女孩：因为她们决定了俱乐部的好坏，决定了经纪人的质量以及他能赚多少钱，决定了客户所能体验到的财富和权力，以及他们愿意花多少钱。

在我装成"女孩"的这段时间里（包括之前和之后的时间），X俱乐部是纽约高端俱乐部中的顶尖俱乐部之一，每瓶酒1000美元是常事。一名19岁的新来的经纪人特里弗评论为何其他俱乐部不够好：

其他俱乐部没有这么高质量的人群。他们的女孩都矮了一点儿、胖了一点儿。我不喜欢她们那种。在 X 俱乐部，你看到略矮略胖的女人的唯一可能，是因为她们是大主顾请来的朋友。

"女孩"在精英男士所追求的财富与地位中扮演着重要角色。在俱乐部里，她们有时站在沙发或茶几上忘情跳舞，有时在房间里漫步，有时只是坐在那里，成为高级布景的一部分。只是单纯坐在那里、看起来漂亮，她们就为俱乐部产业、在场的男人和整个纽约的城市经济创造了巨大价值。她们的价值源于她们"被看见"的特定条件。最重要的是，"女孩"是一种完全不同于"女人"的社会分类。因为想让读者体验到这两者的不同，之后我刻意在描述 VIP 场域时对"女孩"一词去掉双引号。因为，在上流世界，有一个心照不宣但人尽皆知的准则：女孩是有价值的，而女人没有。

门禁脸控

俱乐部的排他性越高，受欢迎程度就越高。门卫会仔细检验，只有对的人才能入场：要么漂亮，要么富有。在俄罗斯，他们的工作叫作"门禁脸控"，这也正是他们在纽约所做的。一个俱乐部老板称他的大门像"诺克斯堡体验"[39]。他把这当成卖点之一。

欠缺魅力的女人，在这一关将被筛掉。

对一个经纪人来说，最糟糕的情况莫过于门卫放进去他带来的一些人，但将其他人拒之门外。经纪人在工作中常面临的一个困扰就是他选中的女孩提出要带一两个朋友过来，而女孩们对外貌的评判标准往往跟高端俱乐部的标准有很大出入。经纪人伊桑谈到他最近遇到的一个窘况：他邀请的一个女孩带来了一个不具备"对的外形"的姑娘。在采访中谈到这段时，伊桑在椅子上别扭地动了动身子："我当时……我当时的反应就是把帽檐拉低到盖住我的眼睛。那个门卫就好像是说：'那个不能进！'我心想：'啊，这太丢脸了。你就不能稍微委婉点儿吗？'"

还有一次，在曼哈顿的一家高端俱乐部里，门卫叫住了伊桑带来的一个女孩，因为她的脚趾超出了高跟凉鞋的边缘。说到这里，伊桑一边大笑一边扭动身子："门卫叫她出去简直是太坏了。她当时都快进门一半儿了！那个门卫的态度几乎就是：'看看你自己的脚趾！你没搞错吧？它们比鞋还长？从这里滚出去！'"

在筛选女人方面，门卫可以说极其残酷。一个从 2007 年就开始做经纪人的委内瑞拉黑人马利回忆道："啊，对，他们有时简直可怕。有一次我带来的女孩也是我的女性朋友。那个门卫竟然说：'马利，你带来的是什么？别带！'"他最终还是让他们入场了，但马利的朋友哭得格外伤心。

"他太可怕了，"马利补充道，"我的意思是，你可以之后告诉我。不能当着人家女孩的面就这么说出来。他明明知道我每次带来的都是高质量女孩，就这一次而已。他就是不想让她进门。"

为了避免类似的不快在门口发生，客户们在邀请不那么像模特的女伴时，通常会选择排他性低一些的场所。"无语的是，"X 俱乐部的一位大主顾补充道，"他们甚至不在乎你有多少钱。只要你带来的女孩不符合标准，就根本没戏。"这对于 X 俱乐部来说，的确是个惯例。他们甚至有针对女性入场的外表的严格规定。一次，我邀请一位女性朋友跟我一同前往 X 俱乐部。她也是一位模特，身高 178 厘米。没想到门卫还是叫住了她："实在抱歉，我们这里不太接受平底鞋。"其他俱乐部没这里严苛，因此也没有这里高档；卡座里性别混杂的富人中包括各种样貌的女性。但是，X 俱乐部已经建立起了声誉与地位，尤其在衡量女性身体方面。

通过扫视一个人的身材、相貌、种族、口音、外套、手表、裙子、手包，门卫会迅速判断出其社会地位。纯红色鲁布托高跟鞋象征了高地位；但若哪个女孩穿上它之后其身高还低于 170 厘米，她就不能入场；更不用说当她是有色人种的时候。

VIP 场所是一个具有种族排他性的环境。即使俱乐部里放着嘻哈音乐，不算服务员在内，有色族裔的数量两只手就能数过来。经纪人更是深谙这一规则——几名黑人、棕色皮肤或亚裔女孩是可以的，但大部分座位上必须是白人，且刻意如此安排。

一些我所采访的客户也不得不容忍这些种族歧视。有一件臭名昭著的事：一位继承巨额遗产、有诸多人脉的英俊的法裔中东男士和他的白人男性朋友一起外出。然而门迎女孩却靠过来对那个白人男性耳语:"你的朋友不能进入,除非你进来把一个棕皮肤的人带出去,给他腾位子。这里面已经有太多棕皮肤的人了。"

如此赤裸裸的歧视并不常见。因为大部分情况下,有色人种会在外形质量把关过程中悄无声息地被筛掉。将非白人排除在外的"围栏歧视"现象,其出现频率令人震惊。不同于之前的"吉姆·克劳"(Jim Crow),这是一种不明确指向种族,而是苛求美貌、地位和"质量"的温和的种族歧视。俱乐部在筛选时,对例外人员格外严格和谨慎,以此来掩盖他们的种族歧视倾向,避免法律诉讼。[40] 这样一来,俱乐部最大程度地迎合了白人客户的需求。在这样的全球化场所里,白人的主导性地位竟然如此之高——在物质层面和象征层面,非白人和非西方人群的财富日渐增长,我们本以为白人主导的形势会减弱。或许这跟我的田野地处纽约有关。尽管阿拉伯裔和亚裔的大买主频繁出现,白人至上主义还是根深蒂固地存在于美国的种族政治里。[41]

不过,对于门卫来说,虽然有色人种的属性是衡量社会地位的减分项,女孩们的美貌却可以弥补它:一个黑人时装模特,一个真正的模特,在这里永远是受欢迎的。而一个普通的白人女孩,则会在那晚被告知"这里是私人派对"而不得入内,或者,她可能会当面受到羞辱。

个头不高的女人会被俱乐部里的工作人员称作"矮子",而丰满的女人则会被认为是损害俱乐部名誉和经纪人声望的罪魁祸首。若要形容哪个店质量不好，一个经纪人会直言："那儿的女孩太胖了。"我们采访中的另一位经纪人说："我会用'木偶'或'哈比人'来叫那些……怎么说呢，长得不那么幸运的女孩。"还有一个经纪人在采访里直接管邻座的女人叫"丑女"。

山精，妖怪，丑女，灾难，怪物。

这些就是俱乐部的工作人员在形容不符合外貌标准的女人时所用到的可怕词汇。她们的身体被视为没有价值，会污染他人。这些女人的出现对整个俱乐部、管理者、经纪人和他们的名誉而言，被认为是"一种危害"。"她们会降低人群的质量，破坏夜晚的兴致，损伤俱乐部的经济潜能。""她们，不可容忍。"

若让门卫这次破例，让一个他们认为的"劣质"女孩入场，你会听到这样的反驳："如果我这次让她进来，你们下次再也不会想来这儿！"

男人的等级

无论在纽约的地下室还是圣特罗佩的海滩，任何一个俱乐部内都有清晰的等级。时装模特是"A类"，但这些女孩只占商业模式的一半。还有一些男人是每一个俱乐部老板都想要的；当然，更多的男人被拒之门外。

在等级系统里，位置最高的被叫作"鲸鱼"，你可能在赌场或投行也听到过。"鲸鱼"们有雄厚的资产并乐于一掷千金，有时一晚花费超过10万美元。他们在夜晚就是传奇。我在田野调查期间遇到最大的"鲸鱼"是一位名为刘特佐的马来西亚金融家。我进入俱乐部世界后才知道,他在这个圈里赫赫有名。一个 29 岁的经纪人转述了一些传闻和事实:

> 刘特佐就是那个,在世界各地一夜能花一百万美元的家伙。他花钱就图个刺激,就只因他付得起……他是亚洲人,我猜他是韩国人。他挣的钱真是多得要死啊,去哪儿都花一百万并嘲笑在场的所有人,就好像所有人都在他之下。他也就 26 岁的样子。

另一个 23 岁刚刚本科毕业的经纪人在提到刘特佐时,语气中既有崇拜又有奚落:

> 我最后一次去俱乐部时遇见了刘特佐。他当时给 L 俱乐部里的每个卡座都点了一瓶培恩龙舌兰。那一个晚上他花了得有 10 万美元,眼睛都不眨一下。你能想象吗?他甚至不去跟女孩搭讪。他就坐在最后面,喝着一杯啤酒。我看他就是单纯喜欢派对,就好像在说:"看吧!我做到了!"这太疯狂了。

刘特佐实际上是一位来自马来西亚的 30 岁金融投资人。他的生意涉及曼哈顿和中东的房地产以及多家企业。他的确在夜店和名流的私人派对里每晚花费十万甚至百万美元。除此之外,他还是 2013 年马丁·斯科塞斯导演的《华尔街之狼》的投资人。不过,他的派对同伴们并不清楚他的经济来源。有一个经纪人猜测他贩卖军火，还有一个觉得他承包了政府的城建项目。实际情况是，刘特佐作为马来西亚发展有限公司国有投资基金的一名顾问，最终以腐败罪被指控。[42] 在我写这本书期间，刘特佐已经在逃，企图把马来西亚投资方的上百万美元洗到个人手里。刘特佐现在已经亡命天涯；美国政府没收了他上百万美元，其中包括他送给莱昂纳多·迪卡普里奥的毕加索画作，以及送给超模米兰达·可儿的钻石。[43]

尽管我们说了这么多关于刘特佐的事，大到如他这般的"鲸鱼"还是少数。一个内部人员告诉媒体："像刘特佐这样的，一生只能遇到一次。"[44] 虽然不常光临，但"鲸鱼"还是俱乐部的主要驱动力。他们所创造的关于无度、奢侈和刺激的故事，正是俱乐部的魅力所在。"鲸鱼"为在场的每个人创造了一种可以见证盛大财富秀的可能。

排在"鲸鱼"之后的是名人——俱乐部老板想要吸引的另一类极具价值的客户。名人有时也会买高价酒，以此成为媒体宣称的炫富的噱头。但是，大部分时候名人的酒水是赠送的，因为他们仅仅出席就为俱乐部带来了价值。还有一些名人是需要出场费的。最有名的莫过于帕里斯·希尔顿。她是俱乐部付费出场的先驱者，通过VIP场域使自己大红大紫，然后积极地将之变现。[45]

"鲸鱼"和名人的出场令人激动，但他们并不是俱乐部利润的主要来源，因为他们太过罕见。资本雄厚且可以大笔挥霍的男人通常可以免费参加派对，即使他们不是名人。俱乐部有一套复杂的非正式价格体系，能够在这些众多VIP中测算出谁最重要,谁是 VIP 里的高级 VIP。价格可协商的程度与主顾的地位正相关:有些男士可以用优惠价购买卡座,有些男士则因为他们的地位免费获得。事实上,无论因为社会人脉、财富还是象征价值,最有钱的男士往往可以免费享用酒水。一个自称百万富翁的巴西人向我解释了为何迈阿密特帕金区每个认识他的俱乐部都提供免费酒水:"他们想从我这儿得到些回报。"比如,请他投资老板的其他酒吧、俱乐部或是选择在这家店举办他下一个盛大的生日派对。

在 VIP 世界里,免费物品成了他们地位的标识。免费入场、免费酒水、免费晚餐是对他们社会价值的认可。[46]"我总是说,夜生活看的不是你花了多少,而是你免费得到多少。那是真正的权力。"我在纽约和迈阿密跟随的经纪人马尔科姆说道:"你有很多钱,还花了很多钱,可不就得到了尊重嘛。可是你一分钱不花,那就是权力。"

大部分俱乐部的主要利润,来自数额不大但收入稳定的卡座账单——那些富裕的旅游者通常是身家百万的银行家、技术开发商和其他可支配资金额度巨大的高等专业人士,每次花费 1500 美元到 3000 美元不等。尽管他们的重要等级远不如"鲸鱼"和名人,但他们是 VIP 场域的核心。事实上,是他们在养这些店。因为想接近权力和美色,他们经常大把扔钱。不同于名人和高级 VIP,他们才是付款的人。

一个前俱乐部老板、纽约市中心的房地产富商杜克管这些人叫"白痴":"这就叫白痴,你知道吗。他们有些人根本就搞不清状况……买卡座的人甚至是些牙医,他们以为这样就能和最酷、最美的人在一起。"我需要解释一下，牙医在纽约的收入是比全国平均薪资高不少的。但如此高薪的专业人士，在这里还不如经纪人卡座里的嘉宾计人兴奋。

一次在"市中心"俱乐部，著名音乐制作人吉米来德雷的卡座给我们满上香槟。这位较为小众的名人环顾四周，发现"市中心"里全是富有的男人，许多人身边都围绕着一堆女孩，其中不乏整过容的女性。他说："能进来的只有非常有钱的和非常酷的。这就是为什么我们酒水免单。俱乐部为的就是把卡座卖给那些有钱的，让他们体验到跟最酷的人坐在一起。"

"而我们就是那些最酷的人。"他补充道。

吉米实际上其貌不扬：个子矮且秃顶，穿着普通牛仔裤和正装衬衫。德雷从不邀请没有魅力的人来他的卡座，除非他在某方面另有所长。只是单凭他坐在德雷身边这一点，其他人就能猜出吉米的价值。更何况，他身边围坐着光彩夺目的高挑白人时装模特。

"如果你长得不够好看，你必须得有点东西。"德雷继续道，"每个人都得为我的卡座带来点什么。每一个能入场的人身上都得有些我们想要的东西。"

金字塔的最底层是那些既没人脉又没钱的男人，他们甚至付不起一个卡座的租金。不过，对俱乐部来说他们还有其他价值。这些人也被称为"充场者"，可以让店里看起来门庭若市。他们外形也算合格，具备一些足以入场的"文化资本"，但进来后只能像过去的俱乐部模式一样，站在吧台旁和人群挤在一起。[47]

除此之外，还有一类人被称作"桥梁和隧道"。这些人或许有些钱，或许租得起卡座，但没有对的外形。对于 VIP 俱乐部的门卫来说，这些人看起来就像局外人一样。他们好像来自斯塔滕岛或皇后区，总之就是没有像在曼哈顿生活的对的文化品位。如果你的身上沾有让你看起来像穿过"桥梁和隧道"才来到米特帕金区的阶层信息，那么你的到来不受欢迎。一个偶尔兼职门卫的 23 岁经纪人迈克会叫你"杀手"，仿佛你是漫画里的反派。他描述起一次遇到这样的人的情况：

> 他就是赤裸裸的一个"杀手"。他那个样子真的是……松垮的西服，皱巴巴的衬衫，没打理过的头发。我当时心想，让这种人入场我是有病吗？他没有任何东西。他不会给这间屋子增添任何东西。他甚至不会让这个地方好看一点点。

处于金字塔底层的人，在德雷那里也被称为"贫民窟""恐怖群体"，这通常和对下层社会、罪犯、非白人的刻板印象有关。纽约倒是有一些俱乐部专门迎合这类群体，在短期内赚钱，只是德雷永远不会在这种地方驻足。"你是可以通过酒的差价在他们身上赚钱，"德雷说，"但他们身上会带着家伙（枪）。不知什么时候就突然开火或打起来。太危险了。"德雷自己也是黑人，但他会有意让自己与他眼中刻板印象的下层黑人保持距离，仿佛那些人会成为他声誉的负担。

"桥梁和隧道""杀手""贫民窟"。这些男人的地位之低，连金钱都无法挽救。边缘性的社会阶层烙印在了他们的体态上，像一面旗帜，使他们刚刚到来就被拒之门外。

聪明的男人会用模特当作入场和折扣的手段。有模特环绕的男人就用不着花高价买酒了。我采访的一些客户曾很坦率地表示，女孩是他们用来砍价的砝码。比如，常光顾 X 俱乐部的金融家里斯，看到对面五个身着西服的金融男说："他们要是再老一点儿或再丑一点儿……"就至少得花 2000 美元来租卡座，相当于为他们低端的外形缴税。但相应地，里斯说"两个外形体面的男人再带三四个模特"则进门畅通无阻，也没有最低消费要求。他们可以像充场者一样站在舞池或在吧台点酒，甚至不必支付卡座高昂的租金。

熟悉这种潜规则的男人即使有钱也会悄悄计算：带多少漂亮女孩可以抵消我的外形？带多少漂亮女孩可以抵消这些男伴的外形？我要因为今晚没带漂亮女孩而多花多少钱？

的确，社会的状态结构在我们身体的外形上打下深深的烙印。在"市中心"这样的地方仅仅环顾四周，等级的金字塔就赫然浮现，目之所及的每一处都是表现出象征性地位的地形图。门卫或安保，一身黑装的高大黑人男性，他们象征了肢体力量，而非社会地位。端空酒杯托盘的服务员是矮小、棕皮肤的拉丁裔。他们身高只有 160 厘米到 165 厘米，穿着黑色制服，拿着拖布、托盘或空杯子穿梭在人群里，几乎像隐形人。有时他们把手电筒举过头顶，你才会注意到他们的存在，却几乎看不到他们的身体。用戈夫曼的话来说，他们是这个空间的"小人物"。[48] 他们和插在香槟上的烟花棒所照亮的踩着细跟鞋的高挑女孩们形成了鲜明的对比。鸡尾酒女服务员也被叫作"酒瓶女孩"，高挑性感，族群身份相对多样。她们穿着紧身裙、高跟鞋，在这个空间象征着性——就像德雷所说，她们像她们拿的酒瓶一样，待价而沽。[49] 不同于可征服的"酒瓶女孩"，时装模特不是代表性，而是代表美——一种更高阶层的荣誉。当门卫、服务员、充场者，甚至"酒瓶女孩"消失在背景里——除了需要他们的时候——模特的使命是成为焦点。为模特预留的卡座会被安排在俱乐部和餐厅最显眼的位置。夜生活的每一个参与者都渴望被别人看到和她们一同出现。

"鲸鱼"想和"高质量人群"同处一室也是人之常情。经纪人也会因为带来一些买酒的"酒瓶客户"得到奖励。经理会以周结或日结的形式给经纪人账单10%～20%的回扣。一个在纽约干了三年的27岁经纪人桑普森这样总结了一句："如果一个家伙花了两万美元，就能付我当月的房租，一夜之间。"

我要明确一点，"高质量人群"首先指的是女孩们的质量：人群里全部是模特或看起来像模特。女孩们决定了俱乐部的等级和俱乐部里的人的等级，以及他们会花多少钱。女孩们的在场或缺席还对VIP派对里的一类男人——经纪人——来说尤为重要。成也萧何，败也萧何。

如果能带来大量的"优质女孩"——五到十个——德雷这样的经纪人一晚上就能挣1000美元。女孩们的象征性价值使得她们在经纪人眼里变成无价之宝。德雷经常吹嘘他在X俱乐部工作。在他眼里，这一履历足够让其他任何俱乐部争抢他。当德雷得知他的竞争对手，为数不多的女经纪人西莉亚也声称自己在X俱乐部工作时，便开始嘲笑她。他说，西莉亚女孩的质

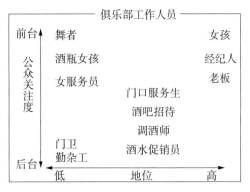

图3　俱乐部工作人员

量都是"模特优选",不是模特。"我带一个女孩到派对赚的钱都比西莉亚带20个女孩多。你明白吗,这就叫声誉。"

没有模特的话,西莉亚这样的经纪人每晚可以赚300美元到600美元。经理们会在整晚巡视期间衡量她们的质量和数量,并在当晚结付报酬。经纪人对女孩质量和数量的计算较为宽松:如果他有真正的模特,四五个女孩就能组成"高质量人群";如果他只能找来"模特优选",女孩的数量至少要翻两倍。如果他还带了一个"歪瓜裂枣",那他可能需要足够多的高质量女孩来"掩盖"她。以此类推。

失去模特,经纪人就得不到尊重。"这太疯狂了,"一个31岁的经纪人乔说,"你带着模特出现,感觉就像是她们给了你打开纽约这座城市大门的钥匙。"

29岁的经纪人马尔科姆本来是一个大众经纪人,一次能找80个人到米特帕金区的大俱乐部。但他发现,花相同的工夫,他可以找到像模特这种数量少但质量高的人群,同时得到更高的报酬。"我们会对老板说,听着,你是想要这种能找来一堆160厘米的小可爱的经纪人,还是我们这种人——能带来真正的女孩?……听着,我们会带15个最辣的女孩过来。只要付我1000美元。"

这招儿真的管用。"告诉你吧,在俱乐部工作后我买了两辆宝马。从5系换成7系,你能想象吗!"

当女孩们走进房间时,就会吸引全场眼光。正因如此,马尔科姆才从重视数量变成重视质量,从大众经纪人做到形象经纪人再到A类经纪人,甚至带女孩主持海滩俱乐部派对和蔚蓝海岸客户游艇上的私人派对。

一年前,德雷从"市中心"辞职加入我的田野调查中时,一个名为埃布的年轻黑人接替了他。德雷说他是个失败者:他的人脉里并没有多少模特。他自己的女朋友都不是模特。事实上,X俱乐部的一个经纪人语气轻蔑地跟我说,埃布的女朋友"大腿有一堆赘肉。真是恶心。我宁可把店关了也不会让埃布来工作"。

这样刻薄的评价可不少见。经纪人之间经常诋毁和侮辱对方的女孩们。比如:"她们是哪家经纪公司的?照片墙的?"有一次,我在"市中心"跟着的那个经纪人,诋毁坐在他对面的对手、经纪人恩里科带来的女孩:

对于我们来说,质量重于数量。我们这儿有两个超棒的女孩。比恩里科带来的强太多了。他真是不挑人,带来的都是些什么?你看看她们的巨乳,填充的嘴唇,真是廉价。那一堆还不如一个好女孩。真的，带一个都比他那一堆要强。

过一会儿，我来到了恩里科的卡座这边。原来，比起模特，他自己更喜欢脱衣舞女和陪酒女孩。恩里科是一个30岁、生于西班牙上流家庭的经纪人，是我遇到的少有的出身富裕的经纪人。对他而言，脱衣舞女更性感、更有趣，尤其当醉意迷离的派对持续到了深夜。在某种程度上，模特还有点像"烫手的山芋"——在恩里科看来，她们正因为知道自己的价值而要求多，太麻烦了。为了快乐，恩里科宁可牺牲点地位，甘愿做一个比德雷低一档次的经纪人。

回想一下德雷在这个金字塔的位置，他的确处于经纪人群体的顶层。他甚至不会考虑去一个名声不高、精英客户不多的俱乐部工作。"你只能向上爬。你不能往低处走，更不能砸了自己的招牌，否则你就死定了。当你急于兑现或想赚快钱，就太危险了。因为你毁掉的是你的名声。"经纪人所在的俱乐部也会与他自身的名誉如影随形：曾在低端地方工作过或女朋友不是模特，都会令他们成为"失败者"。

我与经纪人在一起的时间越久，越发现他们的世界被明显分为第一梯队和普通人。你会感到派对里要么全是成功者，要么全是失败者。"这就是派对的意义，"做了20年经纪人的迈克尔说，"当你身边全是漂亮的、成功的人时，你会感到来对地方了。如果你身边全是失败者，你永远也感受不到'来对地方了'的那种心情。"对于迈克尔和其他经纪人来说，来对地方，就是为VIP准备的。

A 类消费经济

最酷的那些人不会在一个地方久留。想从 VIP 身上赚钱，俱乐部老板有时要花费许多钱，也会赚取许多钱。一家俱乐部的寿命通常只有几年，少数能坚持更长一些。在那个阶段，每家俱乐部都遵循着一个相似的生命周期。最开始，它会吸引社会地位高的客户，并不让普通人进。过了一段时间，当高端客户被其他新店吸引时，它们就会对普罗大众打开大门。"用纽约的话来说，"一个银行家常客说道，"店里会有越来越多的'桥梁和隧道'……那些人甚至都察觉不出这儿的人群是否高端。他们就是能来就够高兴了……因为他们可能根本不知道一流和三四流俱乐部的区别。"其实，俱乐部可以靠着以前积攒的声望，从那些憧憬自己是 VIP 的次一级的客户中获利。但想达到这一目的，俱乐部需要从一开始就建立 A 类的声誉。这时，俱乐部就需要形象经纪人为他们带来精心安排的人群。

这种服务可以为经纪人带来每晚 1000 美元的收入。事实上，经纪人是纽约华盖俱乐部最大的成本支出，因为经纪人有模特圈的巨大的人脉网。为了和竞争对手抗衡，他们这类俱乐部不敢不雇他们。[50] 形象经纪人佣金较高，但他们为俱乐部老板带来了不可估量的收益。

华盖俱乐部在巅峰时期以客户质量高和开店时间长闻名，其 2007 年的增长额约为 1.5 亿美元。2012 年它短暂关门，斥资 350 万重修，于 2013 年再次开业。[51] 华盖的创始人斯特劳斯和泰珀伯格被誉为"全球夜生活产业最佳经营者"。他们的公司曾被哈佛商学院作为案例研究对象。[52] 他们合作建立战略酒店集团,后又加入陶氏集团,投资整合酒店业和娱乐业,甚至囊括三十多家酒店、俱乐部和旅馆,覆盖面从美国的拉斯维加斯到澳大利亚的悉尼。[53] 其中一些为他们所有,一些通过分红、利润和平均分配利益而实现合伙经营。[54] 拉斯维加斯的华盖俱乐部在2017年成为全国净增长第三的俱乐部,一年吸金8.5亿美元。战略集团的分部,在转变成为高档餐饮业的浪潮中发挥了关键作用。[55]

在利润丰厚的全球俱乐部产业中,战略酒店集团是许多成功者之一。美国排名前十的俱乐部在2014年的产值高达5.55亿美元。[56] 拉斯维加斯的XS俱乐部曾是美国俱乐部中总收入最高的,仅仅一个晚上就高达100万美元。[57] 甚至连高盛也加入这个产业,支持坐落在纽约的EMM集团。它是战略集团的主要竞争对手,在纽约、拉斯维加斯、大西洋城和汉普顿等地都有俱乐部和餐厅。[58]

拉斯维加斯是供富人们找寻享乐最大化的全球巡回地之一。随着新兴金融和能源产业的财富在巴西、印度、中国、俄罗斯、海湾地区涌流,世界经济的精英们在全球的分散性和流动性都达到新高。[59] 精英群体们不再像从前一样集中在某几个社区或城市,但他们会在某几个特定的时间一起涌向几个最好的目的地。这也被称为"富人飞地":汉普顿和法国的里维埃拉会成为他们的夏日"殖民地";冬天则是圣巴特岛、阿斯彭和格施塔德。[60] 一月是圣巴特岛的旺季。平日宁静的高端度假胜地,在此时会变成百万富翁们游艇的著名停泊地。[61] 这些商界精英们会有一个横渡大西洋的 VIP 路线日程：一月在圣巴特岛，三月在迈阿密，七月在圣特罗佩和伊维萨岛。此外，还有一个依据每年二月和九月时装周而定的派对日程：可以预见的就有米兰、伦敦、巴黎。[62] 相比世界上任何其他阶层，精英群体的类型多样性和地点分散性更为凸显；可换个角度，他们旅行的汇集点又比其他任何阶层都更加一致。地理学者管这种旅行叫"超级士绅化"，其特点是地理意义上的离群索居、社会意义上的自我隔离，以及心理意义上的孤傲冷漠。如今的超级移动精英们生活在封闭的安逸空间，与大多数人群相隔离。[63]

俱乐部也因此走向全球化，在戛纳和迪拜开设了特许经营权，建立起派对卫星城。另如，科切拉开设了"快闪"俱乐部，迈阿密开设了巴塞尔国际艺术博览会（Art Basel）。[64]

"这是一个竞争激烈的行业。每个人都只会去追逐 A 类的人群。你不得不追着他们满世界跑。"罗尼·马德拉（Ronnie Madra）说道。他是纽约俱乐部 1 OAK（"One Of A Kind"）的联合创始人。他们在墨西哥城、洛杉矶、拉斯维加斯都有分店。[65] 地处米特帕金区的"挑衅者"甚至在八月关了纽约的门店，留下一张公告写道："'挑衅者'大家庭正在欧洲准备一年一度的夏日度假。我们将于八月底重新开业，迎接时装周。"

经常来纽约"provo"（俱乐部的昵称）的客户，都可以猜到在法国里维埃拉的夏日度假会和哪些人相遇。在我采访的人当中，很多人用"兄弟会""小社群""帮派"来描述异域目的地里那些重复出现的熟悉面孔。吕克是一位 48 岁的餐饮大亨，也是俱乐部常客。他这样描述道：

> 这么说吧，在圣特罗佩和伊维萨岛，我都可以说出谁坐在哪儿。偶尔这儿会有新人过来——但我敢肯定，60%~70%都是"老钱"。固定的社交网络，来的总是那几个……其实挺逗的，总爱开派对的人中间就像有一条纽带。它是条假纽带，但终究是条纽带。他们彼此呼朋唤友、相约会面，就像一个帮派。

有闲阶级环游全球的这一封闭式巡回迁徙，致使各地 VIP 俱乐部具有了高度统一的外观和氛围。汉普顿、迈阿密、法国里维埃拉和纽约的派对，清一色放着榜单前几名的嘻哈和浩室音乐；酒水的品牌和价位极其一致：雪树伏特加、水晶香槟、唐培里侬香槟、凯歌香槟等。[66]

想去这些胜地，你需要时间和财富或人脉，因为交通和酒店都价格不菲。在圣特罗佩的暑期，从港口到 VIP 尼基海滩俱乐部仅 6.5 公里，就要花 100 欧元；许多客户干脆乘坐私人游艇直接停泊在海滩。不少 VIP 胜地其实是公共空间，但凭借这些微妙设计，它有效地把世界上特权阶层之外的人隔绝在外。

地理学家约翰·厄里（John Urry）评论道，这些巨富的"梦幻世界"虽然只迎合了世界人口的极小部分，却点燃了大众对奢华的渴望。[67] 在精英研究中，性别与种族是常常被忽视的影响因素。这些胜地成为以男性与白人为主的精英们的聚集地，为研究男性主导和白人至上提供了极佳条件。[68] 此外，还有一个重要原因：这些"梦幻世界"为男性权贵们提供了一个发展社群和培养价值观的社交空间——而他们闭合的全球化社群与共同的文化价值观,将引领整个当代资本主义体系。[69] 在这些地方,精英们找到了一种归属感;而这片领域正是学界鲜有了解的。[70]

加入 VIP 之列

距离凡勃伦所写的《有闲阶级论》已经超过一百年。在如今财富集中加剧的镀金时代,富裕阶层仍然在攀比消费。本书呼应了凡勃伦的原创性论点,并在此基础上进行了实证提问:炫耀性浪费是如何发生的?我对此类竞争性质的消费仪式进行了记录。它们实际上是一种组织性成就,极其依赖于脆弱的女性和边缘的男性的后台劳动。与此同时,我重新整理了凡勃伦第二个重要观点:女人在体现男人地位中扮演的角色。在我研究的世界中,女孩成为资本的一种表现形式。女孩的美貌为在场的男人增添了直接的象征资源和经济资源,且这份资本带给男人的收益要远大于它所惠及女人自身的。最后,我研究了这一场域如何维系"社会壁垒"。在这里,多数白人和男性精英获得特权,进入了更具价值的全球空间。特别明显的是那些不成比例的担任经纪人的少数族裔从业者。[71]

我的分析分为五个阶段。在第二章,我们首先走近建构这一世界的中心人物——经纪人。接着,在第三章,我们来见证客户如何进行惊人的财富展现和浪费,以及需要哪些后台劳动来完成这场秀。在第四章,我们走近女孩,来观察男人如何将她们的美貌转化成自己的收益。在第五章,我们考察在经纪人的控制和管理下,女孩闲暇娱乐背后的劳动过程。最后,在第六章,我们来看经纪人如何因种族和阶层被排斥为局外人——尽管他们力争融入并部分参与了这个权贵场所的建构。

由于我进出 VIP 场所依赖于经纪人,且在田野调查期间与他们相伴的时间居多,我对于 VIP 派对巡回的描写也会失之偏颇地侧重这一群体的视角和对他们的分析。这不只是我进出权限的问题——他们的人生故事,是所有受访者中最引人入胜,甚至最令人心碎的。经纪人对于编织起这个梦幻世界来说尤其重要,他们也因此深信自己属于那个世界。然而现实是,在这些幻梦里,经纪人被精英拒之门外。德雷就是一个典型。

"五年之内,我一定会赚好几百万。"在星期日夜晚"市中心"卡拉 OK 之后的清晨,德雷对我讲。这几乎成了德雷的一个口头禅。第一次听他这么说时,我们正坐在哈得逊河旁的长椅上,在凌晨 4 点宁静的夜色中听着微风拂动水面。与"市中心"震耳欲聋的声音相比,这时的安静有些奇怪。30 分钟之前,德雷还在大声唱着他最爱的迈克尔·杰克逊的《比利·琼》以结束这场派对。离开俱乐部时,他紧紧拉住我的手——不是浪漫,而是保护——一直环顾四周确保没人跟踪我们。有时没能进入俱乐部的人会心怀不满地在门口等候,醉酒后企图骚扰他和他的团队。

我们来到水边,面朝新泽西闪烁的灯光。湖水的宁静让德雷终于松一口气。在夜色中,他整理好夜生活带来的全部情绪。"这不只是一门生意,更是一种体验。可能是正面的,也可能是负面的。"沉默了几分钟后,他终于回家了。

德雷住在附近一个面积虽小但精美的工作室公寓。公寓所在的翠贝卡大厦是一个高级建筑,有门卫和露天平台。他星期日晚上在"市中心"工作,其余有四个晚上在 X 俱乐部工作,每月收入可达 1.5 万美元,其中 3000 多美元用于支付房租。与此同时,德雷还有不少酬劳丰厚的临时工作:一个富有的熟人请他组织一场其女儿的犹太教成人礼,佣金是 1 万美元;另一个长期商业伙伴一次花 3000 美元雇他和他的搭档,在米特帕金区一家比萨店举办晚餐派对。德雷清楚自己赚了很多钱,比绝大多数人赚得都多。他不止一次告诉我:"夜生活里可赚的钱太多了,阿什。人们都没注意到。"

但是,德雷觉得还不够。因为他每晚都混迹于大亨、名流和富豪中。

德雷的计划是变得和他的客户一样富有。"我正在搭建平台!"他总爱这样说。他想象着自己可以一跃到达阶级金字塔的顶层。他的计划是利用夜生活的关系网和精心钻营的人脉。他对此是认真的。德雷每天早上 6 点半睡觉,10 点半就起床。他的一天从看美国有线新闻网(CNN)和《观点》(*The View*)开始,11 点半去工作。对于他来说,工作意味着外出午餐,在苏活区附近徘徊,讨好他目标项目的潜在投资人,和女孩们保持联系,去音乐工作室录音。因此,11 点半左右我会发信息问他,今天一整天我能否跟他一起外出。

在之后的三年里,我一直跟进着德雷的生活。2010 年认识他后,我在 2011 年初首次向他介绍了我的研究项目,接着断断续续地同他一起外出。每一次，我都对他所憧憬的浮华、美貌与财富的理想世界感到好奇。2012 年起，我开始系统性地跟进德雷，并在接下来的 18 个月里深入他的世界，详细地做田野笔记，并对 44 位经纪人、20 位女孩和 20 位客户进行了采访。

德雷很快向我介绍了来自富裕家庭的西班牙经纪人恩里科。我接下来跟进了恩里科在曼哈顿下城的每日行程——从下午 4 点在切尔西他最爱的咖啡店用早餐到凌晨 5 点俱乐部打烊后前往他最喜欢的脱衣舞店。

在"市中心"，德雷还向我介绍了拉丁裔混血经纪人桑托斯。他的工作地点从纽约、迈阿密、米兰、伦敦直到法国里维埃拉和伊维萨岛。桑托斯曾邀请我和他前往迈阿密五天；一年之后，我在米兰再次遇到他并跟随他去戛纳一周。之后，我从戛纳乘船到圣特罗佩，和恩里科相遇。他向主办方介绍我为"一位正在写书描绘夜生活的女孩"；正在港口停泊、参加海滩俱乐部派对的他们，便邀请我到他们的游艇上共度三日。

通过桑托斯，我又认识了之后在汉普顿跟进的马尔科姆和桑普森。一年之后，我通过桑托斯结识了一位在私募工作的客户。他同意我在汉普顿他与友人共有的宅邸暗访一个周末。

为了完成这一田野调查，我装扮成"女孩"，经常有规律地同经纪人外出，前往全球的 VIP 俱乐部。其中大部分在纽约，偶尔也去汉普顿、迈阿密和法国里维埃拉。晚上，作为回报，我精心打扮，穿着高跟鞋，陪他们坐在卡座。经纪人同意我白天跟进他们的日常生活：和他们一起开车接模特去海滩、吃午餐、试镜，以及看他们在街头徘徊物色女孩。

为进一步揭示如今全球化背景下精英的特点，本书对全球VIP派对巡回进行了民族志研究，展现了精英显示其地位的实操和仪式、共有的享乐文化，以及内部形成的对人际关系性别化的期待。我们即将走近支撑这一体系的经纪人与女孩们，看被美女环绕而买单的富有男人们，以及成就这个梦幻世界的新贵们如何实现资本与消费的全球化转移。

注　释

1　Niemietz 1999.
2　例如，请参见2011年9月14日在美国广播公司播出的《晚间报道》"迈向名模之路"（A Model Life）。
3　因具体情况而异。例如，在哥本哈根，一家名为"潮流"（Cult）的公司雇用年轻女性——"时尚女孩"（Cult girls），让她们打扮得漂漂亮亮地去俱乐部（Johnsen and Baharlooie 2013）。在美国俱乐部和酒吧里，女性受雇为烟酒公司的推销员（promoter）或"模特"。在塞尔维亚，境遇相似的女性被称为Promoterke，字面意思是"推销员女孩"。VIP俱乐部不同于上述情况，女性去VIP俱乐部时没有薪金，但其实她们作为推销员，仍然是带薪的。
4　虽然一些学者（如Khan 2012）将精英概念化为具有影响力的人，但其他学者（如Savage 2015）将精英视为拥有巨大财力的人，即"经济精英"或"财富精英"。因为VIP代表着具有购买能力的身份，因而我用迈克·萨维奇（Mike Savage）对财富精英的概念化来表示拥有大量经济资本的人，这些资本通常（但不一定）具有更大的社会和政治影响力。我对阶层地位的概念化强调了经济资源的力量，而不是韦伯式的地位观念。（见Savage 2015）
5　Jacobs 1999.
6　Halle and Tiso 2014.

7 关于不断上涨的商业零售租金，见 Siwolop 2001。

8 正如托马斯·皮凯蒂（Thomas Piketty, 2014）在《21 世纪的资本》（*Capital in the Twenty First Century*）中所示，近几十年来最大的财富差距不是 1% 的人和其他人之间的差距，而是 1% 的人与 0.1% 的人之间的差异。萨维奇（Savage 2015）也对英国前 1% 家庭的经济不平等现象进行了类似的观察。有关精英阶层之间的差异和分歧的概述，请参阅 Cousin, Khan, and Mears 2018。另请参阅 Freeland 2012。

9 关于 54 号工作室，见 Blum 1978。关于财富不平等趋势，见 Saez and Zucman 2016。另见 Saez 2009。

10 来源于瑞士信贷 2017 年的报告。参见 Neate 2017。

11 Saez and Zucman 2016. 关于贫富差距，参见 Inequality. org, n. d.。

12 富人还发现了越来越多的新办法来保护和隐藏他们的财富，避免纳税。参见 Harrington 2016。大多数研究定量和历史数据的学者认为不平等的增长与以下因素相关：极高收入的激增、资产的金融化以及政府对财富再分配的放宽政策。参见 Lin and Tomaskovic-Devey 2013。

13 Godechot 2016; Piketty and Saez 2003. 关于收入增长，参见 Saez 2009。

14 Story 2008.

15 Office of the New York State Comptroller 2018.

16 Story 2008.

17 Currid 2007, p. 3.

18 关于米特帕金区的规模扩大，见 Halle and Tiso 2014, p. 11。

19 Elberse 2013.

20 按理说，仪式性的香槟浪费起源于嘻哈俱乐部文化。20 世纪 90 年代初，在嘻哈音乐成为主流之前，著名的星期日嘻哈派对夜"Mecca"就在隧道俱乐部举办。这里是顾客展示他们购买香槟的先驱场所之一。著名的说唱歌手以及其他有钱人，会在酒吧点酒。他们有时直接不用杯子，甚至还会把整瓶酒送给人群中的陌生人。虽然隧道俱乐部没有桌子，但顾客找到了展示空瓶子的方法。老板彼得·加蒂恩（Peter Gatien）回忆道，"有些时候，你会碰到竞争对手，这些人都设法看看到底谁能在酒吧里有更多的水晶香槟"。见 Scarano 2012。

21 杰弗里·贾赫（Jeffrey Jah）和马克·贝克（Mark Baker）在隧道俱乐部的

VIP 区开始了一种廉价的瓶装服务,每瓶收费 90 美元。最初,隧道俱乐部的瓶装服务实际上对每杯饮料 6 美元的顾客来说是划算的。贾赫和贝克声称,在 20 世纪 80 年代末,他们第一次在巴黎的一家名为莱班杜诗(Les Bains Douches)的俱乐部看到了瓶装啤酒的做法。见 Niemietz 2006;Urken 2011。"粉红大象"的所有者大卫·萨纳(David Sarner)指出,他花 29 美元买的一瓶灰雁伏特加售价 350 美元,2006 年时涨幅超过 1100%。见 Milzoff 2006。

22 Wallace 2013.

23 Willett 2013.

24 Eells 2013。同时参阅 Elberse 2013。

25 Goffman 1967. 由于行动受到如赌场和其他刺激场所等机构提供的支持,戈夫曼将"行动"界定为"后果性的、不确定的、为自己的利益而进行的活动"(p. 185)。在对"行动"的观察中,戈夫曼写道,在该市商业化的行动空间,如赌场、保龄球馆、游乐园和出租车舞厅,短暂的荣誉感比比皆是(Goffman 1967, p. 199)。这是对现代俱乐部的巧妙描述。

26 Cressey 1952, p. 11.

27 Veblen 1899.

28 这种"休闲不平等"——享受时间的不平等——体现在工作与休闲时间的变化比率上。受教育程度低的人的休闲时间从 1985 年的每周 36.6 小时增加到 2003 年的每周 39.1 小时。受过高等教育的人的休闲时间从当时的 34.4 小时减少到 33.2 小时。然而,受过高等教育、高收入的专业人士也比贫困劳工更能控制自己的工作时间和完成工作。(Attanasio, Hurst, and Pistaferri 2015)

29 正如凡勃伦所指出的,炫耀性消费只有在允许社会流动的开放社会中才是可能的。然而,这种社会条件也允许人们通过消费他们实际负担不起的东西来"伪造"自己的身份,比如信贷。在 VIP 俱乐部,客户可能会奢侈地消费,但在晚上结束时拒绝付款。例如,用不良信用卡付款或事后提出购买争议。支付纠纷有时被高调地诉诸法庭。例如,2016 年,一位巴西金融高管在肉库区的"挑衅者"俱乐部,两天共计订购了价值 34 万美元的香槟和烈酒,但他的信用卡公司拒绝了这笔费用;六个月后,俱乐部提起诉讼,争议私下解决。(Bekiempis 2017)

30 关于城市青年文化和嘻哈文化的比较分析，请参见 Wariko 2011。在科特迪瓦，有关黑人男子气概，以及人们对非洲裔美国嘻哈的接纳，参见 Matlon 2016，p. 1029。

31 根据美联储的数据，2008 年的经济崩溃摧毁了美国中等收入家庭所持有的 38.8% 的财富。对他们来说，恢复速度缓慢。相比之下，最富有的美国人损失要小得多，他们的财富迅速恢复和增长。参见 Harrington 2016, p. 213。

32 Roose 2014。

33 劳伦·里维拉（Lauren Rivera）研究了一家高端俱乐部的门检流程，观察到俱乐部工作人员更倾向于接纳更多女性而不是男性，以此来管理风险并减少顾客之间的潜在冲突。（Rivera 2010）

34 19 世纪 80 年代，"女孩"一词在英国开始流行，用来形容在童年和成年之间占据社会空间的工人阶级和中产阶级未婚女性。20 世纪 20 年代至 30 年代，"女孩"的形象在全球范围内传播，比如美国"新潮女孩"（It girl），过去和现在都与对消费、浪漫、时尚的"轻浮"追求联系在一起。（Weinbaum et al. 2008）

35 Webster and Driskell 1983。

36 Bourdieu 1986, p. 27, n. 3。

37 这是在各种环境中雇用有魅力的女性的逻辑，从猫头鹰餐厅、酒店到航空公司，都显示出了这一逻辑。戈夫曼（Goffman 1967, p. 198）观察到，从赌场到商业航空公司的消费空间都"通过展示女性来营造氛围"，这种氛围包括"衣着惹眼的女服务员"。

38 Wacquant 2004; Mears 2014。

39 *Black Book* 2010. 关于莫斯科的门禁脸控，参见 Yaffa 2009。劳伦·里维拉（Rivera 2010）在有关东北部城市门卫安检的研究中，描述了识别安全威胁的重要尝试，即门卫将种族和阶层编码为与潜在威胁相对应的象征等级。他们区分危险和安全的黑人男性，以及来自南美的拉丁裔和欧洲裔。里维拉发现，女孩总是受欢迎的，因为她们很少构成安全威胁。在纽约的一些更高级的 VIP 俱乐部，安全是一个主要问题，但门卫也非常关注女性的身份象征，即她们的身材、服饰和样貌。这表明，在主要为男性客户服务的企业高层，女性美丽与否非常重要，这与精英休闲的历史描述（如 Veblen 1899）和当代"美容经济"分析（Osburg 2013）一致。

40 2018 年 5 月。美国联邦法院偶尔会对那些在酒吧和餐馆存在种族歧视的顾客提起诉讼。例如，见 Balsamini 2016。

41 我的分析局限于在这一典型的全球环境中产生的地位，这一定会错过对其他国家的研究，例如亚洲和海湾国家，那里的资本越来越集中，种族排斥动态可能有所不同。关于在亚洲对白人的种族偏见，请参阅相关报道（Farrer and Field 2015）；关于胡志明市夜生活的研究，参见 Hoang 2015。纽约也有许多不同的、重叠的派对圈子，主要迎合黑人、亚洲人或年轻的"潮人"顾客，每个人都有自己的地方等级制度和资本，例如，关于伦敦青年地下俱乐部场景中的俱乐部动态，参见 Thornton 1995。

42 Wright and Hope 2018.

43 Wright and Hope 2018, pp. 253, 267.

44 Page Six. com Staff 2009.

45 Battan 2016.

46 关于零价商品（zero-priced goods）的可变含义，请参见 McClain and Mears 2012。

47 文化资本指与阶层相关的具体化倾向，而这些倾向体现出了（特定的）生活方式特征，如服装、姿势、体型和举止；参见 Bourdieu 1986。

48 Goffman 1959, pp. 151–53.

49 Giuffre and Williams 1994; Spradley and Mann 1974.

50 华盖俱乐部老板杰森·斯特劳斯指出："我们努力发展自己的中间人，但随着他们越来越成功，最终会让俱乐部付出更多的钱……我们创造了怪物。"（Elberse 2013, p. 258）

51 Elberse 2013, p. 255. 纽约华盖俱乐部的第一年收入甚至呈上升趋势，从 2004 年的 1000 万美元上升到超过 1500 万美元，三年后净收入约为 250 万美元。见 S. Evans 2010; McIntyre 2015; Nightclub & Bar Staff, n. d.。

52 Elberse, Barlow, and Wong 2009.

53 Tao Group, n. d. 另参阅 Elberse, Barlow, and Wong 2009。

54 Elberse 2013.

55 此外，拉斯维加斯 EDM 俱乐部的兴起为酒店业者带来了比赌场更多的利润，改变了拉斯维加斯的娱乐和盈利能力（Eells 2013）。关于拉斯维加斯作为豪华娱乐目的地的崛起，请参阅 Al 2017。

56 Nightclub & Bar Staff, n. d. 2015; McIntyre 2015.
57 Eells 2013.
58 Sky 2014.
59 Harrington 2016, pp. 114–17.
60 关于汉普顿人的民族志记述，见 Dolgon 2005。关于阿斯彭，参见 Park and Pellow 2011; Elias 2008。
61 Cousin and Chauvin 2013.
62 例如，最流行的私人飞机航线之一是位于法国南部的蔚蓝海岸和莫斯科之间（Fox 2015）。关于精英在空间内"快速"流动的能力，参见 Beaverstock, Hubbard, and Short 2004, pp. 402–6。与之相应的一个例子就是，从迈阿密巴塞尔国际艺术博览会到威尼斯双年展的世界巡回展览中，艺术界人士及其富有的赞助者都会突然出现。这种"场景"是植根于当地社会互动的亚文化的现实表现（Silver and Clark 2016）。
63 随着全球化以及国家和公民身份的脱钩，富人已经在全球范围内广泛扩散、极速流动并受到特殊对待（Hay and Muller 2012）。有关精英流动性的更多信息，请参见 Birtchnell and Caletio 2013。
64 Elliott 2017.
65 Wallace 2013.
66 "全球非固定派对场景"（the globally mobile party scene）是米密·谢勒尔（Mimi Sheller）和厄里（Urry 2006, p. 200）所描述的，晚期资本主义旅行所具有的流动性特征。人们前往诸如好的海滩、俱乐部、风景、街道、山脉、独特的历史、冲浪、音乐场景、历史遗迹等，前往有好的工作和食物的地方、前往地标建筑、派对、大学等。

  这并不是假设我研究的 VIP 派对场景代表了所有的全球俱乐部体验。我不打算概括全球的夜生活场景。尽管这一情形发生在全球派对的不同地点，但是其参与者不成比例地在纽约生活和工作。因此，我的调查结果仍然以美国和西方为中心。长期以来，美国社会学家对美国环境的描述不具有灵活性，就好像美国是一个具有普遍意义的国家。事实上，我所研究的空间非常重视白人——对黑人的表述不甚清晰——这表明美国文化逻辑在这里的运作有一个重要的、潜在的特征，在其他环境中可能会有不同的运作。例如，詹姆斯·法勒和安德鲁·菲尔德（Farrer and Field 2015）对俱乐部会所的研究指出，正是在城市兴起 VIP 俱乐部模式以迎合大多数亚洲精英的时期，白人的价值迅速降低。关于越南种族化男子气概等级制度的变化，见 Hoang 2015。

即使有这些局限性，国际 VIP 派对也不仅是一个研究全球夜生活的有价值的案例，还是根据凡勃伦（Veblen 1899）的经典分析，以经验检验浪费和财富动态的案例。其他关于非美国和非西方背景下的俱乐部和休闲的深入定性研究与我的研究结果相呼应，特别是在刺激性消费的阶段性、利用女性的身体来表明男性的地位，以及男性之间的斗争等方面。例如，参见 Osburg 2013。

67 Urry 2010, p. 2016. 关于世界各地新自由主义梦幻世界的讨论，请参见 Davis and Monk 2007。

68 关于如何将种族和性别分析纳入精英研究的讨论，请参见 Cousin, Khan, and Mears 2018。

69 Hay and Miller 2012, pp. 77 - 78. 关于上流社会如何在美国商界精英中培养社会凝聚力的深入研究，请参见 Domhoff 1975。

70 有关例外情况，如关于圣特罗佩的研究，请参见 Bruno and Salle 2018；关于圣巴特岛的研究，请参见 Cousin and Chauvin 2013；关于北加利福尼亚州波希米亚丛林私人俱乐部露营地的研究，请参见 Domhoff 1975；关于阿斯彭的研究，请参见 Elias 2008。

71 根据马克斯·韦伯的说法（[1922]1978, pp. 43 - 46, 339 - 48, 926 - 55），为了生计而形成的竞争产生了致力于减少这种竞争的团体，在这种情形下容易产生封闭的社会关系。这种彼此间的相互隔离可能基于任何不利或可视的特征，包括种族、社会背景、语言、宗教和性别（p. 342）。在 20 世纪，尽管正式法律保护已经通过，但是基于特定标准的歧视已被基于"个人主义"标准（如学历、知识或财产所有权）的歧视所取代（Collins 1979）。

第二章

VIP

白昼

星期二，下午 2 点，纽约

白天，经纪人负责编织复杂的社交网络，这对于黑夜如何展开至关重要。正如一位由前经纪人转型为俱乐部老板的人所言："没有白昼，就不可能有黑夜。"

在一个晴天的午后，桑普森一如既往地将他的黑色 SUV 停在曼哈顿市中心苏活区春天街和百老汇的拐角处。在这个拐角，有两家著名的模特经纪公司，附近还有很多家试镜与时装工作室。这是一个暖洋洋的星期五——物色佳人的理想条件。只要桑普森没有带模特去吃饭或试镜的计划，他就会来这里搜寻新的目标。"这就是我的工作。"他坐在车里，望着挡风玻璃外繁忙的街道。

桑普森经常上午 10 点起床就直接去健身房。他试着锻炼肌肉，看秋天能否有机会重做男模的工作。他身高 180 厘米，又是高加索人，能够通过模特的标准。他 27 岁，有一张年轻标致的脸——饱满的嘴唇，长着一双猫科动物似的眼睛——这对于吸引女孩来说极其有效。

我们正聊着，桑普森的话在一个年轻的白人女孩走来时戛然而止。"我认识她！我去打个招呼——"我还没反应过来，桑普森就熟练地飞奔下车。他在人行道上迅速搭讪，回来时面带笑容。"刚才真不错！我问她'今晚有什么安排'，她说没问题，今晚可以跟我出来！"

靠在SUV的车篷上，桑普森叼起一根烟，继续扫视街道。他知道，漂亮女孩们被他这样的人搭讪得多了，所以有时她们会态度粗鲁。"我不想跟经纪人说话"的回复并不少见。在春天街对面咖啡厅外的长椅上，坐着桑普森的竞争者奥马尔和他的助手。有时桑普森和奥马尔会不约而同锁定同一个女孩。这时他们就会用猜拳的形式来决定谁该去跟她搭讪。

桑普森喜欢坐在车里而不是长凳上。外面也许温度不适，也许在下雨。他在车里可以让发动机空转，把空调开到最大。如果他厌倦了，可以打个盹儿，或在他的 iPad 上浏览一下网飞。

一个年轻女人路过，桑普森快速扔下烟头再次追出去。他经常车没锁就跑，并不担心有小偷。他知道附近有不少警察，因为他总是收到罚单。

当他追到女孩，五分钟交谈后就得到了女孩的电话号码。他们亲吻脸颊道别。

"刚才那个真不错！"桑普森说着，又靠回到车篷上，"她年纪大了些，但长得不错。我能感觉到只要她把头发放下来就会很好看。"

"稍等一下——"话说到一半，他突然跑了出去！追上一个百老汇大道上走得很快的年轻女人。她的头发闪亮，发丝随着步伐而跃动。我看得出桑普森正吃力地跟上她的脚步——她没有停下，只是在走路的同时打发桑普森的提问。这样的对话持续了一条街,他放弃了。

"聊得怎么样?"他回到车上,我问道。

"糟透了。"他说,但仍然微笑。

桑普森擅长向女人搭讪。这算是他的商业利基,如果用专业术语来说的话。他的上一份工作是销售手机。之后,他每天在三十四街闲逛并练习搭讪:

> 我没有开玩笑。工作一结束我就过去了。我当时的感觉就是,受不了了!我需要新鲜事!在开始目前的工作前,我就已经开始搭讪了。追女孩我很有一套,我觉得很舒服。这么说吧,这就是我的活儿。我对女人有天然的热情。做现在的工作不是因为我需要,而是因为我喜欢。

桑普森生于皇后区一个工薪阶层家庭。他从一所社区大学毕业后就在一家手机店做销售。一天,一个漂亮女人在地铁站遇到他,邀请他一同去一家俱乐部。他谢绝了,抱歉地解释,自己已经破产了。但那女人执意邀请。

"她说:'这是免费的。'我问:'你说的免费是什么意思?''免费就是免费。你来了就知道了!一起用晚餐吧!'我说我也没有钱去晚餐。她告诉我:'那也是免费的。'"

事实上,那个女人是和经纪人关系密切的模特,之后将桑普森介绍了过来。经纪人以为桑普森是一名男模,就以每晚50美元雇他来做物色女孩的助理经纪人。男模们经常会收到这样的兼职邀请,做吸引女模特的诱饵。与漂亮女性关系密切的男人,尤其会成为 VIP 俱乐部的目标对象。

那天晚上过后,桑普森开始查阅时装网站、经纪人和模特们的脸书,迅速"学习识别对的外表"。桑普森个人喜欢拉丁裔女人。用他的话来说:"曲线美女。不胖,但又壮又丰满、热情外向的女人。"他对做模特兴趣不大,因此花了整整一周在网上训练自己的审美眼光。我认识他时,他已经在这个行业干了两年,和一个前模特结过婚,离婚后又和无数模特约会过。

在苏活区街上的 40 分钟内,桑普森和 10 个女孩搭讪过,其中半数都成功了;他答应给女孩们发短信,发送派对的时间、地点等细节。下午 3 点时,他看了一眼表:"是时候发短信了。"接着,他开始为晚上布置卡座。

德雷的人脉

当桑普森每个工作日下午都泡在空调车里时,德雷也在街头徘徊——他正想方设法物色派对人选。他知道苏活区的模特试镜是找到女孩的绝佳机会。对于经纪人来说,只要他女朋友去试镜,他就可以在走廊坐着或在楼外站着等她,借此向其他模特打招呼、索要电话号码。可惜,德雷将近 40 岁了。他难以想象任何一个像他自己或任何一位 40 岁的男人在试镜工作室闲逛。因此,他就把眼光放在自己身边的人身上,故意在城市中不慌不忙地散步,不断努力梳理自己的关系网,和对的人交朋友。

穿过苏活区时,德雷刻意走春天街、王子街、百老汇这样繁忙的街道。纵使有静谧小道可以直达目的地,他还是会漫步在更有活力的街区,因为也许能碰见在附近逛街和工作的时尚路人,提高遇到目标人群的概率:模特、俱乐部店主、餐厅店长及其店员以及知名艺术家(其中一个还邀请我们到他的工作室,送给我们一幅作品)。他很少走重复的路回自己的高级公寓。"作为经纪人,你得时时关注信息。"德雷路过的时候,一些司机甚至会鸣笛、向他招手或停下车跟他打招呼。德雷已经变成城市理论家简·雅各布斯(Jane Jacobs)所描述的公共人物。她研究城市文化时发现,一个人"无须拥有特别的才华或智慧就能完成他的功能——他的主要资质就是,他是公众的。他和许多不同的人打交道"。[1]与大部分匿迹潜形的城市居住者不同,当德雷走在街头时,他可以联结其他人。

德雷在苏活区一家时尚咖啡店马法(Mafa)用午餐。由于这家店延展到人行道,有一个宽敞的座位区,这里成了他的最爱。他常常坐在最喜欢的角落位置,面朝人群。我赶来坐在他旁边之后,他依然时不时抬头跟路人互动。比如,我们正聊到一半,他会突然冲那边眨个眼睛,冲另一边飞去个微笑,抑或冲某人竖起大拇指,对任何一位都极其亲切。当有熟人走过来,他会起身,同对方握手。他总是活泼、愉快,与对方开着玩笑,在法语、英语、西班牙语间自由切换。

"我们来这儿,"他介绍起马法咖啡店,"因为这里是我们采取行动的地方。我们来这儿见人,来这儿获取信息。"他接着向我耳语:"我懂怎么跟女孩搭讪,所以她们喜欢我。我让她们感觉自信、自在,而且我是真诚的。"

他瞥到附近桌子前一个非常瘦削的年轻模特,悄悄指了指她:"那就是我们要找的类型。我们想要的就是那种女孩。"

"为什么?有些男人会觉得那种不够有魅力。"

"那倒是。她有点太瘦了,"德雷评价道,"我喜欢更有曲线的。但对于大部分人来说,模特代表着一种梦想。她们代表着精英,代表着前沿,代表着最高级的时尚与美貌的世界。她们是一种梦想。怎么说呢,我没有被她吸引,但她是我的目标。如果在街上遇到她,我会停下来向她搭讪。我们需要这些女孩。"

很多经纪人的工作都与他们对女人的个人品位相悖,至少一开始是这样的。一位 31 岁的黑人经纪人乔第一次见到时装模特时甚至充满怀疑:"我当时就想,那也算是模特吗?你难道是在逗我?你知道的,时尚界有很多模特长得极其瘦削和奇怪。真的不是我的菜。"经过五年的 VIP 俱乐部工作,乔说:"我的审美观变了!现在我看到极瘦的模特时,我认为那是正常的;看到正常身材的女人,我觉得偏胖!"同样,一个纽约俱乐部老板告诉我,模特并不漂亮。他觉得她们很奇怪,但"这在俱乐部是流行的,因为她们两米多高呢"。经纪人对女人的个人品位可能和 VIP 场所的偏好很不一样。但他们的工作不可避免地重塑了他们的审美,使得高挑、瘦削、年轻、貌美成为主要因素。只有这样的审美,才能将 VIP 场所限定为高端空间,排斥甚至蔑视其他审美标准。

通过刻意瞄准顶级模特——他总是提到她们的名字——德雷试图营造他有最佳女孩的声誉。那一年里,一个维密超模来

X 俱乐部看过他好几次（"她为了见我而走进来时，旁人都难以置信！"）。当她入场时，所有其他模特和顶级顾客的目光都被吸引住了。只要拥有对的女孩，所有人都会为德雷而来。

女人们被德雷吸引的原因并不复杂。德雷有 180 厘米的身高，健美、时尚、帅气，曾经做过一段时间男模。10 年之前，德雷梳着脏辫马尾，在人群里可以被一眼看到。随着年龄和阅历的增长，他的外形也越来越低调。他如今的发型已经近乎板寸，衣着大多是设计师品牌的牛仔裤，搭配夹克或皮外套，多为黑、白、灰三个色系。

事实上，德雷自称有一种邂逅尤物的天赋。这也是他能发现经纪人这项工作的原因。十几岁起，他就开始在美女的陪同下到法国参加派对。15 岁那年，他第一次收到俱乐部老板的邀请做了一次经纪人。那天晚上，他把收到的几百美元酬劳藏在了床垫下，生怕妈妈担心他是靠贩毒得来的。

德雷生于法国巴黎的一个中产家庭。他的父母早前来自北非，分别是外交官和家庭主妇。受父母影响，德雷对自己的职业生涯很有抱负。高中毕业后，他短暂地争取过法律学位，但最终因为追寻音乐梦想而辍学。在 20 世纪 90 年代初，他和哥哥前往迈阿密，加入了一个男子乐队。

20 世纪 90 年代的迈阿密正处于时装模特、派对、房地产开发扩张的黄金期，是如今耀眼的南方海滩的前身。随着乐队解散，德雷做起了男模和服务员。就是在那时，迈阿密一个小有名气的经纪人注意到街对面的他。德雷受邀前往模特成群的俱乐部，在那里结识了未来夜生活的合作伙伴们。1999 年，德雷搬到了纽约。他起初住在当时女友的住所，但不久就和女友分手了。之后的一年，他居无定所，要么挤在朋友的沙发上过夜，要么去俱乐部认识的女孩家留宿。为了回报他们，他会打扫屋子、教授他们法语。一年以后，德雷在迈阿密的一个熟人把自己母亲位于哈勒姆区的房子的一间屋子提供给他住。没过多久，德雷就和其他四个夜生活生意场的男人组建了团队。恰好在酒瓶服务文化刚刚兴起时，他们在这个城市最高端的俱乐部，以举办最精彩的夜生活派对而闻名。渐渐地，在这门生意里，德雷的商业利基为他找到了优质女孩：他擅长给男人们的派对带来顶级模特。

就像德雷一样，大部分经纪人入行的方式都非常偶然。他们描述的经历惊人地一致：在我采访的 39 位经纪人中，只有一人是自己主动做经纪人工作的。[2] 其他人，都是工作找到了他们。的确，原因不难看出：他们都是极有魅力的男人。风流、时尚，而且有股韧劲儿。

如今，走在苏活区的街头，德雷期待人们能够认出他并且联想到："德雷走过来了——女孩们，入场券，人脉。"为了得到最重要的高质量的人，德雷用心地经营与他们的长期关系。混迹俱乐部多年，他认识不少名人，其中主要是演员和音乐人。他甚至知道哪个女孩喜欢哪个名人，于是便能使对的女孩出现在对的桌前。曾有一度，他还有一张手写清单，记录男人对不同女孩的喜好，一如他在法学院上学时的笔记。与德雷外出期间，我几乎没有间隙地和陌生人握手。那些人明显因不断的聊天、玩笑、派对邀请而十分亢奋。

"阿什,想想我的出身,再看看现在,我就要成为百万富翁了!这就是我的故事,这就是美国梦。"

搭讪

天气不错的时候,21 岁的特里弗和 29 岁的马尔科姆每周都会有几个下午,在马法咖啡店的几个街区外见面。这两个黑人经纪人有时也会和桑普森与桑托斯搭档工作。特里弗刚刚入行一年;马尔科姆则工作八年了,目前负责指导特里弗物色适宜的女孩。

身高 190 厘米的马尔科姆来自布鲁克林的弗拉特布什(Flatbush)——并非富人区——如今来到了他曾经的同学想都不敢想的地方。"我就是小概率本身,"他谈到和他一起长大的人,"95%——啊不,98%的人——都没去过欧洲。至少没人像我一样。"

马尔科姆能成为一名国际俱乐部的经纪人,还是因为他健身房朋友的推荐。那人注意到马尔科姆的社交才能,请他先做一名助理经纪人。助理经纪人是经纪人通常的起步阶段,每带去一个女孩就能赚 50 美元,或每晚赚 100 美元到 200 美元。马尔科姆在纽约城市大学主修过市场营销,曾在一家公关公司工作。他白天在公司做兼职,晚上则在俱乐部工作。最终他决定自己干,在夜生活的领域里闯出一番天地。我认识马尔科姆的时候,他正为圣特罗佩和伊维萨岛的俱乐部和私人顾客工作。从他的铆钉范思哲皮带和柑橘薄荷味杜嘉班纳香水就能看出他现在的现金流（当我试喷他拿出的香水瓶时，他喊道："等一下！那可花了我 100 英镑！"）。

马尔科姆是个身材魁梧的黑人。在这个到处都是白人的 VIP 世界里，有女孩簇拥着，可以使他显得少些威胁性。从高中开始，马尔科姆就练习和女生搭讪。当他和朋友们每天在布鲁克林和曼哈顿之间搭乘地铁时，他们还会玩一种"必须和女孩搭讪"的游戏：

想象一下，假设你现在只有十四五岁，在火车上向一个陌生女孩走过去，多难为情呀……任意一个陌生人……向她走去的这一路有多漫长……你要如何接近她？那可为我现在建立自信立了大功，教会了我如何和陌生人说话，以及如何打破女孩的心理防线。我在那个年纪就已经学会了。

当马尔科姆接近陌生女孩时，他会先开个玩笑或编个借口。"我会从地上捡起一张纸，然后说：'嗨，你的东西掉了。'她会说：'你确定吗？''不，我就是想引起你的注意而已。还真管用啦。'"

有些女孩觉得这些小伎俩很可爱，尤其当他露出酒窝微笑的时候。"不过有些女孩会排斥。她们觉得这些都老掉牙了。"

在苏活区，有高度密集的时装工作室和模特公司。对马尔科姆来说，这里是训练特里弗如何瞄准模特的绝佳场所。有时他们会去特定的街道，如途经的那家冻酸奶店："模特们喜欢莓红这家店。她们常常来这儿。"马尔科姆说。走在繁忙的街头,马尔科姆向我指出哪些是模特,哪些是"模特优选"。一个金发女人走过时,他的头也跟着转了过去。

"她很性感,"我们继续走着,马尔科姆随意地说道,"她不是一个模特,但是够正。我绝对会跟她搭讪。不过她算是一个'模特优选'。女孩们分为模特和'模特优选';'模特优选'符合模特的一些标准,但并不是真的模特。比如刚才那个女生,你懂我的意思。她还不够瘦,也不到180厘米,估计有173厘米。她只能是个美女,俱乐部看了会说'好吧,还算漂亮'的那种。"

"不过,你真能看出两者的区别吗?"我问他。

"哎呀!谁都能看出她们的区别。你看看她,再看看这个——"他指着巴尔萨泽餐厅窗外春天街上的两个人,"一看就知道她们俩谁是模特,对不对?"

我想他是正确的。其中一个女人,就是模特的那一个,比另一个更瘦一些、更高一些,言谈举止更吸人眼球一些。

"有些女孩是街头美女,而有些就是模特。"马尔科姆说道。

不过那时,特里弗还没有这么敏锐的辨别力。桑普森总是责骂他:"他带来的女孩全是那种丰乳肥臀型的,都只是他的喜好而已。我说了多少次!那些不是我们想要的!带她们来就是浪费空间而已!别再带了。不要大胸大屁股,就要瘦的高的!"

一个年轻漂亮的女人走过。"看那边!"特里弗冲马尔科姆示意,"那是个模特吧!"他所指的女人穿着超级高跟鞋和夸张的服饰。

"她不是模特……"马尔科姆不屑地说,"模特就不会穿成那样。"

"什么意思?"特里弗问。

"她穿那种鞋子。还没带手册……"马尔科姆是说她没有随身携带模特简历,"她不是在工作,只是在显摆。她不是一个模特。模特在白天是不会打扮夸张的……比如穿一整天高跟鞋。这毫无意义。她们要做的是试镜、再试镜。"

我们继续走在苏活区的街头,为了训练特里弗,玩起了分辨模特和"模特优选"的游戏。

一旦特里弗找对了人选,他和女孩搭讪的过程就会无比顺利。据马尔科姆说,特里弗很可爱且"性格很好",这也是他开始做这行的原因。特里弗曾经是市中心的 A&F 服装店的店员。一个同事邀请他去一个低端俱乐部帮忙。特里弗回忆道:"他发现我品貌兼优,且能令身边的人感到舒心。干这行必须相貌好看,稍微有点吸引力。"在 A&F 这样的地方工作,确保他能接触到大量年轻女性顾客,有机会邀请其中的一些外出。

那么,为什么女人会接受这些完全陌生的男人主动发出的邀请呢?

对于一些女人来说,作出决定来源于充分的信息,甚至是有利可图的。19 岁的凯瑟琳是一个很好的例子。一头铂金色长发的她,用模特圈的行话,还是一个"新面孔"。在她第一次被经纪人动员时,才 18 岁。她对此早有准备。她到纽约的第一年,凯瑟琳就从室友那里听说了俱乐部的情况。那时,她刚从俄勒冈的高中毕业，开始做模特，但她想找到自己的位置，在去俱乐部前专注于事业，更何况自身对俱乐部也不感兴趣。然而当一个经纪人在桑普森经常停车的街角接近她时，她有些动摇了。

当时，她正急着走向一家美发沙龙，一个陌生男人直接跟了过来，极其友好地问她能不能聊一聊。她为了赴约，匆匆地甩开了他。三小时染完头发后，那个人竟然还在路旁。他再次走过来说道：

嗨，我和我的朋友们正组织一些很酷的派对。或许午餐，然后看电影……一群人一起去汉普顿。我们那群朋友都特别好。如果你想加入我们，就告诉我……都是一群非常好的人。

凯瑟琳猜到，这就是她早先听说的那类经纪人，但还是收下了他的电话号码。几周之后，当她想去看看俱乐部的世界时，她在米特帕金区再次遇到了他。在这之后，凯瑟琳就成了他"很酷的朋友"中的一员。仅仅一年间，凯瑟琳就与诸多其他模特和经纪人建立起了人脉，包括凡娜和帕布罗的经纪人团队。在这些经纪人的带领下，她以未成年模特的身份和其他人组成了"最神奇的朋友"，一周有五个夜晚都在城市里穿梭。

其他女孩被经纪人说服的原因则更幼稚些。她们的价值观大多由这个靠近权力和财富的城市所塑造，片面地艳羡它的恢宏。26岁的蕾拉来自巴黎。第一次来纽约，是到一家法国时装公司实习。刚一到达，她出去散步，就被这座城市深深打动。

那时除了第五大道，她对曼哈顿还一无所知。走到 A&F 店时，特里弗向她打了个招呼。

"我记得他非常有自信，"蕾拉回忆道，"他说话的风格就'非常特里弗'：'嗨！你来自哪里？欢迎来到纽约！'"他说他正在组织派对，想要邀请她前往。

"他们真的很懂得怎么跟女人说话。"蕾拉说。

第一次和他们去派对时，蕾拉穿了件简单的 T 恤和牛仔裤，典型的法式穿搭。在米特帕金区一家俱乐部的丝绒绳围栏前，她震惊了：刚一提特里弗的名字，她就被直接带到了他的卡座。她顿时惊诧了：这里美女如云，全部精心装扮，穿着高跟鞋显得那么高挑、那么性感。"我当时真的对身边所环绕的美女大吃一惊。"蕾拉回忆。之后的半年里，她开始有规律地跟特里弗、马尔科姆、桑托斯外出。对于这座城市，她还完全陌生。她心想"这是认识新人的一个绝佳途径"。在经纪人的卡座的女孩中，她建立了朋友网络。她们都"既聪明又务实"。

认识特里弗前的几个月，蕾拉都是单身。她甚至怀疑"到底有没有人觉得我有魅力"。在 VIP 世界里，她找到了答案。比如，在汉普顿参加百万富翁们的清晨派对，这种难得的经历令她喜悦，也倍加珍惜。她认为这些经历千金不换。

蕾拉是特里弗理想的目标。一方面她刚来到这座城市，没有朋友；另一方面，她还没听过什么对经纪人的批判。尽管很多女人厌烦经纪人街头搭讪的伎俩，像蕾拉这样的女孩还是会对他们口中的高端派对感到惊喜，尤其得知是免费的时候。

芮芭是另一个喜欢被邀请到高端派对的例子。一开始，经纪人在苏活区北边几个街区的阿斯托广场地铁站看到了在去纽约大学上课路上的她。"有个人走过来说，今晚有个很棒的派对，问我要不要去。我刚来这座城市，还不认识什么人。便说'好啊，当然'。一开始我还有点担心，但我查了查那个地方，发现是合法的。"芮芭属于"模特优选"的一类。她身高178厘米，胸部丰满，用她自己的话说，"有点翘臀"，还有一张美得惊人的脸。她喜欢跳舞，尤其喜欢嘻哈，没钱，也不知如何进入俱乐部，经纪人的邀请是一个有吸引力的机会。在米特帕金区俱乐部的那一晚，芮芭和有趣的人群体验了"狂野的一夜"——短短两小时内，几乎整座城市的经纪人都向她做了自我介绍，并给了她电话号码。那一年，她才19岁。

这就是芮芭开启VIP夜生活的原因。尽管只有学生预算，芮芭却能享用免费的晚餐，享受这些夜晚。或许对她来说，最好的是成为高端世界的一员。这与她家乡的生活简直天壤之别。"我仍觉得非常快乐，"如今28岁的她告诉我，"我来自北卡一个没什么夜生活的小镇。能遇到这里的人，真的太好了。"

经纪人希望找到蕾拉、芮芭、凯瑟琳这样的女孩。对她们来说，免费的奢华派对和交友机会就已经足够有吸引力了。不过，马尔科姆也说过，街头搭讪的成功是有概率的，不是所有人都会给他们期待的回应。

一个下午，当我们走在苏活区街头，特里弗和马尔科姆一同看到人行道路边正在喝饮料的三个模特。特里弗想了一下，决定去找她们。马尔科姆曾指导过他如何开场："第一条，开场白，可太重要了。从这句话她们就能知道你是不是一个经纪人。你必须迈过这一关,让她们自在,最好能让她们笑出来。"

特里弗绕到咖啡店,径直走向女士们的桌子,打断她们的对话:"嗨!打扰一下。我叫特里弗。这位是……"他停顿了一下,问了我名字,"阿什利。你们好呀!"女士们兴趣不大地回应了一下,特里弗接着问她们从哪里来。

"伦敦。"她们回答。

他继续问:"你们来这里做什么呀?"

女士们尴尬地停顿了一下,说她们是模特,来这里工作。特里弗开始了他那套话术:"我也是新来的,她也是。我一直想找些新朋友一起玩。你们会在这儿待多久?"

"一个月。"很明显,她们对他的话不感兴趣。

"喔,一个月!你们喜欢打保龄球吗?我们可以一起打保龄球和看电影。你们喜欢电影吗?"

"嗯,当然。"她们说。

"啊,对,我还去俱乐部、派对之类的。咱们一起去吧?你们电话号码多少?"

在其中两人拒绝后——"我记不住我美国手机号的号码,抱歉"——第三个女士给了他手机号。回到车里,马尔科姆在我复述经过时放声大笑。"那的确不算我最好的表现。"特里弗一边承认,一边大声叹气。

于是,我问他是否真的会带她们打保龄球。

"对啊,"他说,"这就是套路的一部分。你得跟她们培养关系。"

在经纪人每天街头接触的数不清的女孩中,只有相当一小部分人会最终加入他们的派对。当然，街头搭讪只是招揽女孩、扩大人脉的众多技巧之一。其他经纪人在时尚产业找到了接近女孩的另外方法。

厉害的男人

每一天，你都有可能在苏活区看到三辆 SUV 穿梭。车后座足够宽敞，能坐七个女孩。这是蒂博、费利佩和尼古拉斯在开车送模特们去试镜或去做其他事，有时也去马法咖啡店北边几个街区外的联合广场一家时髦餐厅吃午餐。

蒂博是一个 45 岁的多米尼加人。他经常穿着 T 恤和时尚的阔腿牛仔裤，配一双浅色板鞋和反戴的棒球帽。费利佩是他表弟，44 岁。56 岁的尼古拉斯是牙买加人，但看着比他俩都要年轻。他们还有一个助理经纪人杰克，21 岁，来自巴西，是混血儿。一周至少有四个晚上他们都会外出，带 10 个到 50 个女孩不等。每个晚上，他们都会在同一公司的两三家俱乐部工作。他们这个小队每晚最高能赚 3000 美元，外加顾客酒瓶消费的 20%。还有一次，他们从人气火爆的派对里抽取了吧台利润的一大部分。在这一行，他们做了超过 20 年。

"这伙人是最厉害的。"蒂博邻座的一个经纪人说。我从不同经纪人和女孩口中听到类似的评论很多次。几乎每个人都同意，在俱乐部的金字塔里，蒂博的团队是最顶尖的。很多人甚至把他们视为这行的神话。有些人还相信，蒂博和费利佩是"模特与酒瓶"这一商业模式的开创者（有好几个人这样说）[3]。

他们的成功激励了新的竞争者，比如 27 岁的纽约经纪人伊桑。他无比羡慕蒂博和费利佩能带来如此优质的女孩，并因此收获战利品："我觉得他们就是那些永远坐在名流身边的人。他们永远有漂亮的女孩，永远都有，你懂的，汉普顿的别墅和富豪朋友。"他说，"他们啊，你懂得的，他们就是'厉害的男人'。这么说吧，如果你立志想成为谁，你就要立志成为他们那样的人。因为他们就是最优秀的。"伊桑做梦都想成为他们的竞争对手。他甚至当面告诉他们："听着，我想成为你们！"

我和蒂博相识的契机和大多数模特一样。那时候我正为了研究模特产业而排队等一个时装周的试镜。他当时也在陪他的女朋友，并借机认识更多其他模特。他对我说，他正在策划很酷的派对，我应该加入。他甚至提前请我在一家高级餐厅用餐。在享用免费晚餐的同时，我认识了他在模特产业工作的其他朋友。我给了他我的电话号码。那是 2005 年。自此以后每过几个月我就会收到他的群发短信，内容大致如下：

2005 年："坏消息是，所有模特都回来了！好消息是，我今晚要邀请她们所有人出来！今晚快来活力俱乐部吧！蒂博"。

2008 年："来参加我们最最亲爱的顶级超模霍莉的生日派对吧……活力俱乐部最大的派对就在今晚！让我知道你是否想加入晚餐！蒂博"。

2011 年："嗨！！！姑娘们……我们今晚将在一个古典酒店顶层举办派对！很多名人会来……来了你们就会看到。接着，我们一起去汉普顿的 X 俱乐部，明天下午 2 点出发……来吗？

蒂博"。

好几年我都无视他的邀请。2010年我终于回复了他一条信息。我说我目前居住在波士顿，是一名教授，非常希望有机会见到他，为VIP世界的研究做些准备工作。他立刻回复完全没问题，欢迎我随时来找他。他还加了一句："我还真想跟教授共舞一曲！"因此，我回到了蒂博在纽约的生活。

蒂博和费利佩非常欢迎我来研究他们的世界。事实上，他们在本科的社会学课上学过民族志，也算熟悉我的研究方法。蒂博毕业于纽约城市大学的政治学系；费利佩则在故乡多米尼加共和国学过法律，遗憾的是，他为了躲避不稳定的经济形势而移民，没法得到他的官方成绩单，只能重新读大学。他本科去了巴鲁克学院（因付不起学费而拒绝了耶鲁）学习传媒和市场营销。他们虽然看起来有些玩世不恭，对于夜生活工作可是格外认真。他们赚了不少钱补贴美国和加勒比的家庭，还计划在不久的将来投资酒店业。

和其他经纪人一样，蒂博和费利佩虽然完全认可时尚模特的经济价值，但对她们的美学价值存疑——他们两人都倾向于美的文化相对主义。比如，当我问蒂博为什么女孩们穿高跟鞋很重要，他回答："女人穿高跟鞋的时候更优雅。走路的姿态和外表就是会更优雅。这是事实。"

"不是事实！"坐在我们旁边的费利佩插话说，"蒂博啊，你都去过那么多地方了，应该最清楚，女人不穿高跟鞋也可以很优雅。你想想非洲光着脚穿着长裙的姑娘——那是最优雅的。比任何一个穿高跟鞋的女人都优雅。"他们随后讨论起美学标准的相对性和西方霸权主义，最终得出结论：在俱乐部，穿着高跟鞋的高个子女孩象征了更高的地位。因为在这个世界，如果"你看到这些女孩有多高，会忍不住感叹'不愧是模特'"。

蒂博无比清楚，模特的出席能为他们带来直接的社会地位的提升，提供即时的、切实的利益：

当俱乐部里的人看到我们带来了模特，满满一卡座的模特，整间屋子沸腾了。好像每个人都想来这里，时尚的人都得来这里。为了到我们身边，他们宁愿花更多的钱；我们坐在哪里，他们的卡座就会订在哪里。如果我们组织派对，其他经纪人也想过来。如果我们不去，模特也不去，这群人的质量瞬间就变得跟"桥梁和隧道"一样。

我和蒂博重新联系上后，他邀请我去观察他替一位阿拉伯顾客举办的模特试镜。他即将在一家高档酒店的顶楼平台举办大型蒙面舞会，并花钱请模特在人群中周旋。虽然会有专业化妆师给女孩们上妆，但阿拉伯顾客还是要找漂亮、瘦高的女孩。模特会以为这是一场与专业相关的试镜，殊不知是去扮演派对的顾客。鉴于经纪公司不会让有声望的模特来做这种有争议的工作，蒂博可以借此认识公司的新人。于是，当酒店前台把模特带到蒂博的座位后，他就接过她们的简历并解释工作——然后，告诉她们俱乐部的工作，虽无报酬但会受益匪浅。我们坐在酒店走廊里巨大的沙发上，直到最后一个面试者结束。

"我希望你也能来，"蒂博对我说，"做经纪人这行，你得和对的人在一起。你得去能看到他们的地方。"此时，酒店的走廊挤满了西服笔挺的男人、模特、有钱人。经纪人的惯用方法就是将自己安插在时尚行业里。以蒂博为例，他重新布局人生，设法接近与吸引模特和富有的男人。

"这一行有很多细节、很多小事，"他说，"如果你做好所有小事，它们加在一起就是大事。你必须不停地一直做事。经纪人是没有休息时间的，无论白天黑夜。"[4]

在接下来的几个月，蒂博向我切身演示了他的做法，并欢迎我每晚同他们一起外出——当然，我必须穿上高跟鞋。

大众经纪人特拉维斯

蒂博给模特买午餐的地方不远处就是联合广场。午后，25岁的经纪人特拉维斯在广场的星巴克一边品着咖啡，一边群发着几百条短信。他正邀请这些群发的陌生人，看哪个当晚能来他工作的俱乐部。在夜生活的世界里，特拉维斯深知自己不像德雷和蒂博那样有地位。作为一个大众经纪人，特拉维斯的任务就是带来一群人，偶尔有模特，但大部分都是充场者。运气好的时候，他可以带来 60 个；运气不好的时候，可能就只有 15 个。更何况，不是所有他带来的人都能顺利入场，因为门卫会筛选掉仪表不符的人。特拉维斯的酬劳工作日大概每晚 300 美元，周末每晚 500 美元。他知道，形象经纪人赚钱更多，俱乐部也更高级。隶属于一流俱乐部的德雷和蒂博就是能吸引到更高级的人群。特拉维斯说:"入场以后,你会看见更漂亮的人。你会看到更多烟花棒,卖出更多的酒。"美貌和金钱,正是特拉维斯所缺乏的。

特拉维斯不介意他低阶的地位。"这样压力会小一些吧。你也看到,我正在做的就是给手机通讯录里所有人群发短信。"坐在星巴克里,他对我说。取悦模特、送她们去市里试镜,对他来说都是头疼的事。甚至有漂亮的女孩在街边路过他也毫不在意,正如我们采访中就出现的情况。

"好吧,就比如这位女士,"他指向一位正路过的女士,"她非常漂亮。她又高又美,你看,蓝眼睛。她很有可能会跟着一个形象经纪人去一流俱乐部。我是想接近她,可我工作的地方她极有可能不想去……你明白吗?我能带她去二流俱乐部,但她更适合一流的。或许她跟着我来了二流俱乐部,发现并不喜欢;第二天她会不知在什么地方遇到个更好的经纪人,或是她朋友直接推荐她去一流俱乐部。"对于特拉维斯来说,不如将赌注押在游客和外国人身上,因为"他们还不知道哪里是好地方"。他更喜欢好看的游客,但对于工作要求来说,其实平均长相就已经足够了。他帮他们入场,然后他们在吧台为自己的酒水买单。

像特拉维斯这样带充场者到二流或更差俱乐部的大众经纪人,处于经纪人金字塔的底端。这类经纪人甚至会发传单给在校大学生,他们的目标就是带来尽可能多的人。

每一个经纪人都有广阔的人脉。他们一天中相当一部分时间就用来发短信、打电话、发照片墙和脸书,联系女孩和潜在顾客。单从人数上看，他们的人脉简直惊人。他们的手机通讯录里，通常有 5000 个到 15000 个联系人。有时，他们还会从网上收集信息，比如顾客的产业、拥有哪家公司等。一位经纪人向我展示了他的记录：在过去的两周里，他给 4600 个人发过短信。

形象经纪人的通讯录则更强大，尤其有模特们和为酒瓶买单的上流顾客。他们的起薪为每晚 200 美元，随着事业发展可以每晚赚 800 美元——取决于他带来人群的数量和质量。

随着在夜生活的金字塔中攀爬，经纪人派对的排他性和全球性会不断提升，与此同时也会吸引越来越多的模特。（见表 1）

表 1　VIP 派对经纪人的流动性

经纪人类型	每晚收入（美元）	排他性	社会资本	
			女孩	客户
大众经纪人	500~1000	低	"路人"	充场者
二类经纪人	100~800	↓	↓	↓
助理经纪人	100~200			
独立经纪人	200~800			
一类经纪人	400~1200			
全球 VIP 经纪人	1000~2000	高	模特	1%

当他们达到举办国际 VIP 派对的级别，就会辞去特拉维斯所在的二流俱乐部的工作，也不再为地位较低的顾客举办有偿派对。等做到了顶级经纪人，他们就会负责全球 VIP 派对巡回。

那时他们的联系人就仅限于模特和富有的客户,其收入来源于顾客所购的酒水销售额。等到了这个级别,一位经纪人直言:"无论走到哪里,你都会有一个卡座。"

惬意的恩里科

在德雷经常午餐的马法咖啡店,我还常常遇到那个西班牙白人经纪人恩里科。恩里科与德雷、桑普森、蒂博的风格都不同。他偏爱的穿搭元素——西装背带和绣着姓名缩写的意式高级衬衫——无不透露出他的上流社会出身,和其他经纪人的设计师款牛仔、T恤形成了鲜明的对比。他绝不会追在模特身后送她们去试镜或回公寓。"我今年30岁了,"他说,"我已经过了在街边跟女孩说'嗨,跟我来派对吧'的年纪。"他不屑地嘲笑着满大街追随姑娘的桑普森他们。

德雷的城市漫步以经营人脉为目的,恩里科则不同。他在苏活区高档街道穿梭的目的很简单:他喜欢。恩里科住在位于马法咖啡店旁边的一座优雅豪华的宽敞单间公寓。他喜欢马法昂贵的食物,有时可以在那里待上一整天,享用午餐和晚餐。或者他会走到奢侈品店,不看价格就拿起一件2000美元的运动夹克。经纪人的确会在服装和餐饮方面刻意提升消费等级,去接近可能成为人脉的有钱人,而恩里科则不是。他习惯大手大脚,因为他生来属于这里。

不同于绝大部分经纪人,恩里科生于西班牙一个有房产、土地和酒厂的富裕家庭。21世纪初,二十出头的他离开故乡,来到纽约一所私立大学念书。不过，他大部分时间用来在俱乐部的派对里挥霍，父母给的每周 500 美元的零花钱根本不够。因此，他只好告诉父亲自己找了份工作。他在时代广场的一家泰餐厅做了六个月的服务生，和移民来的勤杂工打成一片。每晚轮班前，他们会一起吃餐厅免费提供的"家庭套餐"。

有一次，在家庭套餐外，恩里科点了份龙虾。经理骂了他一番，说他不应该当着大家的面吃龙虾。"我当时就说：'这有什么的?！我是付了钱的！'"恩里科说。在他的话里，特权和特权阶层所特有的淡定显露无遗。[5] 那份工作持续的时间不久，他便遇到了成为经纪人的契机。

和大多数经纪人一样，恩里科得到这一工作机会既偶然又必然——和他自身生活方式密不可分。一天晚上，他随口问一家高端俱乐部的门卫，有没有免费入场又不用购买整瓶酒的方法。门卫说："带四五个美女来，你就能免费入场。"恩里科轻而易举地带来了他最漂亮的 15 位欧洲女性朋友，一行人瞬间赚足了眼球。一位经纪人找到恩里科，以 400 美元的报酬请他每周都带这群女孩光临。起初，恩里科还以为这是什么诈骗。"那个经纪人是个黑人。我来自西班牙，对这边都不太了解。我还以为他在说假话或在搞什么恐怖的东西。"提起那个经纪人，恩里科谈到了对黑人与罪犯间的刻板印象。没想到第二周他照做时，那个经纪人给了他一叠 20 美元的钞票。他至今仍难以忘怀在回程的出租车里自己有多不敢相信，甚至递给司机一张 20 美元现钞问："这张是真的吗？这张呢？那这一张呢？"几乎像我遇到的每一位经纪人一样，其他人注意到了恩里科身边美女如云,便向他抛来了工作的橄榄枝。本身就不缺钱与人脉的他,立刻入职了最顶端的俱乐部,并在此安顿了下来。

六年之后,恩里科每周都会去俱乐部里五次,每晚赚 500 美元到 800 美元。他从不担心钱,因为他的母亲依然在给他的信用卡还账,她把这当作照顾异国他乡的儿子的一种安慰方式。当卡座来人稀疏,恩里科自认为不值这些报酬的时候,他甚至会出于自尊心拒绝当晚的酬劳。工作投入时,恩里科每周能赚 3500 美元,每年 18 万美元,且以现金的形式免税——如此一来,有一两次拒绝 600 美元的报酬又算得了什么呢?

恩里科不常在脸书上发布派对的信息,也不会用邮件和短信群发派对邀请。"我不喜欢打扰别人的生活。"他说。与之替代的,是动用他自己所在的上流人脉。"目前我自己的人脉就很不错了。"恩里科告诉我,他自己就认识福布斯排行榜排名靠前的西班牙商业家族。在纽约外出工作时,他认识了他最好的朋友,一位主营墨镜与运动服饰集团的大企业家。交流不一会儿,他们就发现彼此家人也互相认识。恩里科经常向我展示他"好朋友"和"最好的朋友"的照片:西班牙著名的足球运动员、商业大亨和他们上大学的儿子、女儿。这就是恩里科的优势——他会逐一发短信邀请女孩们与这些有钱有权的男人共进昂贵晚餐:

我的一个客户想于星期四在 W 酒店,与一位(娱乐公司的)创始人共进晚餐。他跟我说可以请一些美丽的女孩来,我立刻想到了你。

恩里科找漂亮女孩的方法，通常是靠他的女性朋友们口口相传。她们中有些人是模特，但大部分人是好看的女孩。在他的卡座里，我见过脱衣舞女、陪酒女伴、学生、职场上的年轻女性——这些人都是由恩里科庞大的国际人脉网里的共同好友介绍来的。他自己的女朋友奥尔加就是位23岁的俄罗斯模特。她经常会带她的模特朋友过来。不过，恩里科不是特别喜欢招募模特。他发现模特们总会期待过多。"我想，如果你像那个样子，"他说，"你生活中会获得足够优待。正常情况下都这样，不是吗？"类似的事情已经发生好几次了——一个模特在与他人交谈的同时，没有中断谈话，只是拿起一个空香槟杯，伸长手臂穿过桌面举在恩里科面前，等他倒酒。恩里科的面部表情因强忍恼怒而扭曲。他难以置信地瞪着那个女孩，她就这样把他看作一个酒保，自以为享有等别人倒酒的权利。

出于此类原因，恩里科更愿意跟他真心喜欢或认为是朋友的人一起。恩里科以能够带来"性感的欧洲人"出名；跟他一起的即使不是模特也是养眼的人。一个经纪人称他的客户为"夹克旅"（the blazer brigade），即那些20年前还被唾弃为"欧洲垃圾"的欧洲新贵。现在，他们却摇身一变，成为受欢迎的一掷千金的座上宾。正如恩里科自己所说的那样，从脱衣舞女到运动员，再到欧洲政客的女儿——他喜欢跟不同类型的人打交道。

因此，恩里科的职业和生活融合得很好。VIP俱乐部打烊后，他经常直接到脱衣舞俱乐部继续狂欢、嗑药。恩里科的生活里充满着可卡因和可爱、有趣的女人们。夜晚才是他生活开始的时刻。一天晚上,他跟我说真是精疲力尽了,当天 4 点半才去睡觉。我同情地点点头,以为他说的是凌晨 4 点半。"你没明白,我今天下午 4 点半才睡。"

其实,要组织一群漂亮女孩一周五晚去晚餐和俱乐部并不容易,有时甚至令人头疼。恩里科曾经一度想雇我做他的助理经纪人。只要我能建立起一个人脉网络,保证每晚带去可靠的女孩,他愿意每周付我 400 美元现金。我回绝了他的邀请,不过还是在力所能及的时候邀请我的朋友去他的卡座。

一次晚上 11 点,我和恩里科来到一个 10 座的桌前,其中四个位置都是空的。我问他是否还有其他女孩过来。"希望会有吧。"他苦笑。我又问他每晚找 10 个女孩一起外出是否算件难事。"你得想办法实现它。"他冲我眨了下眼睛。

白日梦

我认识桑托斯时,他已经有了足够强大的全球性人脉,无须再去纽约的街头追寻女孩。他习惯于天亮才睡,醒来后在大麻以及与女孩的短信往来中度过懒散的下午。和恩里科一样,桑托斯也真心热爱派对,之后还会狂欢到第二天。纽约只是他工作的众多城市之一。每年,他都有几个月在米兰、迈阿密、伦敦、伊维萨岛、法国里维埃拉度过。他在米兰买下了一所公寓来供模特们免费居住,以此换得模特们在俱乐部的陪同。其余的时间,他就住在从"朋友"那里租的公寓——毕竟那些有钱男人的派对和游艇里塞满了他带去的女孩。

桑托斯个子很高,脏辫,花臂,一脸笑容,以及他招牌式的搭配。我初遇桑托斯时,他穿着破洞牛仔裤,戴着亲手缝制上铆钉的棒球帽,每只手都戴有骷髅头和十字架的银制戒指。他总是手机不离手,几乎无时无刻不在联系工作。

德雷是我们的介绍人。尽管他们关系友好,德雷还是有意和桑托斯保持距离、划清界限。"要我说,桑托斯太沉溺于女孩和派对了。你应该学聪明,把夜生活当成寻找机遇的途径。"不同于德雷,桑托斯似乎更看重派对的乐趣本身,而非长期的职业规划。有天夜里在商业中心,德雷用脏话羞辱桑托斯,尽管没有当他的面:"桑托斯今晚理应带来女孩,而他没有。不是真的有。我不知道他带来些什么东西。"他一边说,一边用头朝满是女孩的桑托斯的卡座方向点了点。"也就一个能看的。"他不屑地扔下了这句话。

不过,桑托斯还是和其他经纪人一样,常常吹嘘他的女孩多么美貌,他举办的派对多么恢宏!

桑托斯出生于波哥大的贫困地区,有八个兄弟姐妹。父亲常年不在身边,他从小由母亲、外祖母和亲戚带大。在他的记忆里,没钱买新鞋和课本是常有的事。他很早就学会了做毒品交易,把小包粉末放在内裤里运输;16岁的时候,他的偷窃技术已炉火纯青。在一次毒品纠纷中,他的表哥中枪了。在这之后,他跟随一位兄长前往意大利米兰。在这个陌生的国度,除了无法交流的语言,还有时时刻刻标志着他是局外人的棕色皮肤和移民身份。

他很快学会了意大利语——先是做餐厅服务员，再做酒保。他高大帅气，有着一双杏仁眼，很快被招为时装模特，做了几个月，他就因一些男士的求爱而放弃了。不过随后，一些女模也来追求他，工作一结束就来他所在的吧台喝酒，这次他欣然接受。酒吧经理也注意到了这一点，直接高薪聘请桑托斯从幕后来到台前工作，继续为吧台带来时尚人群。就像我遇到的大部分经纪人一样，直到这份工作找上门之前，桑托斯都不知道还有这个职业的存在。

只过了10年，桑托斯就已进入打"飞的"旅行的富豪世界，有时直接乘坐游艇和私人飞机。他会说四门语言（西班牙语、意大利语、英语和一些简单的法语），对其他六门语言也略知一二——"我可以跟任何人交流！"他常说。通过旅行和女友，不用正规学习，他就能速成一门语言。他还经常说起他认识谁，和哪类权贵人士有人脉联络等。

"他们既是我的朋友也是我的顾客，企业家、生意人，我还遇见很多金融界的人嘞。"他说，在法国里维埃拉，他还认识很多王子。

"沙特王子？"我问。

"没错，沙特的。我认识他们所有人。"他随意的语气里透着自豪。

每个夏天，王子们会在这个旺季大驾光临圣特罗佩。来圣特罗佩的俱乐部前，他们还去了撒丁岛、伊维萨岛、蒙特卡洛。当我问他是否也要去汉普顿，他不屑地看了我一眼："我为什么要去那种地方？都是一些纽约人而已。我要想见纽约人，去纽约见他们就好了。"

由于认识一些全世界最富有的家族，桑托斯爱把"我会发大财的"挂在嘴边。对于桑托斯、德雷、马尔科姆、桑普森、恩里科和蒂博这样的人来说，女孩是他们通往美国梦上层阶梯的门票。他们对招揽女孩有一套系统的方法，譬如通过街头、通过时尚产业内部、通过强大的人脉网络等。他们利用女孩都有一个共同目标：追寻雄心勃勃的梦想。女孩带给他们的价值是，使他们与富有的男性顾客产生联系。由此，他们坚信，这些人会给自己未来的事业给予巨大投资。对于每一个梦想而言，一切皆有可能。

注　释

1　Jacobs（1961）1992, p. 68. 雅各布斯进一步指出，公共空间或人行道生活的社会结构部分取决于"公众人物"的参与（所谓公众人物，往往是他们自封的）。
2　我采访的五位女性中间人，都经常出现在现场，或者随时可以接触到漂亮女孩。她们都是店里的常客，见第五章。
3　见第一章注释 21。
4　劳动领域的学者指出，经纪人一直在进行审美与情感劳动；即使不在俱乐部，表面上在休假，他们也"一直在工作"。（Entwistle and Wissinger 2006）
5　可汗（Khan 2011）认为，在精英阶层，安逸是其特权的标志。因此，与桑普森这样的经纪人相比，恩里科在与他有文化相似之处的上流社会客户相处时，具有天然的融合优势。然而，由于他和桑普森都在与新贵和大多数年轻客户合作，这些优势似乎并没有转化为机会的巨大差异。

第三章

夸富宴

星期六，中午 12 点，迈阿密

伴随浩室音乐节奏的律动，色彩斑斓的灯光照亮了整个房间。桑托斯煞有介事地走进了迈阿密南部海滩著名的王牌（Ace）俱乐部——超世代音乐节期间最热门的地方之一。在每年三月的最后一周，这一电子乐盛事都会引来众多 VIP 群体。

"女孩们！跟着我！"桑托斯喊道，指引着我们穿过人群来到客户们的卡座。这个 U 字形的簇绒皮革沙发，就是接下来三个小时我们将要站、坐、舞动的地方。有些人甚至会站在沙发靠背上。为了看到派对的全貌，我也站了上去。我们的卡座位于俱乐部的中心，是这个偌大空间的两拨人之一。从俱乐部里任何一个位置看向 DJ，视线都避不开我们。

从我站立的地方望去，人群庞大，似乎有 1000 人，其中绝大部分是白人，超过半数是女性（在我们的卡座，男女比是 2∶3）。大部分人正跟着一个著名电子乐 DJ 的打碟舞动——有一个人尽皆知的 DJ 驻场是俱乐部巡回的老规矩。穿着 10 厘米的高跟鞋站在沙发背上跳舞可不是件容易事，可是女孩们全都在上面摇肩扭臀。人们在音乐伴奏下跳着，挥舞着俱乐部发放的荧光棒，上面用霓虹灯字母写着"找我啊，我最红"。

我们卡座旁的大箱子中堆满了烈酒和香槟、小瓶依云矿泉水和果汁，旁边还有成排的高脚杯、圆杯。在这里，人手一杯。桑托斯站在我的身后，他的脏辫正跟着节奏摆动。跟我对视的一瞬间，他同我碰杯，用手示意着四周："看，我告诉过你，这无与伦比。"

此时，一个著名的"鲸鱼"就站在附近。人们很容易错过这样一个人物：他中等身高，穿着黑色T恤和牛仔裤，看起来如此普通。唯一不同的是，他手中握着一瓶出了名昂贵的粉瓶水晶香槟，身边被高挑、纤细、靓丽的女孩簇拥着。他的身旁还有几个男人，包括一个从不离身的威武高大的私人保镖。的确比较扎眼，一身黑色西装领带，只有保镖和俱乐部经理会这样穿。在俱乐部，大部分男人穿着牛仔和T恤。在这样温暖的迈阿密夜晚，有些人甚至穿着短裤——这些都和穿着修身迷你短裙、细高跟的女孩形成鲜明对比。

"鲸鱼"自信地站在人群的中心，同路过和他打招呼的熟人击掌。他时不时拿出手机拍下面前熙攘的人群，审视着全屋和他卡座的客人。有一次，他直接把两瓶凯歌香槟当作礼物送给了身旁的两个女孩。那两人跳起舞来，吹瓶子畅饮。

他的第二轮买单到来了：酒保将两大箱装满插着烟花棒的绿瓶香槟高高地举过头顶，身后跟着一列衣着惹眼的"酒瓶女孩"，将酒与烟花棒举在空中。这样的"酒瓶火车"是俱乐部一景，十分引人注目。女服务员必须穿着至少10厘米的细高跟，展示着被烟花棒的光芒照亮的"事业线"。她们手中的烟花棒像小型焰火，可以喷射20厘米高，持续55秒。

当烟花棒的光芒照亮人们的面庞时，大家欢呼着，高举手机。"记得拍照!"来之前桑托斯就告诉我,"你会见识到很多场面,你得把它们记录下来,再写出来!"舞池对面正对着我们的卡座也买了一次"酒瓶火车",鸡尾酒女服务员来来回回地轮流将酒与烟花棒递给每一个人。过了一会儿,就不觉得新奇了,甚至连从包里翻出手机拍下这些买酒纵乐的照片都觉得有点烦了。

没过多久,这里处处都是香槟酒瓶。人们不再用圆杯饮酒,而是互相传着整瓶香槟,像喝啤酒一样一边舞动,一边单手举着香槟瓶畅饮。一个站在我身边的男人流露出对这一切的司空见惯和厌倦,随手递来一瓶水晶香槟让我大喝一口再继续传递下去。

"哇,这瓶多少钱?"我问。

"1700美元。"他说。这瓶是2004年生产的粉红水晶香槟,另一种绿瓶的凯歌香槟大约800美元。我举着这粉红的酒瓶在手中端详感叹:"这瓶酒恰好等于我在波士顿一个月的房租。"

接下来,这位"鲸鱼"玩起一个游戏。他把水晶香槟的瓶身举到身边女孩的面前,直接喂她们喝酒。这一举动令大部分女孩惊诧:她们先是停顿了一下,注意到男人的邀请,然后接受这口酒。大部分女孩在男人把酒瓶推到她们嘴边时,边咽边用手扶下瓶子。但是,有一个看似模特的女孩拒绝了他的"邀请"。她在他把瓶口放在她唇边的时候别过了头。一瞬间,他单手捏住她的双颊,把她的脸拉到酒瓶前。她皱着眉,但他固定住她的脸,并设法将酒灌进她的口中。女孩咽进去一些,可是泡沫太多了,她被呛得喷出一口,慌忙擦脸、面露怒容。那位"鲸鱼"无视她,转身就走,一手握着那瓶水晶香槟,另一手握拳伸向空中,冲着 DJ 的位置挥舞。刚才那位女孩茫然地坐下,擦着脸摇着头,嫌恶之极。没过多久,她就离开了这里。

男性统治的这一幕,给在场的人当头一棒。学者,如法国社会学家皮埃尔·布迪厄,用"男性统治"(masculine domination)的概念描述这一具有象征性范围的微妙语域,即女性在各种细微层面感到自己比不过男性。[1] 在刚刚的场景里,一瓶 1700 美元的香槟使这一赤裸裸的男性权力在象征意义和物质支配上全部凌驾于女性。正当我想到此处,那位男士已经来到了我面前,举起酒瓶。我将一只手放到瓶身一侧,扶稳喝下一口,用我最欣喜的音调说了句"谢谢"。

这是在迈阿密的三次派对上,我作为这位"鲸鱼"的嘉宾与他仅有的两次互动之一。还有一次,我在他对面的卡座站起身。他冲我点了点头,我向他竖了一下大拇指。

"那位客人是谁?"我冲着桑托斯的耳朵大喊,盖过音乐的声音。

"他可是最大的主顾!每一天,他能在派对上花 20 万到 25 万美元。每一天!"

"他是做什么工作的?"我想知道。

"我也不知道。我不爱问别人这些。"

那个晚上,据桑托斯估计,这位"鲸鱼"买了 12 瓶水晶香槟,以及 200 瓶凯歌香槟。桑托斯在星期五、星期六带来了六个女孩,且大部分是模特和"模特优选",为此俱乐部付了他 1600 美元。由于为一位巴西裔"鲸鱼"在附近高档公寓顶层的余兴聚会带去女孩,他还额外得到了500美元。

刚在迈阿密待了六个小时,我就已经数不清看到过多少"酒瓶火车"了。和桑托斯在迈阿密接下来的四个晚上都是这样。由于睡眠不足,我神情恍惚。跟随他和他的女孩们,我们去一个又一个俱乐部,见识了令人目眩的夸富秀场。

夸富宴

展示浪费财富的仪式,一直以来都是人类学家所着迷的研究对象。当代美国人类学的先锋人物弗朗兹·博厄斯是19世纪末第一批在太平洋西北岸,如今的加拿大,记录浪费性仪式的民族志学家。[2] 在他的关键线人乔治·亨特(George Hunt)的协助下,博厄斯描写了名为"夸富宴"的馈赠与宴会仪式。在夸富宴里,一个部落首领或贵族会把昂贵的礼物铺张地赠给他邀请的来宾,以此提高他的等级和头衔。分发大量食物、羊毛毯和银手镯。夸富宴的庆祝活动通常以宴会形式开始,在一场熊熊烈火中达到高潮。人们有时还会来场彻底的财产破坏,例如将毛毯扔进火焰,将木舟打破,或是将传家宝铜币掷入大海。正如法国人类学家马塞尔·莫斯观察到的,这项活动自有它的趣味:"无论从效果还是现实层面来看,有用的东西被赠予了,丰盛的食物被用来款待了。甚至,破坏本身可以带来破坏性的娱乐体验。"[3]

夸富宴在不同社会有着各种实践。这一术语广泛适用于铺张性仪式,从阿兹特克人的奴隶牺牲,到马歇尔·萨林斯所研究的美拉尼西亚社会秩序中的"大人物"。无论其形式如何变化,夸富宴的核心是一个团队领袖寻求地位和尊贵。[4]其中,地位是最容易在这一过程中产生的。贵族们所赠予的礼物太贵重了,以至于接受的对象无法报答,这在引发羞耻的同时建立了贵族的主导地位。在表面上看,财富馈赠是为了增加物质层面的社会平等。然而,它却构建了地位的不平等。换句话说,夸富宴举办者损失了钱财,却获得了同伴的认可。[5]一个成功的慷慨举办者可以获得"大人物"的地位。这种社会学意义上的重要性可以使他出名,尽管只限于某个派别内。[6]正如人类学家大卫·格雷伯写的:"毛毯和其他财富像雪崩一样倾泻,在一瞬间使周围的每一个人身处富足和危险之中。"格雷伯说,夸富宴流露出侵略性和慷慨两者的奇怪融合。[7]从具有仪式感的铺张上,人类学家不只看到了一种不寻常或非理性的做法,还看到了其彰显且搭建社会金字塔的深远影响。[8]夸富宴关乎等级。它可以是游戏的或违反道德准则的,却无论如何都根植于尊贵与权力。

关于夸富宴的经典研究,尽管现在看来略显过时,民族志学家却展现了它在当今背景下惊人的广泛应用。山姆·昆诺斯(Sam Quinones),一个为美洲鸦片流行做编年史的记者发现,夸富宴成为墨西哥毒贩劳动力供应的一大驱动力。[9]来自墨西哥南部村庄哈利斯科的农场男孩一路北上,来到美国的"铁锈"地带交易黑色海洛因,就是为了他们的亲戚——为了在几个月后满身钞票地返乡并极尽可能地展示出来。他们建新房,买新车,承办节日庆典,并把装满行李箱的李维斯501牛仔裤分发给亲戚和朋友。这份尊贵很快激励了其他男人前来美国贩卖海洛因盈利，好回乡挥霍。[10]

炫耀、摆阔还是亚洲一些地区商业法则的关键。[11]人类学家庄思博记录过这些有钱生意人是如何树立自己形象的。他们在高级餐厅、卡拉OK等场所请客，奢侈消费。[12]餐桌上，永远有超出人们用餐能力的菜肴。这种夸富宴巩固了当地男性的联合。

放眼世界，彰显声势使得夸富宴在全球的赌场和婚礼上随处可见。甚至在美国大学开学时的兄弟会派对上开始以夸富宴的形式庆祝，也出自同一逻辑。在社交网站"富裕小孩"的页面下，更是有来自世界各地的富有年轻人赤裸裸地展示他们的挥霍——燃烧美钞，奢享唐培里侬香槟泡沫浴。[13]

经济学家凡勃伦曾把他在博厄斯的人类学报告中读到的上流社会精英比作"原始人"。这无疑震惊了20世纪的精英。在凡勃伦看来，原始人和精英有一个共同点：炫耀"引人嫉妒的消费"，以此在众人面前寻求地位。不过，凡勃伦太依赖于一个能被动摇的假设，即暴发户们自然而然会这么做。其实，夸富宴并不是富人的标志性特征，与之相对的是一种视炫富为庸俗的观点。比如，17世纪富裕的荷兰家庭通常是那些不显眼的低调的财富消费者。在现代，硅谷的新贵们也把节制和低调作为类似的规则。社会学家瑞秋·谢尔曼曾记录过纽约上流社会对夸张矫饰的反感。在很多情况下，财富是需要遮掩的东西。而一场夸富宴则需要集体参与，才能制造出如此巨大的浪费。[14]

和许多其他夸富宴一样，VIP俱乐部使得下层民众和上流阶层的关系以戏剧化形式呈现。通过研究这个秀场的组织模式——男女随员、舞台、道具和由俱乐部提供的台词，我们看到富人们是怎样一夜之间变成"大人物"（big-men）的。[15]

浪费秀的编排

俱乐部表面上是一个关乎自发性快乐的地方，实则管理森严。从迈阿密到戛纳，它都需要用剧本来展现这些有迹可循的浪费性行为。起初，俱乐部会通过外表的奢华来吸引大客户。店内装潢极尽夸张：最先进的灯光和音响系统，家具和陈设尽显细节。一家俱乐部甚至移植来一棵成熟的桦树，用精工铁制的露天平台打造出异域咖啡厅。还有一家店用深色麂皮翻修了天花板，搭配暗黄色的光，并在入口处设置一条金色的拱形隧道——人们仿佛正通往一个神秘的华丽世界。这些类似场所的设计制作费用高达 200 万美元。[16]

其次，经理们会格外注意座次的安排。形象经纪人对房间四个角落的卡座进行精心设计，来制造一种满屋都是漂亮女孩的错觉；客户也会因重要程度的不同，被引到不同的座位上。大客户的座位通常位于整个屋子中央，紧邻 DJ 台。音乐和整个夜晚的能量都由此迸发。随着 DJ 明星和电子乐的流行，人们有时会刻意来俱乐部看 DJ。在一些俱乐部，DJ 的报酬每晚超过 50000 美元，六位数的报酬也已变得常见。[17]

大买家是整个屋子的焦点。因此，一旦他们的消费开始，由穿梭的烟花棒组成的光线会吸引全场的注意。大部分俱乐部会将卡座设置于稍高一阶的平台，使尊贵的客户可在数十厘米的高度俯视舞池中的充场者。此外，卡座邀请的客人大多会站在沙发座位上,或者坐在沙发靠背的边缘。这样的安排有点像宫廷社会时期,根据贵族头衔而精心定制的座位高度。[18]

坐在 X 俱乐部卡座沙发高高的靠背边缘,德雷观察着拥挤的人群,俯瞰他们摩肩接踵地走向吧台。"能坐在这个位置的唯一原因就是有钱或漂亮,"他继续说起俱乐部,"那就是有资格坐到这里的人。如果你不够有钱,你就不属于这里。你连一个位置也得不到。看看身边这些人吧……"德雷在他高人一等的位置上示意了一下人群:"你能去哪儿呢?不能就这样整夜站在吧台吧。如果没有一个卡座,你能去哪儿呢!"的确,一个男人可能会整晚站在吧台或没有卡座的舞池边缘,无法掩盖他下层的社会地位。毕竟,任何人都可以通过位置和高度认出那些有地位的宾客。这些都归功于从迈阿密到圣特罗佩高度统一的地位拓扑学(topography of status),归功于这些相似的国际化内部设计师。[19]

或许,具有象征地位的重要标识就是女孩们。女孩们被安置在屋内最关键的角落,受到鼓励在最显眼的地方跳舞:椅子上、卡座上、客户周围最高的沙发上。一旦女孩们坐下,就会立刻听到经纪人说"宝贝,有什么问题吗"或"怎么了"。

要想发挥一个女孩的最大价值,她不仅要身处全屋的中心位置,还要看起来与环境融为一体。最重要的是,她必须非常高。目前正是流行至少 10 厘米厚底高跟鞋的时候。几乎全部经纪人卡座前的女孩站起来都有 183 厘米。女孩的身高,一如酒瓶的大小,别有意味。桑普森解释道:"她会令人印象深刻。一个比其他人高的女孩走进来,就会抓人眼球。男人想要靠近搭讪,却望而却步。"

有些俱乐部会对坐在模特和名流旁边的客户收取更高的费用,不过有些地方也会把这座位留给知名的"鲸鱼"作为特殊待遇。你会经常看到,经纪人自己的一群女孩穿过整个屋子移到另一个卡座,或集体向邻座挪位,有时是加入某个客户的局——这是因为那个人提出要招待这些女孩。"那个大客户来了。他想让我们都过去!"一天晚上,我问经纪人费利佩为什么我们要迁移到离 DJ 更近的地方,他回答道:"很多人有钱、有奖金,但他们没什么酷东西。所以我们带他们来派对,让他们看起来很酷。"

和女孩的用途同理,把香槟瓶摆放在一起也是为了炫耀客户的花销。至少一个世纪以来,香槟就与高级庆典绑定在一起,且自从大革命前的欧洲宫廷社会垄断了香槟消费,香槟就与上流精英联系起来。[20] 这种酒的确十分适合派对:香槟的液体清澈且富含泡沫,适合在狂欢时摇晃喷洒,却不像红酒那样带来污渍、令人狼狈不堪。[21] 酩悦酒庄每十年只拿出六种珍贵的年份香槟"唐培里侬"。每一瓶酒都会存放六七年再推向市场。在我的田野调查中,人们最常购买、馈赠、浪费甚至未开封就遗落一旁的是 2009 年份酒——通过这些绿瓶酒所蕴含的财产和象征性年份来彰显地位。

为了彰显昂贵,这些酒瓶经过特殊的设计。2002 年,唐培里侬香槟引入了一种夜光标签,使得它们的品牌图标在灯光昏暗的俱乐部里也能闪亮。在经纪人发布的自拍里,常会看到他周边瓶身上的霓虹绿光;不少人还把这些发光的瓶子当作脸书主页的封面。人们经常喜欢给桌上桶里成摞的酒瓶拍照。烈酒的酒瓶同样有明亮的闪光灯装饰。雪树伏特加和培恩龙舌兰玻璃瓶内侧的暗色光点，使它们看起来像漂浮在人群之上，蜿蜒成列、随光闪烁的珠宝。

瓶身的大小也很重要。如今酒水单上的酒瓶有越来越大的趋势。大多数带有圣经里人名的酒，比如耶罗波安（3升）和玛士撒拉（6升），相当于八瓶普通酒大小。这种水晶香槟在X俱乐部里售价高达40000美元。随着瓶身尺寸的增大，酒的价格不是呈线性增长，而是呈指数增长。可以说，酒瓶的大小而不是液体的成分决定了它的价值。[22] 有时酒瓶沉得连酒保都抬不动，于是安保人员会把它们抬到卡座，扛在肩上将液体倾倒在精致的高脚杯中。相比之下，烈酒的消费速度更慢，且数量也少，最多达1.75升。

俱乐部会将这些珍贵的香槟酒瓶摆放在一起，并在编排游戏和表演中完成消费仪式。为了鼓励客户消费，经理或店长会给他的卡座送来一份礼物。收到礼品装香槟酒的客户必然会点一大瓶香槟作为回报。唐先生，这位45岁的香港VIP俱乐部老板也是全球其他俱乐部的酒瓶客户。他告诉我，关键是把握时机："在俱乐部，看到其他人开始点酒，我就点酒。"在他自己的店中，如何开启酒瓶消费呢？"如果我赠给一位卡座的客户唐培里侬，他会怎么做？再买一瓶或两瓶，或直接买这瓶酒的加大版！这就是买酒的法则。消费只会升级，不会降级。"通过设计这一系列流程，老板本人参与到了制造和引导消费之中。

老板通常认识店里的大客户，并会和他们持续交流。香港的那位老板解释道："这些男人想要炫耀。我常说，俱乐部就像一个拳击场。你带他们入场就是为了……"他屈起手臂，秀出肱二头肌。正因如此，这位老板想出了一个点子：将一束被称为"火炬"的灯光，照在当晚买单数额最大的客户头顶："这么一来，所有人都可以看到谁是大主顾。"

"就在今晚。"一家俱乐部的合伙人给一位坐在附近的"鲸鱼"发了条短信，提醒他另一位"鲸鱼"即将莅临，希望燃起两者间竞争的斗志。就像海明威笔下的斗牛一样，竞争使这一夜激动人心（"没有竞争的斗牛毫无价值"）。[23] 经理们会刻意把"鲸鱼"们带到 DJ 台旁面对面的卡座，使得他们的购买行为成为公开较量，点燃这场竞争。俱乐部经理期待一桌的高额消费会刺激对面那桌更高的消费。于是，俱乐部带给"鲸鱼"们的酒成为他们投向彼此的弹药。这些，有时会升级成一种"香槟大战"——一种以酒瓶作为竞争语言的仪式化的夸富宴。[24]

时常，这些 VIP 的夸富宴还会以一种非竞争的慷慨形式展开。"鲸鱼"们把香槟作为礼物赠送给其他卡座的客人。参加派对的人会手握崭新的唐培里侬礼物离开俱乐部。这些酒在酒水单上的售价从 500 美元到 1500 美元不等，虽然在街角的酒店只要 240 美元。迈阿密的一个夜晚，桑托斯的女孩们带着几瓶没打开的唐培里侬离开俱乐部，回到桑托斯的 SUV 里。"拿着，亲爱的，"我们离开俱乐部的路上，一位经纪人对我们说，"这是多出来的。"当他把车开出停车场时，他把一瓶酒送给了一个在自己的切诺基吉普车上跳舞的男人。那个男人喜出望外。

"酒瓶火车"送来的酒远远超出客户的饮酒量。多余的部分则用于破坏。一如太平洋西北部的夸富宴由盛宴开始、以篝火达到高潮那样,酒瓶消费有时会演变成一场"香槟浴":人们摇晃和喷洒多余的香槟,把酒倒在周围狂欢者的身上,就势弄脏那些设计师品牌的奢侈品衣服和鞋子。[25]这样的消费场面逐渐变成一场派对的焦点。狂欢者拍照和录像、欢呼和干杯,庆祝这场大秀。

香槟消费、"酒瓶大战"、"香槟浴"就这样在嬉闹的氛围里展开,仿佛过度铺张是件无关紧要的事。为了增加趣味,俱乐部经理有时会给客人发放含有专供喷洒的便宜普罗塞克或含气白葡萄酒的袋子。一些主顾会在高处摇着一叠美钞,让绿色的纸币从空中飘落,即嘻哈音乐里说唱的"下钞票雨"。

有些俱乐部以戏剧性消费著称,又名为"酒瓶演出"。据说在洛杉矶的一家俱乐部,会有"飞天矮人"吊着威亚给大买主送酒。[26]在曼哈顿名为"珠宝俱乐部"的星期六早午餐派对上,酒保们更是会穿着超人、蝙蝠侠、神奇女侠之类的制服来送酒。俱乐部还会通过音乐和舞台技巧来控制人群的注意力。为了展示客户的大花费,俱乐部不只会用烟花棒,还会让 DJ 在音乐中插入旁白("伦敦的亚历克斯大驾光临并在唐培里侬上花费 10 万!")。一位在洛杉矶拥有金融软件公司的 24 岁主顾,让我看他在洛杉矶用 iPhone 手机拍摄的酒瓶消费的狂欢照片。他吹嘘在过去的六个月里,他在香槟上的消费高达 50 万美元。在照片里,当他下了一笔大单时,坐在他附近卡座的人会举起有他名字首字母的白色标语牌,与此同时 DJ 会放"他的那首歌":米克·米尔(Meek Mill)的嘻哈音乐《我是老大》。并非偶然,歌里一句歌词写道:"你是老大,不在乎消费何价。"[27]

即使是残留物也有它们的展示用途。在圣特罗佩的尼基海滩俱乐部,整个派对期间,成箱的空瓶子摆在买家的卡座旁,昭示着这里曾经上演过一场破坏秀。有时女孩们会直接脱下名牌高跟鞋跳舞,将鲁布托标志性的红底高跟鞋放进旁边的冰桶里,使这一幕散发出过度混合了性与金钱的酒香。

然而,所有这些狂野的激情都经过了有组织的编排。它们之间存在一套相互连贯的程序,甚至可以预测,一晚又一晚的重演:成群的随从、可见的舞台、发放的道具……就这样,热闹的氛围渐渐浓厚,人群情绪高涨,酒瓶表演随之而来。2012年6月一个星期四的清晨,苏活区的酒瓶服务俱乐部 W.i.P. 里发生了一起肢体冲突。R&B 歌手克里斯·布朗与说唱歌手德雷克及他们的随从打了起来。[28] 他们都与歌手蕾哈娜有过合作,现在又坐在面对面毗邻的卡座,这无疑加剧了他们间的竞争关系。他们的争斗从向对方卡座倒冰块开始,逐渐升级为向对方随从掷酒瓶,像发射子弹一般。在这场血战中,不少人受伤:一位澳大利亚游客的额头被酒瓶砸中,缝了 16 针。警方随后开展调查,指控了他们的鲁莽行为,并对歌手和店方的三种行为提起诉讼。这场真实的酒瓶战争展现了 VIP 俱乐部是如何从象征寓意升级为竞争行为的。通常,参与者没有实际的危险,只是地位的暂时下降。

真正标志着花钱人地位的,是用身体、空间、金钱具化成女孩的身高、美貌和数量，酒瓶的大小和多少，以及是否拥有卡座。"只有坐在卡座，才证明你是有价值的人。"一位从九十年代末就混迹 VIP 俱乐部的 50 岁的食品公司首席执行官说。虽然他现在不再像过去一样常去俱乐部重金买酒，但仍清楚地记得所有俱乐部帮他建立地位、吸引女性的方法。

"你穿着名鞋、戴着名表，她是能看到的。当到了俱乐部，有上百个男人在场，你怎么让她区别你和其他人？你知道怎么办——买三百瓶香槟然后全部喷在墙上。需要让所有人知道'看，我是头号人物'。你有很多的女孩；你有很多的香槟；你有最好的卡座，不会一直坐在拐角处。是的，你有 VIP 空间里最好的卡座——现在你就是头号人物。"

头号人物、要员、老大：这些展演都是组织化的产物。我们发现，成为这场秀的一部分本身就很吸引充场者、富裕游客、商人——他们数额不大的账单支撑起了整场秀。

"鲸鱼"与"生菜"

大多数情况下，一个晚上就一掷千金的"鲸鱼"并不常见。一个店主告诉我："三个月内他们可能只会出现一次。然后他们就消失了。"因此，俱乐部并不指望偶尔出现的贵客来增加收益。他们的目标客户是那些可靠的能够夜复一夜到场的富裕城市居民、游客和观光商人。这些常客的花费虽然相对较少，但可以连续累计。"这就像做一份沙拉，"那位店主继续道，"一份沙拉里什么食材最重要、占比最大？生菜。那就是我们富裕的纽约客。钱不多，三五千美元是有的！"

在整个田野调查期间，我逐渐发现，一晚上会有数次由三到六个烟花棒装点的"香槟火车"驶向不同卡座。即使有六瓶唐培里侬香槟，在 X 俱乐部的账单总价也不过 6000 美元。我只在前往圣特罗佩的周末旅行中见过一次狂欢者互相摇晃、喷洒的"香槟浴"，只在迈阿密见过两次攀比谁更高人一筹的"酒瓶战争"。六位数的账单通常只在旺季的高端派对中出现，例如电影节期间的戛纳和暑休时的圣特罗佩。

不过，我倒是从经纪人口中听到过不少夸富宴。他们常常会花很多时间谈论 VIP 场景里出现过的大买家。很少有经纪人能在一个月内目睹一次以上的香槟夸富宴，毕竟大买家会频繁地出去旅行。

无论是亲眼所见还是道听途说，这个圈子里的人很爱聊关于大买家的故事。在我田野调查期间，最著名的"鲸鱼"非传奇的刘特佐莫属了。他在圣特罗佩有一次惊世骇俗的消费，一夜间就花了约 100 万。在那晚的照片里，他卡座前摆满了超大号酒瓶和烟花棒；从马来西亚当地媒体到《纽约时报》，处处都有他与帕里斯·希尔顿的照片。尽管那夜派对的参与者很少，似乎人人都知道那晚的故事。比如，当经纪人德雷和金融投资人、酒瓶客户里斯走在苏活区的路上，在对话中，里斯就提到："圣特罗佩真是疯了。有个家伙一个人在卡座花了 120 万欧元！"

"你说的是刘特佐，"德雷说，"他是马来西亚人。他在俱乐部一晚上花过 150 万美元。那家俱乐部的造价也就 130 万美元，而他一晚上就花了 150 万美元。那家店真是赚大了！"[29]

像刘特佐一样的巨鳄很少出现，俱乐部还是以吸引他们那样的高端客户为目标，手边储存成箱的昂贵香槟和可用的烟花棒。虽然俱乐部的声誉建立在能否迎合"鲸鱼"上，但他们大部分营业额来自吸引"生菜"们。

想要理解这里的运作，可以来自亚利桑那的客户布赖恩为例。在曼哈顿的一所贵宾餐厅，我参加一家名为珠宝俱乐部的星期六早午餐派对时，认识了布赖恩。他是一位金融投资人。珠宝俱乐部常在下午提供早午餐，请常驻 DJ 播放高音量的派对音乐，并让经纪人的桌边坐满女孩。像这样的白日的俱乐部体验也被称为"豪饮早午餐"，以此效仿米特帕金区的"白日黑夜"派对。[30] 经纪人白天来运作珠宝俱乐部的早午餐派对，晚上则去珠宝俱乐部合伙人的俱乐部，将派对开到深夜。布赖恩和他的五个同事因金融事务所休假前来纽约。每隔两年，他的老板会租下曼哈顿中城的一栋褐石建筑，供团队休息和处理纽约事务。布赖恩只有 32 岁，他的老板 35 岁。他们早午餐的账单有 6000 美元。布赖恩说，相比于他们派对上真正有钱人的挥霍，这只是中等消费。一次在拉斯维加斯的赌场，他的一位继承巨额财产的老朋友，随手花了 25000 美元作扑克赌注，将之赠送给没什么特别的人。布赖恩觉得那样的大买家是愚蠢的，"只不过想当大神罢了"。与那样的人相反，布赖恩和他的同事则是一些来放松娱乐的专业人士。

布赖恩和我一样对"鲸鱼"感到不解、好奇，更不会为俱乐部一整桌陌生人买单。他绝不会一晚上花掉上千美元，除非和其他人平分千元账单。"这些人都是哪儿来的？"他反问。

尽管布赖恩流露出对"鲸鱼"的鄙夷，能参与俱乐部为"鲸鱼"们上演的大秀，他倒也乐享其成。比如，珠宝俱乐部星期六的早午餐派对上，在人群的高声欢呼中，俱乐部经理装扮成角斗士，驾驶着由服务员拉着的马车，为卡座客人送上点着烟花棒的酒瓶。"那辆马车惊艳到我了。"布赖恩说道。在早午餐派对逐渐转为买酒狂欢时，我们经纪人的卡座和他的紧挨着。"我真是没想到一顿早午餐能变成夜晚派对！"布赖恩告诉我，"我喜欢极了。"他甚至给自己全国各地的朋友群发了马车的照片。"我当时就说，这真是疯了，简直不受控制！我正想着那玩意儿又不是真正的烟花，我无聊得想要离场……"他边说边笑。

"然后我看见了那辆马车！"他一边说着，一边惊喜地摇着头，让我看他 iPhone 手机里的照片。这一场精心演绎的夸富宴，在买家与观众中间产生了互动：他的花费点燃了人群的热情；与此同时，俱乐部策略性地升级这种群体狂欢，使惹人注目的过度消费正常化、最大化——装潢、美女、戏剧效果以及那些男性力量与酒瓶。在众人激动的氛围中，整个房间充溢着强烈情绪，女孩、权贵及来自亚历山大的那些"生菜"的欢声笑语。

欢腾

如同任何一种社会仪式，因香槟夸富宴而聚集在一起的人，从某些方面来说可以分享其他特别的东西。有时，这些夜晚的诱人与刺激溢于言表。欢愉的时刻持续一整晚：首先，在免单的美女陪伴下，坐在高级餐厅享用奢华晚宴；然后，无须排队，在红绒绳围栏处优先被引领入场，到俱乐部享受酒瓶服务；走进室内，随着取之不尽的香槟、顶级龙舌兰，有些卡座还提供摇头丸和可卡因，愉悦感油然而生。[31]这种氛围令人陶醉。在精心设计的灯光和音响系统中，著名的DJ播放着心爱的浩室音乐和嘻哈节拍，刺激着朋友和陌生人失去自控力，从而放松自己。他们在桌子和沙发上大喊大叫地跳舞，与经纪人调情或亲吻陌生人，同时自拍并立即上传到脸书和照片墙上，让新老朋友羡慕嫉妒。置身于特权的非凡世界中，过度的财富、美貌、享乐、消费，让这份欣喜若狂达到巅峰。[32]

太多人在寻求这样一种超越感。体育馆、游行队伍、忏悔星期二、火人节和返校游行——在任何集会中，人们寻求群体体验时，都渴望得到这种超越感。[33]正如法国社会学家埃米尔·涂尔干记载的那样，人们在神圣典礼和宗教仪式中寻求这种感觉，因为这是宗教的根本：人类社会联系性的核心。通过研究澳大利亚土著社群的仪式，涂尔干试图研究在现代社会里集体仪式如何进行。在20世纪早期，他关于图腾崇拜的研究里，涂尔干称土著居民生活在两种节奏里。在一些季节，人们以小群体形式分散在各处，致力于农作、捕猎、捕鱼；还有一些时候，人们聚在一起，参加宗教典礼。正是在举行这些典礼时，数量庞大的人群聚到一起，每个成员都能体验到群体沸腾：一种可理解为社会情感的强烈社会体验，一种来自生理与情感上与他人接触的兴奋感。[34] 涂尔干这样描述图腾仪式：

> 参加仪式的人一旦聚集，这种近距离聚集便会产生一种"电流"，使他们变得异常兴奋。每一种情感表达，都会毫无阻力地传递给那些对外界开放的人，彼此感知，交相呼应。随着互动的深入，最初的情绪逐渐聚集，像雪崩，越滚力量越大。如此强烈且无法控制的情感，必然会寻求外在的表达，便有了激动夸张的姿态、大喊甚至号叫等震耳欲聋的声音，这反过来更强化了他们传递出的情绪。

一向文风简洁、将社交作为科学研究客体的涂尔干用戏剧化的散文式笔触写下了这段话。[35] 在其中，他试图表现沸腾感一旦迸发会是多么令人震撼。被众人环绕的关键点，便是激发一种可以穿透个体、使个体成为集体且大于个体之和的力量。这种力量能够使高昂的情绪得以传递，甚至产生片刻抽离感：一如在空中挥舞手臂，在节奏中忘记自己，仿佛坠入爱河和吸食毒品。[36]

俱乐部的商业模式就是将人们的情绪能量转化为群体沸腾，就是所谓夜晚的"能量"和"氛围"。每个俱乐部在不同的夜晚，会通过更换音乐、灯光甚至分发给人群的荧光棒、墨镜等道具，来营造不同的氛围。有些俱乐部还会雇用性感的、异域风情的舞女在显眼的位置跳舞，以增强室内的能量。

同样，经纪人则在卡座层面增强人群的能量。这种氛围在以朋友为主的卡座尤其强烈，因为"随他去吧"这种心情在熟人的无拘无束前更容易产生。这就是经纪人花心思和女孩处好关系的原因。他们不愿带出一个心情持续低落、对环境格外敏感、有可能毁了他人兴致的女孩。"如果数次有女孩抱怨同一个女孩消极或做了打扰他人的事,我就会说'抱歉,你不能再跟我们一起出来了。'"经纪人特里弗说道。

为了调动客户的积极性,经纪人斟酒、干杯、拥抱、碰拳、亲吻女孩的脸颊。他们会在卡座前为大家互相介绍彼此,使得每个小群体变得更有凝聚力。跳舞时,他们有时会在某个女孩身后缓慢扭动,有时一群人则会跟着节奏一起在沙发上跳动。当我和经纪人蒂博、费利佩及助理经纪人杰克一起外出的时候,我目睹了经纪人是如何攻破和划分大批女孩进而将乐趣最大化的:每个经纪人会带着小团体中的几个女孩,至少牵着其中一个让其跳舞,确保气氛活跃。费利佩是调动最不情愿跳舞的女孩的专家,他可以轻松地将不会跳舞的舞伴举过肩膀。

在凡娜和帕布罗的卡座,亲密感与氛围息息相关。这两个经纪人在纽约有一间"模特公寓",我与两个美国模特——19岁的凯瑟琳和21岁的蕾妮一起暂住在那里。我们免费居住的条件就是,每周至少陪经纪人或助理经纪人外出四个夜晚。如此密集的日程虽然会影响她们白天的计划和精气神,但每当星期六来临,女孩们便会重燃对小团体和夜生活的热爱。

"对于我们团队来说,这是最疯狂的夜晚。我们真的忘掉一切尽情狂欢,大喊大叫。感到俱乐部里大家都回头看我们说:'什么情况?'……我们那时像疯了一样。实在是太快乐了。"凯瑟琳说。

"我们像一家人一样。"蕾妮插了一句。

她们爆发性的能量常常吸引俱乐部经理的注意,他们便加入她们的卡座一同玩乐。

"经理们全都爱我们!"蕾妮说。"因为我们带来了能量。"凯瑟琳补充道。

在凯瑟琳、蕾妮和她们经纪人朋友间,群体欢腾成为一种协作性社会成果:女孩们加入经纪人团队,一起营造出这些由经理层所策划和创造的气氛。[37]

当万事俱备——人群、音乐、气氛——无所约束的时光往往伴随着惊险,因为群体狂欢会导致不可预测或不同寻常的甚至是破坏性的行为。人潮中涌动的狂热会使人打破禁忌,如体育赛事上搞破坏和"忏悔星期二"上脱光衣服的人们。[38] 和他们一样的,还有这些平日风度翩翩的富豪,在 VIP 场域,买来数不尽的酒摇晃和喷洒在彼此身上,肆意挥霍。他们的这种炫耀、卖弄,践踏普遍文化规范,看上去粗俗不堪。

荒唐钱

有钱人是荒唐的。

这是山姆在俱乐部目睹酒瓶狂欢后得出的结论。对于山姆这样的人来说,"酒瓶火车"反映了他所讨厌的有钱人的全部:太过明显的炫耀心理、自以为能够买通一切的能力、晚宴聚餐时随意约来模特女伴。山姆 33 岁,是一位负责能源商品的对冲基金经理。他的日常工作就是和钱打交道,且他大部分客户都是有钱人。他说,虽然自己的原生家庭是亚裔移民的中产阶层,但他在南加州和一群有钱朋友一起长大,并去了一所私立精英高中。然而,当他在 VIP 俱乐部的有钱人身边时,还是感到自己是局外人。

山姆说,从麻省理工毕业后,他在纽约生活了几年,做生意并外出娱乐。在 21 世纪初,他注意到曼哈顿米特帕金区的俱乐部卡座到处是金融人士,且他们的大部分账单能由企业账户报销。

他可以想象,这些家伙看到如此场面会有多么兴奋。对于"我们这样的人"来说——他不是特指自己,他澄清了一句——而是"这些去麻省理工上学的人"。"你见过学校那些女生什么样吧?好,那你应该懂我的意思。在金融领域,这些来纽约的家伙都像我一样,先在理工科大学里待四年,然后来高盛赚一笔钱,就可以外出享用酒瓶服务并和模特约会了。所以,这些俱乐部基本上给了他们从没获得过的东西。"山姆喜欢 X 俱乐部,因为这里有最好的电子乐 DJ;他也承认,这里有非常美的女孩。"怎么说呢,哪个男人要说不爱被一群美女环绕,肯定是谎话。"

然而,俱乐部的奢靡只能用"荒唐"来描述——这是我在采访中听到最多的词。山姆说,2011 年他与女友第一次去圣特罗佩的时候,他立刻被法国里维埃拉的独一无二惊艳到了。夏天,这里是全世界国际化的精英和新兴市场的新贵们不约而同的休闲胜地。不过,在这里,夜生活常变为炫富的纯粹赛场。人们较量着,看谁可以在浪费秀中获胜。这样的比赛场面极其壮观，以至于山姆至今还用 iPhone 手机存着两年前所拍的照片。山姆的照片，是他全程参与、作为一名观众目睹这些奇观的证据。当他描述时，他的反感里混杂着沉迷。

一天晚上，在一家著名俱乐部，他回忆道，DJ 暂停了音乐大声宣布："来自迪拜的沙米尔刚刚点了我们罕见的香槟！恭喜沙米尔成为本季度第三位买下这种酒的人！"与此同时，阿联酋的国旗竟戏剧性地从天花板坠下。接着，DJ 在回到原曲前播放起阿联酋的国歌。还有一次，DJ 插播道："现在是'酒瓶奥林匹克'时间，我们即将迎来'印度桌'与'巴基斯坦桌'的大战！"

"我相信，你知道这两个国家间有久远的领土争端。"山姆一边滑动图片，一边笑着摇了摇头。

他向我展示着印度和巴基斯坦客户如何在面对面的卡座里抗衡。每下一笔大单，酒瓶就顺着天花板上的绳索掉到俱乐部中央。从那里，拿着烟花棒的酒瓶女孩把瓶子搬到竞争对手的桌子上。"这堪比杂技表演！"山姆说，他预估那一晚的花销高达 30 万欧元。

"真正的财富大秀是给在场的每个人都买酒。"山姆一边说，一边继续翻着圣特罗佩的照片。在另一个夜晚的照片里，一个普通客户正伸手从装满带有标志性荧光绿标签的唐培里侬箱子里拿酒。那一次，一位"鲸鱼"将成箱的酒馈赠给陌生人。"一个男人竟然一手一瓶地拿着两瓶酒走了！"到了这样的时刻，一切已经超越了显摆的范畴，变成了慈善。慈善是将财富转化为地位的最纯粹的形式。如果一个赠予者不能得到回报，他则从在场的每位受赠者身上获得了尊崇感。[39]

"我从没见过任何类似的事。"山姆大笑,缓缓地摇了摇头,紧接着严肃起来。

"这些东西真是有点恶心。我曾经想过,他们是错的吗?这是在胡乱花钱吗?我反复琢磨,好像也不是。因为这些花费是产生了些好处的。当然,这些钱没用在更需要的地方,比如社会福利。我跟你说过,我喜欢查尔斯·默里"——一位著名的保守派社会科学家——他因对社会福利制度带有种族主义的批判而广为人知——"但这些钱的确回到了经济系统本身……说实话,我不认为把钱直接捐给流浪汉之类的就是个好办法。[40]所以当我说它令人厌恶的时候,我不是从'捐献些食物给饥饿的孩子'这个角度来说的。"

"我说它令人厌恶,是因为它的全部目的就是炫耀。我讨厌它是从社会地位的角度来说的。他们那样做只是为了显摆,想引人关注和圈粉,而这也是那么多人拍照、发图的原因。这是我非常不能忍受的一部分。"换句话说,山姆并不反对为了构建社会地位所产生的花销,他只是反感为了构建社会地位所刻意编排的表演。炫富对于山姆这样的有钱人来说,是极没教养的。

大部分人认同凡勃伦的观点:炫耀是富人的天性。可事实并非这么简单。炫耀违反了现代西方社会价值体系中平等、勤俭等美德规范,公然凸显阶层差异和社会排斥,引发民众不满。[41]这便是俱乐部必须攻克的一大组织性难题。VIP俱乐部要有长远规划,动员人们打破社会成见去炫耀,营造一个使这种行为正常化、荣誉化的环境。

此外,社会地位还是件敏感的事。[42]只有受众认可,它才会存在。这无法用金钱直接购买,除非冒着掉价的风险。因此,VIP俱乐部用夸富宴的形式,掩盖寻求地位这种做法的刻意感,使其显得自然而然。俱乐部的空间设计试图美化人们对客户浪费性表演的评判,而将之转化为游戏。不过在高端派对之外,在精心编织的贵宾空间之外,富豪们对刚刚这个场景的态度则回归到反思、批判。他们承认这样的花费有时愚蠢而粗俗,甚至对那些他们想震撼到的人来说是一种冒犯。

在采访中我发现,无论女孩、俱乐部店主、经纪人还是客户自身,都会频繁抨击奢侈的夜生活消费,尤其抨击那些仅仅为了抬高地位而消费的人。他们形容买酒仪式最爱用的词就是"荒唐""愚蠢""浪费"和"疯狂"。简是一名28岁的演员,同时是一名哲学专业的硕士生。她说,在她经纪人的卡座里,有过11000美元的酒瓶狂欢,而她自己不为所动。"这根本无法打动我。这种花销只会让我觉得买主的行为不负责任。他这么做只能打动其他男人,因为一山不容二虎。在他们角斗的同时,我们只不过是幸运的目击者。"

当采访地改为俱乐部之外的地点,例如在企业董事会议室或安静的咖啡厅里,客户们重新援引了社会规范中节制的价值,视炫耀性消费为粗俗。谈论起之前的消费,他们对于自己那些鲁莽的花销感到后悔。来自拉丁美洲的38岁的白人企业家兼财富继承人A.J.表示:

我当年太年轻、太愚蠢。简直就是在扔钱。现在回想起来，我觉得那样外出、买酒蠢到家了。真是弱智行为——有那些钱，可以给多少非洲难民捐吃捐喝啊。

客户对那些明显靠金钱来搭建地位的富人颇有微辞——认为那是在刻意炫富以求认可。对他们而言，炫耀无疑是暴发户的特征，却暴露出他们并不真正属于精英团体的本质。他们只会展示经济实力，这种行为本身就标志着他们不是文化意义上的精英——有着欧洲贵族血统的法国金融咨询师，35 岁的里斯解释道。他这样形容"鲸鱼"们：

我觉得他们最想要的是社会地位。说是社会地位，其实对他们来说也是一种文化……我觉得这看起来挺傻的。不过 OK，对于那些开俱乐部的人来说是门生意，但对我没有任何意义。你很难通过这些行为判断那些人的背景。他们只会向人们展示："快看！我做到了。我成功了！"

有一点令我惊讶。无论身家如何，几乎每个受访客户都从批判视角来审视这些表演性的浪费。他们称"鲸鱼"们的消费理由是错误的：以带有强迫性、不自然的行为来显摆。实际上，这些人都可以被称为"薪富族"——即使他们出身富足，也要为自己在俱乐部的大额账单找到明确的正当性理由。通过给自己与其他客户划分符号边界，他们把自己的支出最小化。在金融大鳄随处可见的 VIP 场域，即使是最大的买家也会相对保守地估计他们的消费，总会有人花钱更多，比如世界的财富集中于特定人的手中，像"鲸鱼"那样。不少客户表示，在纽约这样的城市，财富的分配就是如此。他们这些有钱人总会认为，和在场的其他人相比，自己的钱微不足道。正如社会学家瑞秋·谢尔曼所说的，这是富裕的纽约客的惯用话术。运用这一策略，他们尽量降低自己所享有的物质特权，以此对自己具有的经济优势感到更舒适。[43]

每当谈到 VIP 俱乐部的过度消费时，圣特罗佩总会被频繁提及，那是最有名的"鲸鱼"刘特佐的铺张奢靡之地。48 岁的吕克是一位法国餐厅老板兼葡萄酒商人，出身于一个历史悠久的富裕家族。他称圣特罗佩为"酒瓶服务的缩影"，并援引刘特佐作为比较的通用标准：

圣特罗佩，10 亿美元。刘特佐，你知道他吧？他一个人花了 100 万美元。巴基斯坦人因此开始跟他竞赛。刘特佐买了两万欧元的酒，其他人也买。他们还会给其他卡座买单："再送那个人一瓶！"这就是我不再去那里的原因……一切变得不受控制。

说完那些人的浪费和愚蠢，吕克和 A.J. 不约而同地称，相比于那些消费成堆酒瓶的疯狂而言，他们 1000 美元和 10000 美元的账单不值一提。通过和这些荒唐的"鲸鱼"做比较，普通客户的花销就显得合理甚至节俭了。

"鲸鱼"们的奢侈花费常被叫作"愚蠢钱""荒唐钱"或

"操蛋钱"。这些钱消耗如此之快,意味着其并非靠勤奋努力这样的正当渠道所得。[44] 我所采访的客户喜欢将"节制购买"视为无伤大雅的正当消费。同时,他们将那些夸张的炫富视为不当消费,因为过度消费的这些"荒唐钱"会让人质疑它们的来源。

最可疑的买主并非西方人,而是一些俄罗斯人、阿拉伯人和"疯狂的亚洲富豪",这些就是他们口中疯狂寻求地位的幽灵。客户们都煞费苦心地将他们自己跟"鲸鱼"区别开。吕克甚至称,圣特罗佩都被这些外来的暴发户毁掉了:

> 俄罗斯人的到来真是大煞风景。在此之前,圣特罗佩只是家人或朋友,大家聚集在一个地方,稍花些钱怡情,而非那种疯狂的花销。再看看现在,这些俄罗斯人和阿拉伯人……一直为我们保留多年的卡座现在给了俄罗斯人。说实话,这些人根本不懂怎么享乐。他们眼里的快乐就是能花多少钱就花多少钱,比如点两百瓶酒。你很难从这些人里找到什么真的有格调的。他们就只剩下钱了(说到这里他叹了口气)。

俄罗斯人和阿拉伯人经常被认为是用钱开路进 VIP 场所的局外人。正是只展示经济实力这一点,标志着他们并非文化精英。奥尔多,一位 33 岁来自意大利的财务助理解释道:

> 一个一晚上能在卡座花 10 万美元的人,首先肯定是个亿万富翁。其次,我不认为这钱是他自己挣的。通常情况下,一个靠自己努力工作所得的人不会这样花钱。他们不会把这笔大额

支出花在卡座上。很可能是非常有钱的富二代会这么干,他们的钱来自继承。他们大多是经济寡头,来自俄罗斯、阿拉伯等国家和地区。能在卡座花 10 万美元的人通常有石油钻塔;他们肯定要么和石油有关,要么拥有庞大产业。这些人都没有靠自己挣得一毛钱。

奥尔多不是唯一一个称非西方族裔文化素质低的人。一个客户和朋友们开玩笑说,他们下午在餐厅里的昂贵消费就像"俄罗斯人的早午餐"。最荒唐的消费者常常是那些非白人或非西方人,如俄罗斯人、沙特阿拉伯人及"赚阿拉伯钱"的人。这些论述或许可以回应全球性白人危机,也叫"白色恐慌",指美国社会和全球范围内种族与阶层金字塔改变引发的焦虑情绪。至少在东亚,全球经济活力最旺盛的地区,在 VIP 俱乐部里白人已经不再是最精英的客人,同样,白人女性也不再被视为标榜地位的核心。[45] 这些"白人优越论"的论述,远未认识到全球金融玩家的成长及其金融资产的优势,只是强调非西方人的文化缺陷,特别是他们糟糕的工作规范。奥尔多说,这些人从来没有靠自己挣过一毛钱,由此他鄙视那些大买家,认为他们配不上苦心追寻和购买的精英头衔。

努力工作是客户们用来合理化自己消费的显著说辞。对一位富有的对冲基金 CEO 之子的采访就证明了这一点。我在戛纳的一个俱乐部,遇到 23 岁的里卡多。那时他和他的家人正在享受一年一度的暑假,在法国里维埃拉的自家游艇上巡游。几天之后,在圣特罗佩的一家俱乐部,我又遇到了他。这次,他父母和叔叔都不在身边——他坐在自己的卡座上，桌上放着六瓶香槟，被朋友和女孩们包围着。一个月后，当我在曼哈顿他的奢华公寓进行采访时，他通过与圣特罗佩的"鲸鱼"们相比较，对自己在法国里维埃拉的花费轻描淡写。他反复提及因为在自家对冲基金工作，他是多么辛苦：

我在圣特罗佩看到一个家伙花了150万美元在那些垃圾上，30000美元一瓶的酒他大概买了20瓶……这些阿拉伯人估计在后院都有个石油钻塔。我的理解是，能那样进行高消费，他们绝不是靠工作赚来钱的，所以不知道赚钱需要花费的代价。我可不会这样。我是拼了命工作。哦，的确，我会在周末去俱乐部，而非平常——因为我每天5点半就要起床，6点半就要到办公室——我要向他们证明我不是懒惰的富二代。

刚从一所普通大学毕业，里卡多就令人羡慕地得到了家庭事务所里对冲基金的工作。尽管如此，他坚称且坚信他的收入反映了自己的辛勤工作状况。如同我访谈的其他客户一样，里卡多把他自己描述成理应偶尔放纵的那类人——这是一种惯用说辞。当我向里卡多的一名家庭成员讲述我的研究兴趣时，他总结了自己与闲暇的关系："我工作拼命，所以玩得拼命。我有三家公司。我不得不放松一下。"

除了强调他们拼命工作，客户还通过描述酒瓶服务对他们商业发展的价值，使他们在俱乐部的消费正当化。酒瓶服务不仅是个有效甚至节省的消费方法，他们解释道，对于寻觅潜在商业伙伴的客户来说,仅是身处于VIP俱乐部本身就十分重要:如一个律师遇到了委托人,一个美容牙医遇到了名媛患者,等等。[46]

金融界的客户则把买酒行为当作对未来生意的一种正当化投资,甚至把一些消费归于工作性娱乐。比如,两名自营大宗商品交易的客户表示,在俱乐部的共同经历巩固了他们与投资人之间的关系。无独有偶,来自洛杉矶的24岁企业家乔治称,正是通过在酒上花了大价钱,他才确保了和其他VIP的生意:

有些时候我就会想,我为什么花那么多钱啊?但仔细一琢磨,我可是在俱乐部那次花5万美元认识的这个家伙。他让我赚了25万。5万的确不少,但可以把它核算为企业支出了!

即使一度成为俱乐部"鲸鱼"的刘特佐,也用上了类似的说辞。2010年,马来西亚当地媒体问起恶名远扬的圣特罗佩之夜时,刘特佐在回应中用了相似的理由来解构他的支出,并强调他勤奋努力,理应享乐:

记者:请问您在"俱乐部大道"花了16万美元是真的吗?
刘特佐:事实上,当时我在为一个订婚的朋友举办派对,事后得知大概花了16万美元。如果只是我自己的话,我不会花那么多……我发现现在有一种趋势,把我描述成酷爱过度点香槟的人。但是,我想说,要认识到一些事实:有很多特殊情况,那里在举办各种活动,相当一部分都不是我组织的。有一点我想澄清，不管是我还是我哥哥在圣特罗佩的消费都绝对没有超过两万美元。这是百分之百的假新闻。当时，我们有四五十位朋友一起点了些酒，共享轻松之夜。我认为，我们这群人都非常努力工作。当然不尽如人意的是，在我们这个年龄段，人们对此有不同理解。就我个人而言，就算到了一天工作结束的时候，我也会谨慎地对我投资人的钱负责，为他们产生利润回报。我需要些和朋友们的轻松休息时间，但我不是个消费无度的人。[47]

令人震惊的是，在其他客户眼中，像刘特佐这样的"大鲸鱼"、无所顾忌消费的代表，似荒唐和炫耀的幽灵一般的人，都在使用相似的话术。他将自己的花费描述为有节制的（"如果只是我自己的话，我不会花那么多"）；他说自己努力工作，因此应得一些偶尔的"休息"。

VIP俱乐部精心编排着这场构建地位的集体生产过程，鼓励富人通过煞费苦心的消费仪式来炫耀权力。然而，在俱乐部之外，对于炫耀性消费的意义有不同甚至矛盾的说法。我所采访的男人对这样的铺张浪费意见不一。

比较典型的是和吕克的对话。早在2000年初，他就是俱乐部的常客，夏天常出没于米特帕金区和圣特罗佩，享受酒瓶服务。在纽约，他每晚都会外出，有时会花高达10000美元在酒瓶服务上。这几乎变成了他毫无选择的选择。如果你想去一个适当的位置，你不得不买酒，他解释道。"首先，你得想办法进场。如果没有卡座，你就没有女孩，没有任何东西。只能祝你好运了!"即使你终于通过大门进到内部,也不得不费九牛二虎之力才能挤到吧台边点一杯饮料,还要自己孤身一人搭讪女孩。有了酒瓶服务,酒水和女孩都会无限量涌入你的半私人空间。

一旦来到他的卡座,吕克觉得如有磁力一般想花越来越多的钱,尤其当被美女簇拥的时候。他感到,人们会根据每个人买酒的多少权衡彼此的分量,而所有的都用烟火棒做了标记。桌上的这些酒瓶给你带来了更好的服务、更多的乐趣、更美的女人。这里的人群是他花钱的理由,也是他年复一年在夏天前往圣特罗佩和伊维萨岛的理由。

"你会想去那个别人都去的地方。"他说。彼时,我们正坐在曼哈顿中城他公寓旁人行道上的墨西哥咖啡厅,喝着啤酒享受愉快时光。"你想要炫耀。这就是这场秀的重点。我不会跑到这儿来只为点一瓶唐培里侬。所有人都去圣特罗佩——为什么?因为大家想去同一个地方。这些坐着私人飞机到处旅行的人,他们想到同一个地方去,这样才能更舒服些:他们彼此认识谁是谁,然后才能够炫耀。这是一场游戏。"

炫富如果想有意义,需要对的人在场见证。[48]即使是凑数的客人也有各自扮演的角色。他们外表看起来足够高端,有着对的曲线、穿着对的衣服。尽管他们付不起一个卡座,他们仍是这个夜晚合适的观众。若没有见证者,只是两位"鲸鱼"间纯粹的私人较量,那将和普通民众间的竞争一样无聊。

不过,经过门卫且由经纪人筛选的得体人群也时常伴随风险。吕克将那些来到他的卡座前蹭一杯免费香槟的人叫作"苍蝇"。这些男人通常梦想成为企业家,伺机和他建立人脉,谈论关于红酒或餐厅的生意。"因为这种人我可赔了不少钱!他们会说'我有笔特棒的买卖,这样吧那样吧',你就会相信他们的话,毕竟你们是派对上的朋友,以为有这层紧密联系……然而有一天你会发现,一旦你不去俱乐部了,你就再也找不到他们了。"说到此处,吕克搓搓自己的手,继续道:"你自此消失在他们生活里。"女人像花蝴蝶由一个卡座飞到另一个卡座,从一个游艇飞到另一个游艇。吕克说,尽管他声称在参加派对的高峰年份,一周有两三次带新的女孩回家,但他总是在第二天早上免不了后悔。

"首先,是因为宿醉。其次,你甚至都不知道你床上那女孩的名字。你只想让她赶紧离开你的房子,还不知道如何开口告诉她。就是这么回事儿。你唯一能做的,就是借此向朋友们吹嘘。"

在晚一些的采访中,吕克逐渐疲惫。"现在听到这些,我竟然有点悲伤。你现在就跟我的心理医生一样。听一听我自己说的话,我都觉得可悲。这其实挺可怕的:每个人都能意识到它的肤浅,但同时留恋它的强大和吸引力。它是一股力量,一股虚幻的力量。就跟你为什么会嗑药一样,它让你觉得所向披靡。当你进了俱乐部来到卡座,就会感到所有大门都会向你敞开。"

后来他稳定下来,结婚生子。我问他,为何没有在更早之前、30多岁、灯红酒绿的巅峰期放弃俱乐部派对?他苦笑了一下:"你不得不玩这场游戏,否则就不再是它的一部分了。"

浪费美貌

一批模特——15 位、20 位、30 位全挤在一个卡座——是消费狂欢发生的必要条件。这不仅仅是她们每一个人的美貌,足以抓人眼球;一群女孩聚在一起,其数量更能带来视觉震撼。"不然,你觉得他为什么会花 1000 美元在一瓶水晶香槟上?" 29 岁的经纪人帕布罗来自巴西,和凡娜合伙工作。他谈起他最大的一位客户:

可不是因为他喜欢水晶香槟。那个家伙在俱乐部花了 12 万美元,我们甚至一杯都没喝。你以为我们能喝得下 100 瓶酒?不可能的。他要的是引人关注。他就坐在一个巨大的卡座里,身边围着 30 位模特。而他就像这样(双臂高举在空中,假装举着酒瓶)。

如果不是有过亲身经历,我会以为帕布罗的描述有些夸张。当时,我自己就是这 30 多个女孩之一,在迈阿密围着一位客户。我穿着 10 厘米高的高跟鞋站在一个长沙发上,手里握着我自己那瓶凯歌香槟。那一刻,我也惊诧地注意到在场的男女比例。一个客户如果想认识每个女孩,甚至记住每个女孩的名字是不可能的,因为音乐嘈杂,且他似乎无心跟任何一个卡座里的姑娘展开对话。他身边围绕的女孩太多了,而这数目远超任何一个男人可以实际消费的。

为什么客户会在俱乐部一掷千金,有一种简单但有些误导性的说法。当我向客户、经理、经纪人问及这种巨额消费背后的根本原因时,经常会得到一个轻蔑的大笑、一个坏笑。他们脱口而出一个引人深思的答案:性。当我问一个俱乐部老板为何他的营业额如此之高时,他一本正经地给了我个色情意味很重的口形。经纪人桑托斯第一次给我讲到女孩的核心价值时,也回归到了一个身体部位:"如果你用女孩填满一个地方,每个人都会想来。你了解男人。你是研究男人的,你知道他们需要性。这就是根本原因。"桑托斯用一种粗俗的表达,说出了很多人所认为的 VIP 俱乐部背后的逻辑:性交易。[49]

"性交易"一词并不像看上去那样简单,暗指历史上根深蒂固的观念,也即阴柔气质可以激起人们的欲望,使得女性转化为资本主义一种必不可少的工具。[50]这个词语默认了女性,而非男性,是可以售卖的。随着商品资本主义的发展,以及视觉文化的市场化,女性逐渐被赋予了一种特质,如影视评论家劳拉·穆尔维所说的"被观看"(to-be-looked-at-ness)。女人逐渐成为男人凝视下的物品,与陈列在迅速繁荣的步行街和百货商店橱窗里的商品并无二致。[51]在英国维多利亚晚期,当"销售女郎"首次出现在百货商店的商品前时,她们在男性凝视下,激发了他们蠢蠢欲动的暧昧心理:这个女孩,或许,也是用来售卖的吗?[52]

用历史学家彼得·贝利(Peter Bailey)的术语来讲,有了销售女郎在场,百货商店便可以利用其研究维多利亚时期性文化时提出的拟态性行为(parasexuality)。写到酒吧女郎时,贝利将拟态性行为这一概念定义为使女性的性"被剥削而非释放".53 拟态性行为驱动着当代娱乐业和服务业发展。尽管商品和服务本身与性不搭边，但销售平台仍会设法以性来吸引男客户的注意，比如画廊里的美女助理、科技峰会上的展台模特、飞机空姐、酒店前台甚至办公室秘书。54 全世界的娱乐业、销售业、酒店业都在挖掘女孩的价值。在最近一次达沃斯世界经济论坛上，俄商巨头奥列格·德里帕斯卡雇来了年轻漂亮的美女为他奢侈派对上的贵宾做"翻译"——在这样一个世界政要云集的场所，这种再现传统女性特质的观念，甚至已经如此根深蒂固，以至于没有人注意到如此安排的讽刺性意味。55

　　类似展示女性的视觉经济主导着 VIP 世界。当人们在说性交易时，已经不再是指性行为了，而是指售卖性感。经纪人所强调的视觉上美丽的身体，并不包括性交权。蒂博向我解释了很多。他说最重要的不是性，而是从视觉上体现女性魅力的高级感。

　　"就像昨晚那个家伙，你真应该来看一看。这几天他每晚都在俱乐部豪掷 10 万美元，就想让我们围在他身边。他就想被模特环绕，就像在晚餐时那样，你见过的。"

　　我的确见过。在一家高级餐厅，经纪人蒂博和费利佩的团队，约 30 个模特，围坐在三张桌子前。一位富商负责买单。晚餐后，当我们到达俱乐部，人人转头看向我们的卡座，因为这里有太多女孩了。一位路过的女士甚至停下来，看着我满脸疑惑地问："什么情况，这是马上要有一场时装秀吗？"

　　"那位客户会和她们中任何一位睡觉吗？"我问蒂博。每个听到我这么问的经纪人，都因措辞中有"皮条客"的含义而面露难色，饱受误解的他们会煞费苦心地把自己摘出来。"我们不做那种事，"蒂博解释，"我们绝不会牵涉到那种事，因为一旦做了，人们便会议论。我们可不会自毁声誉，否则就再也招不到更多女孩了。如果某个女孩喜欢上哪个男人，那是她自己的事。我们是不会那样做的"。

另一位经纪人，来自意大利的33岁的卢卡，曾为某个沙特阿拉伯家族举办过多场私人派对。尽管他带去了几十个模特，但他说："他们甚至连碰都不碰任何一个女孩。这对我来说很重要，因为我不想惹上怪诞的嫌疑，像是皮条客那样。"卢卡认为他的客户大部分都已婚，而且无论怎样："这不关乎性。你要知道他们足够有钱。性对他们来说唾手可得。"他是指性工作者。对卢卡提供的服务，他们只想要最养眼的女孩出现在派对，然后对朋友或表兄弟炫耀，就如卢卡所说："看！我有顶尖的模特！"

同样，女孩们也指出，她们不是必须跟客户说话，即使坐在一起用餐的时候。25岁的模特佩特拉在她职业生涯开始时才十几岁。她经常在米兰和她的经纪人与客户外出。她这样描述他们的晚餐：

怎么说呢，很多时候他们甚至不想和女孩说话……我记得有一个男人，就跟那些极其有钱的意大利老男人一样，想在公众场合被看到，比如在那些很酷的餐厅，让人看到周围有美女环绕，因为人们都认识他。

尽管这个"极其有钱的意大利老男人"在那时的佩特拉看来有点奇怪,但她还是愿意接受他在时尚餐厅请的一顿免费晚餐。

让众多模特到场的主要原因并不在于客户与女孩间的性关系,而是她们所产生的足以构建其地位的超量且可视的性感。女孩数量多,是一位客户重要性的视觉证明,他可以因此炫耀"过剩"的美貌。展示大量女性身体,如同展示那些摇晃、喷洒后空掉的香槟瓶一样——这些被称为"浪费展示"。[56]

休闲背后的劳动

为了得到参加秀场的机会,女孩们接受了缺乏稳定性的安排,而这些潜在的困难和风险在她们和经纪人去其他城市时显得尤为明显。在迈阿密 X 俱乐部的分店内,我遇到了桑托斯,佩特拉也在附近的一个卡座跳舞。这位 25 岁的模特受到经纪人尼古拉斯、蒂博和费利佩的邀请——他们受委托带女孩米,待在"鲸鱼"身边一周。佩特拉现在本应和另一个 19 岁的女孩罗丝待在一起,她们住在一间由俱乐部付费、尼古拉斯安排的公寓。这是一间高级公寓的顶楼豪华套房,然而令所有人惊讶的是,这间房里竟然没有家具。所以,佩特拉和罗丝只能在前两晚和"鲸鱼"及他的朋友们共住在一个多卧室套房里。这样安排的后果非常糟糕。

首先,两个女孩都有好几餐没有吃上饭,因为那位被佩特拉描述为"巴西黑手党之类"的"鲸鱼"并不太关注她们的需求。"就只是无法按时吃饭这一点,你觉得问题不大,但真的发生时实在无法忍受。"佩特拉说。第一个晚上,众人去俱乐部时就把罗丝落在了后面。她觉得身体不适想要回房休息,竟然没人愿意带她回去。她自己没有钥匙,进不了顶楼。罗丝只能一个人在俱乐部门外等好几个小时,直到次日清晨派对结束,客户们才捎上她回去。而那晚和人们一起去俱乐部的佩特拉却感觉像独自前往。正如她描述的:

> 我不得不独自一个人去那儿,因为我谁也不认识。我觉得我就是一片肉,真的完全是这样。我必须得好玩,我必须得有趣。一旦我无趣了,他们就不会带我(回公寓)。所以我只能一边跳舞大笑,一边痛恨着自己的生活。当我们回到住处把罗丝送到她房间,她立刻就哭了……这些事真的很恶心。真的糟糕透了。

通过经纪人尼古拉斯,俱乐部会支付女孩来迈阿密的机票。佩特拉有钱订一张新机票回纽约,罗丝却付不起。佩特拉又不想留她一个人在这儿。两天之后,两个女孩找到了更好的住处。佩特拉总结起这段经历:"总体来说,这是个不错的旅行和经历。我会愿意再来一次吗?绝不。"

桑托斯曾经吹嘘迈阿密有着全世界"最好"的派对。从我所处的优势角度看,和他一起的这趟旅程的确不差,但我绝不会再答应跟他出来。我从来没有比跟他在迈阿密期间更累过。在那里,我们凌晨5点前没有回过家。不过,除了跟他一起的不确定性，还是有一些愉快经历的。

在迈阿密，桑托斯有四个跟着他的女孩：除了我，还有19岁的白人兼职模特汉娜，是加州地铁站一家阿贝克隆比店的职员；20岁的白人模特卡蒂娅，来自乌克兰一座小镇；塔尼娅，是哥伦比亚上流阶层的兼职模特。31岁的塔尼娅年龄罕见地偏大，她是桑托斯的一个老朋友。我们其余几人只认识他几个月。

在迈阿密待了两晚后，我们五人在日落时分挤进车里，准备向另一个不眠夜出发。塔尼娅开玩笑说，我们像吸血鬼一样。当我问她是否知道我们要去哪儿时，她大笑："我都不知道发生过什么。醒来，喝高，进车，然后大家出发！"塔尼娅并不介意。她来这里只为了尽情派对、整夜跳舞，尤其处在可卡因和狂喜中。

和她截然相反的是束手无策的汉娜。她已经待在迈阿密两周半了。其间，她自己只花了40美元。桑托斯为她买了机票，还为她找了多种免费的住处。能来超世代音乐节的主舞台一直是汉娜的梦想。在这个国际著名音乐节上，世界知名DJ陆续登场，每天人潮涌动，阵容壮观。"超世代"是她来迈阿密的理由，然而她至今没能去过。本应在我到达的那天她就返回纽约，但她却睡过了头，误了飞机。她的父母和阿贝克隆比店的经理都期待她回去，但她还在等桑托斯承诺给她的回程机票。桑托斯的确订了机票，可却总是根据自己的行程改签。不仅如此，他还一直推迟汉娜的改签，理由是在等俱乐部结算而没钱买票。与此同时，他继续带她去各种"超世代"以外的地方——X俱乐部、客户晚餐、别墅派对。终于，在迈阿密熬过三周之后，汉娜的继父为她买了返程机票。那一年，她自始至终没有看到"超世代"的主舞台。

最后要说的这位是桑托斯的最爱，卡蒂娅。她有着金发碧眼，外形酷似超模。她走进屋内的一刹那，人们总会齐刷刷地回头，男人们话说到一半也会停下来，静静地看她走过。她看起来没什么钱。除了偶尔在中国有模特旅行，她并没有工作。此行来迈阿密，她本是为了和一个女性朋友度假，结果一待就一个月。她通过朋友知道了桑托斯，便在脸书上主动联系他，问他是否能帮助她买大麻。桑托斯把她介绍给了一位常驻迈阿密的摄影师。他让她免费住在他家里，直到发现她酗酒、失礼才赶她走。桑托斯到达迈阿密后，就让她住进了自己所在的明星岛别墅。不久后，他们就出双入对，发展了一段恋情。在迈阿密，无论桑托斯去哪儿，卡蒂娅也会去那儿。一方面，因为她喜欢跟他约会；另一方面，她没有其他地方可去。

我和桑托斯之间的矛盾随之而来。我一到达明星岛上毗邻富商名流的滨水别墅，就遇到了乔纳斯。他是桑托斯的助理之一，也是一位货真价实的房地产中介，负责给我们安排住处。他说他马上会与桑托斯见面，所以我应该跟着他走。乔纳斯要去"超世代"了，就在桑托斯工作的 X 俱乐部的快闪店旁边。

然而，当我抵达"超世代"的停车场给桑托斯打电话时，他勃然大怒。他在电话里冲我大喊："你就应该原地待着，等我！你却没有，你跟着其他家伙走了！"

我犯了一个"女孩"会犯的最大错误：跟着去其他人的派

对，尤其当经纪人把希望寄托在她身上的时候。桑托斯接受了我惊慌的道歉。我又恰好在他所处的街道遇见了他。令我惊讶的是，他态度依然温暖且热情。

在迈阿密别墅的其他两个女孩就没那么幸运了。她们没有和桑托斯的团队一起出来，而是待在家里。按桑托斯的说法，她们甚至斗胆计划和其他经纪人出去。桑托斯回到家后，评估了当下的情况：这两个无礼的女孩竟然住在他为她们安排的房子里，还享受着他给她们定的机票。他二话不说地将她们赶出了别墅。

那一幕糟糕透了。桑托斯的吼声从肺里出来："所有人都给我滚出去！……我的派对都他妈搞砸了！气死我了！她们以为她们是谁？我正眼都不会瞅一眼！"女孩们一直在道歉，解释这其中有误会，但桑托斯并不原谅。"她们有跟我出来过吗？现在竟然准备跟其他人走。收拾好自己东西，再跟别人走吧！我不会把我的房间借给不支持我的人。"女孩们一边收拾行李一边哭，在清晨一早就离开了。她们打着电话，试图给下一个夜晚找个安身之处。

20分钟后，桑托斯冷静了下来。他直接带着我和塔尼娅去了另一个派对，急于向俱乐部和客户证明自己仍是VIP派对的顶尖人物。途中，桑托斯开车穿越迈阿密，接其他能来参加派对的女孩；塔尼娅在车后座吸着一撮可卡因。终于，我们成功到达那家桑托斯称之为"疯子"的俱乐部，满眼是美丽的模特、成堆的酒瓶。随之而来的几小时气氛热烈，充满刺激，与昨晚发生的事形成了鲜明的反差。

凌晨5点，俱乐部关门我们才离开。这时，在出租车里，桑托斯和塔尼娅因为去哪个余兴派对激烈地争吵起来。更激怒桑托斯的是，他的手机偏偏在这个时候没电了。他找不到想去的派对地址。[57]可卡因和摇头丸带来的欣喜早已消退——迈阿密市中心的凌晨5点，只有出租车嘈杂响声、流着眼泪的塔尼娅和夺门而出的桑托斯。

"跟上我，"他冲我说，望向空旷黑暗的街道，"你带人字拖了吗？换上吧。"

从迈阿密市中心，我们走了一小时，总算到了坐落于名流富商豪宅之中的明星岛别墅。

回到屋里，我打量着我们的客房：满地都是摊开的滚轮行李箱，房间角落堆着皱巴巴的衣服。一个充气床垫横在地板上，上面还放着一个脏盘子。楼上，马桶堵塞着，坐浴缸变成了装满饮料罐的垃圾桶；脏毛巾和洗漱用品散落在洗手间。女孩们冲澡后得用整卷纸巾擦身体。床没有铺过，不知道是不是干净的。可我已顾不上这么多。我爬上一张空着的床，在清晨的阳光从窗户照射进来之时沉入梦乡。或许在VIP们的夜生活里，桑托斯身处顶层，但在阳光下，他的生活狼狈不堪。在夜以继日跟踪夸富宴生产过程中，我意识到，备受瞩目的休闲活动都是由超负荷的劳动支撑起来的。接下来我将发现，女性劳动所创造的价值，被不成比例地附加在了男人身上。

注 释

1. 参见 Bourdieu（1998）2001。
2. Boaz 1921. 参见 Graeber 2001, pp. 203 – 4。
3. Mauss（1954）1990, p. 74。同时参见 Graeber 2001, p. 260。
4. 博厄斯（Boas 1921）最初的解释是，夸富宴产生了一种地位。这种地位提升了宴会主人的等级。另见 Graeber 2001, pp. 188 – 210。在人类学内部，关于为什么会出现夸富宴，有几种相互竞争的解释，但对博厄斯最初的、以地位为中心的解释，最有力的挑战可能来自生态人类学家。他们认为夸富宴主要是再分配的：送礼仪式为当地的困境提供了一种社会保险，比如偶尔失败的鲑鱼洄游（Suttles 1960）。然而，生态理论的实证检验结果并不一致（Wolf 1999, pp. 117 – 18）。人们似乎一致认为，夸富宴大部分（如果不是完全）是一种产生地位的仪式。关于奴隶成为夸富宴的牺牲品，参见 Bataille（1949）1988, pp. 45 – 61。关于"大人物"，参见 Sahlins 1963。
5. Mauss（1954）1990. 事实上，莫斯将博厄斯的观察结果解释为他的一般交换理论的证据，但人类学家后来批评这是一种过度概括，因为夸富宴是一种高度可变的实践，具有特定于当地环境的内部逻辑，参见 Wolf 1999。
6. Sahlins 1963, pp. 289 – 91.
7. Graeber 2001, p. 203.
8. 加拿大政府持不同意见。从 19 世纪末到 1951 年，加拿大政府禁止举办夸富宴，试图遏制他们认为当地人在经济上的不合理行为。
9. Quinones 2015. 同时参见 Rossman 2017。
10. Quinones 2015, p. 261.
11. 参见例如 Hoang 2015。
12. Osburg 2013。
13. Rich Kids of Instagram（RKOI）是汤博乐（Tumblr）的一个博客，上面记录了富人消费习惯的公共形象，这些图片都是被精心设计和策划的。这些图片主要来自世界各地的年轻人的自拍。见 therkoi.com。
14. 关于荷兰财富，见 Schama（1987）1997；关于硅谷，见 Sengupta 2012；关

于富有的纽约客，请参见 Sherman 2017。

15　和任何隐喻一样，夸富宴也有局限性，当然，香槟夸富宴和太平洋西北部的夸富宴之间也存在着巨大差异。博厄斯观察到的19世纪的夸富宴大多是以限定食物和饮料消费为特征的严肃事件。参加 VIP 派对的人另一个不同之处是，即使他们的表现通过社交媒体传播到给广泛的观众，但在长期内，他们几乎不会对社会等级制度产生政治影响。尽管存在这些差异，但在考虑 VIP 的浪费仪式时，我们仍对浪费的戏剧性和浪费产生地位的互动性有了重要的见解。有关互动仪式的概述，请参见 R. Collins 2004。

16　例如，纽约市华盖俱乐部的翻修耗资近350万美元（Elberse 2013, p. 254）。位于纽约市中心的"挑衅者"俱乐部斥资500万美元，旨在成为该市"最豪华"的 VIP 俱乐部（Gray 2010）。

17　根据安妮塔·埃尔伯斯（Anita Elberse, 2013, p. 257）的说法，像阿维西（Avicii）这样的顶级明星，在拉斯维加斯一家备受瞩目的俱乐部可以获得高达1000万美元的收入。另见 LeDonne 2014。

18　升高的座位是地位的标志。一个折中的例子：韦斯利·施鲁姆（Wesley Shrum）和约翰·基尔伯恩（John Kilburn）（1996）分析了新奥尔良狂欢节派对的空间安排，发现蒙面花车骑手只向下面的人扔珠子礼物，他们称这种安排为"指挥范式"，是等级关系的象征。

19　Restaurant & Bar Design Staff 2015.

20　Guy 2003, pp. 10–18.

21　关于香槟酒，果酒专家一致认为气泡是"神奇"的，而且能够带来欢乐（Bell 2015）。

22　Cousin and Chauvin 2013, p. 198, n. 8.

23　戈夫曼（Goffman 1967, p. 207）引用海明威的话指出，"没有竞争，斗牛表演毫无价值"。

24　竞争和高人一等的作用有许多人类学的前因，最突出的是克利福德·格尔茨（Geertz 1973, chap. 15）记录的巴厘文化中的斗鸡。

25　关于火灾所破坏的夸富宴，参见 Mauss (1954) 1990, p. 114。

26　Vankin and Donnelly 2011.

27　嘻哈音乐在这些场所发挥着重要作用，尽管电子音乐和超级 DJ 的流行推动了俱乐部的扩张。女孩、经纪人和客户可能熟悉这一样式。关于为成功和光鲜的生活而努力、摆脱贫困，或消费幻想的流行论述，参见沃森的研究（Watson 2016, p. 190）。

28 见 Buckley 2012。

29 事实上，2010 年 7 月，刘特佐和他的哥哥在圣特罗佩的洞穴（Les Caves）俱乐部花了约 200 万欧元（合 260 万美元），赢得了与温斯顿·费舍尔（Winston Fisher）的酒瓶大战。温斯顿·费舍尔是纽约一个著名的房地产家族的成员。比赛结束时，DJ 宣布了刘特佐的总账单（PageSix.com Staff 2010）。

30 Stuyvesant 2009.

31 二亚甲基双氧苯丙胺（下文简称"MDMA"）或"莫莉"（Molly）是一种合成精神活性药物摇头丸，具有使人兴奋和致幻的属性。MDMA 通常以药丸的形式摄入，或将粉末混合在饮料中，会产生高能量和欣快感。

32 正如文化消费研究所述，与经纪人一起参加俱乐部的乐趣会产生强烈的兴奋感（Benzecry and Collins 2014）。

33 Tutenges 2013.

34 Durkheim（1912）2001, pp. 283–5.

35 Tutenges 2013.

36 克劳迪奥·本泽克里（Claudio Benzecry, 2011, pp. 39–62）在他的歌剧消费民族志中同样发现，这位歌剧迷描述了他对音乐的情感提升的感知，仿佛他正在坠入爱河，或者正迷失在歌剧爱好者的人群中。

37 Tutenges 2013.

38 Shrum and Kilburn 1996. 为某些违规行为提供便利——狂舞、大喊大叫、浪费巨额资金——同时阻止其他行为，如破坏公物和打架等，是对俱乐部的又一次组织挑战。身体强健的安保人员在房间里巡视，以压制危险的情绪能量，而俱乐部则提供了一些更为积极的象征来引导其他人群的能量。

39 Mauss（1954）1990.

40 Murray 1984.

41 马克斯·韦伯（Weber 1930）有一个著名的观点——将新教的约束、再投资和世俗禁欲主义的美德与现代资本主义的发展联系在一起。关于平等的信念和社会对等级制度的不满，见 Khan 2011; Sherman 2017。可汗（Khan 2011）对一所精英寄宿学校进行了研究，发现来自特权背景的学生真的认为，由于他们个人努力的强大效力，他们理应跻身精英之列。关于纽约上流社会房主对权利和经济平等的不满，请参见 Sherman 2017。

42 Rossman 2014, p. 53.
43 Sherman 2017, pp. 92‑122.
44 关于货币的社会意义，参见 Zelizer 1994；关于从工作中获得的金钱的含义，见 Delaney 2012；关于价格的社会特征以及支付高价和低价的人的社会特征，请参见 Wherry 2008。
45 例如，詹姆斯·法勒（James Farrer）和安德鲁·菲尔德（Andrew Field）（2015, pp. 76‑83）描述了上海俱乐部的转变——从20世纪90年代看重白人顾客的经济优势，转变到现在主要迎合亚洲富人。尽管白人女性在亚洲的一些俱乐部仍然具有新颖的价值，但她们并不代表本民族志中所描述的性别货币的霸权形式。同样，金伯利·凯·黄（Hoang 2015, pp. 131‑38）记录了胡志明市高端俱乐部中西方白人女性的身体如何遭受明显贬值。
46 社会学家认为，社会学家已将夜生活视为低收入参与者的一种资源，这是一种建立社交关系的机会——在俱乐部的"夜间聚会"中，有机会建立社交关系，获得工作线索，甚至是育儿联系（Hunter 2010）。我的田野调查也揭示了夜生活的重要性——与经济精英建立联系以及在经济精英之间建立联系，尽管对现场的女孩来说并非如此。
47 *The Star* 2010.
48 地位是一个人相较于其他行为人所处的位置，包括他周围人的数量和威望。见 Podolny 2005。
49 我在研究生时代就经常听到这句话——当时我正在做时装模特行业及其奇特做法的相关研究——男性模特的报酬比女性低。经纪公司的老板和设计师认为，女性的薪酬更高，很简单的原因是因为"性交易"。见 Mears 2011, p. 226。
50 历史学家阿比盖尔·所罗门·戈多（Abigail Solomon Godeau, 1986）在法国女性主义理论家露西·伊利格瑞（Luce Irigaray,［1977］1985）之后提出，随着视觉文化的兴起，19世纪的欧洲，女性气质和商品作为理想的对象融合在一起。第一批被广泛传播的形象是雕刻的石版画，其中相当一部分是公众视野中充满情欲的女性形象，就像巴黎街上卖弄风情的女人；然后是画报女郎、裸体人像、交际花美女、时装图样和地下非法色情制品。随着充满女性魅力的色情形象的繁荣，将男性身体作为视觉对象受到视觉文化主流理想的排挤，在这几个世纪以来都是如此。在绘画和芭蕾舞台上，男性身体越来越少受到关注，被排挤到背景中，作为展示女性身体的次要道具。

与此同时，欧洲和美国的城市充斥着新的工业资金，发展出了拱廊、长廊，最终发展出了以公开展示商品为特色的百货商店。这些新的休闲和消费公共空间蓬勃发展，尤其是新兴的广告业激发了人们对新产品的渴望。所有这些历史性的发展都强化了以外观、展示、曝光和壮观为前提的视觉文化。公开同时展示女性形象和商品，将人们的注意力固化并结构化为同一件事：商品拜物教。伊利格瑞（Irigaray [1977] 1985）认为，女性气质既是商品的象征，也是商品的诱感，因此女性形象是欲望的管道和镜子。女性情欲和商品之间的这种密切的历史关系有助于解释为什么女性的身体遭到如此集中的展示，迫使人们消费从香烟到奶酪、汉堡等任何东西。可以说，女性特质在俱乐部中发挥了更大的作用。这种气质升华了同性恋者的欲望，并证实了异性恋男性对女性欲望的假设。

51 Mulvey 1989.

52 莉丝·桑德斯（Lise Sanders, 2006）指出，女店员在19世纪成为一个重要的文化人物，当时的劳动形式正从汗流浃背的体力劳动者转变为零售业的体面雇员，而这种雇员被认为在身份上超越了工人阶级的劳动范畴。女店员的身体柔软、举止温柔，是百货公司展示文化的一部分，新的消费空间已经生成——商品的公众需求以及女性身体对男性观众的公开可用性。然而，正如安妮·马里昂·麦克莱恩（Annie Marion MacLean）所记录的那样，百货公司的工作条件在身体和情感上都很艰苦，1899年她在《美国社会学杂志》上发表了一篇关于在商店玩具部当店员的早期民族志描述。"这是女孩们公开承认的事实，"麦克莱恩（1899, p. 736）写道，"为了补充她们微薄的收入，她们走上了耻辱的道路……好色的男人总是随时准备提供援助。他们自称是来买的，但这不是他们想要的商品。年轻漂亮的女孩最容易屈服。她们有时会哭着说好人看不起她们。但好人不知道——好人不知道。她们必须谋生。"

53 Bailey 1998, p. 151.

54 见第一章注释37。在社会学家现在所谓的审美劳动中，服务行业的公司雇用具有"对的"性格和"对的"外表的员工来销售他们的品牌。审美劳动是性别化和性感化的,因为企业专门使用女性的身体来销售服务,最明显的是为了吸引男性消费者到"猫头鹰"这样的餐厅(这家餐厅以衣着惹眼的服务员供应鸡翅而闻名)。除了制服,公司还通过在办公室里安置女性以吸引男性的目光,或者通过引导女性传递异性社交可得性的印象。例如在旅游业(Adkins 1995)将性感化的女性身体商品化。事实上,对于女性来说,审美劳动和性的劳动之间存在着模糊的区别(Warhurst and Nickson 2009)。雇主寻找特定类型的女性身体,因为这意味着区别于其他女性的某些特质。例如,高挑的女性增加了豪华酒店的价值或"女性资本"(Otis 2011)。

55 Salmon 2015.

56 同样,戈夫曼(Goffman 1969)将各种城市俱乐部描述为可提供替代性挑逗,以重振幻想的场所。比如女性的紧身裙,这虽可能为某种行为提供基础,但未必导向实际性行为的发生。俱乐部也提供了相当规模的"替代性挑逗"(p. 269)。

57 后来我得知桑托斯面临潜在的经济损失。在他没有按照承诺出席客户的聚会后,他被告知不会得到2000美元的报酬。"我说我会有10个女孩,现在我有5个,我的女孩去和另一个经纪人一起吃饭。因为这件事,我失去了客户,不会得到报酬。我花了4000美元来组织,包括所有的门票和投资……这对我来说是不利的。"

在迈阿密接下来的几天里,桑托斯的财务状况变得更加糟糕。他有一个习惯,就是把自己银行账户里多余的钱都给哥伦比亚老家的家人。("我只有3000美元能干什么?"他夸张地问。例如,当他妈妈打电话向他要钱时,或者当他知道祖母需要治疗时,他会说,"我不会为了我的自尊心而在我的账户里留3000美元"。)在迈阿密逗留期间,他已经没钱了,仍在等待俱乐部的付款。由于他没有信用卡,塔尼娅开始支付我们的午餐费用,甚至在酒店的最后一分钟的住宿费,当时他不得不搬离明星岛别墅,没有地方可去。

第四章

模特营中的交易

星期六，凌晨 2 点，汉普顿

凌晨 2 点，汉普顿这幢九居室豪宅中的十几位客人终于去睡觉了。他们有很多床位可选：大部分卧室有上下铺，最多的一间有四张床。这幢豪宅是由三个 40 岁到 60 岁不等的曼哈顿富商唐纳德、格兰特、保罗共同所有。他们三个不是经纪人，但却有一个共同目标：每个周末邀请越多的女孩来越好。在暑期旺季，他们曾请来 20 个女孩过夜。这幢别墅装潢颇有品位，然而最突出的还是它适合女孩们的心意：干净的毛巾，冰箱里塞满香槟和零食。当几位男士注意到女孩们因怕泡坏金发而不在含氯的水里游泳时，他们直接把泳池里的水换成了盐水。

格兰特在我们的对话里多次提过，上个夏天，他们请过的女孩总数多达 300 个。在本季度之初，格兰特和保罗前往家居用品专门店去买毛巾和床上用品。在排队结账时，他们开玩笑说，他们像在装修一栋姐妹会小屋。一个周末，他们曾邀请了 26 个女孩，人数多到他们床铺都不够用了。他们只好采取权宜之计：在后院精心修剪过的绿草坪上搭建帐篷，让女孩们睡在里面。从这时起，格兰特开始管这幢房子叫作"模特营"——她们可不是什么普通女孩，她们漂亮、又高又瘦，大部分是专业模特或是"模特优选"。

三个男人必须齐心协力才能在每个周末集满模特营。如果有女性朋友想要带上自己的朋友，他们会问她的全名、查看她的脸书或照片墙账户，确保她的身高和美貌合乎标准。格兰特只会邀请那些他见过的女孩。如果有男性朋友想要加入，则必须带来至少三个优质的女孩。反正格兰特大部分男性朋友都在汉普顿有房子，如果他想见朋友，便可以直接开车过去。

"你是个聪明姑娘。"我第一次见到格兰特时他对我说，因此我的理解或许是对的。"有些人认为这只是与性有关，其实不然。我想要的是在房间拥有这些女孩，拥有这些适合的人选。"

格兰特46岁，是科技领域的一位企业家。他只有170厘米左右，秃顶，已经开始有皱纹了。他的一切外形都和他身边的那些女孩形成了鲜明的对比。尽管他身材矮小，但他对女孩的身高十分理想化，尤其享受站在穿着高跟鞋比他高出一头的女人面前相形见绌的感觉。"我爱这样，"有一晚在米特帕金区的俱乐部里，看着那些站起来比他高30厘米的女孩，他说道，"因为我爱女人。"

见到格兰特后不久，我采访了他的朋友唐纳德，汉普顿豪宅的另一位共有者。唐纳德邀请我周末到他的别墅。我在表示感谢后，向他确认了这个项目的保密性，即我不会使用他们的真名。他打断我："哦，你没有明白。我邀请你不是因为你是个作家。邀请你因为你是个辣妹。"

"我很愿意把这个周末当作一次研究经历！"我说。唐纳德耸了耸肩："你可以把它当作一次日光浴。"

我们在贴面礼后分道扬镳。那个周末,我搭乘了一辆前往汉普顿市中心的吉特尼快车前往模特营。然而刚一抵达,我就发现了男人们利用女孩的种种伎俩。

19世纪末期以来,汉普顿就是富裕纽约客的胜地。那时,城市的老贵族和新贵大亨们开始悄悄地把农场和盐盒屋改造成上流社会夏日殖民地一般的豪宅。[1]正是在这个背景下,菲茨杰拉德写下了著名的角色盖茨比,这位不可靠的暴发户商人,在长岛北部以举办臭名远扬的派对来向众人尤其是昔日的情人宣告自己的声望。

20世纪八九十年代,华尔街的繁荣促使了曼哈顿新兴资产阶级的诞生。他们对昂贵财物和文化资本饶有兴趣,把汉普顿变为那些想找第二家园的金融商业精英们的首选。如今,汉普顿已经满是亿万富豪(如乔治·索罗斯)、政界精英(如克林顿家族)和娱乐大亨(如拉塞尔·西蒙斯)的度假府邸。[2]长岛南部的派对自盖茨比的传说之夜后有增无减,且入场的门槛越来越高。

"只有又高又美或拥有财富才可能进入。这已经成了一种阶层。"唐纳德解释起汉普顿的社交圈。他对入场的门槛并不是十分确定,但至少他本人从这张入场券中受益不少。

唐纳德是个职业商人。他对女孩们的兴趣十分务实。这个60岁的男人身材健美,在华尔街的一家私募公司工作。他不是"鲸鱼",只是属于上流社会的单身纽约客及俱乐部常客。不过恰是这样的身份为他的生意带来了不少好处。作为一个机构投资者,他一直在寻找值得投资的公司。在汉普顿的两天里,他就参加了一个由一家私募首席执行官卢·法洛举办的奢华室外别墅派对，一个开到星期六深夜的 VIP 俱乐部派对以及一个在卢·法洛府邸举办的包餐型早午餐泳池派对。"收到这些邀请总是件好事。"唐纳德解释汉普顿派对之于他事业的重要性。在这些双休日，他同基金经理、企业家、小型初创企业和大企业的 CEO 们交际、建立联系。

这并不是说唐纳德来汉普顿或俱乐部只为了寻找客户。他解释道，如果你想要做成生意，就得带他们去喝酒、吃饭。或许，他会带目标客户去俱乐部或打网球来增进感情。这些都是他用来加强自己和生意伙伴社会联系的方式。唐纳德认为，如果某个人在俱乐部花了大笔钱买酒，这个年轻人很可能在炫耀他真正缺乏的东西。"我在想他们是否真的有钱，或是说，他们到底有多少钱。"他指那些他所见到的在圣特罗佩喷洒香槟的人。

对唐纳德而言，住在汉普顿不是为了炫富或刻意寻找新的生意。这是成为精英阶层的一种归属感。他有能力坐在保时捷 SUV 里，穿梭在汉普顿南湾，从一个派对到另一个派对，与对冲基金经理、慈善家、时尚业巨头推杯换盏。唐纳德可以参加任何他想去的活动。他有一张特别入场券，能够接近任何比他社会和经济地位都高的男人。

"你猜猜，通货是什么？"他问。"女孩。"

在曼哈顿的 VIP 场所，有了一群女孩，他确信能够稳定收到最高端派对的邀请。不仅如此，当他邀请 VIP 到访他的别墅和参加无氯泳池派对时，女孩们在场还可以确保他们接受邀请的概率。他说,和女孩们在一起"就好像,任何一个晚餐派对都有你一份"。其中包含卢·法洛的晚宴和派对。

51 岁的卢曾在一家富有的管理公司担任 CEO,如今是汉普顿社交圈的花花公子。他对女孩的青睐则多是罗曼蒂克的。我和他的初遇是在高端房地产经纪人乔纳斯举办的晚餐派对上。他住在迈阿密明星岛。这个派对由桑托斯负责组织。在曼哈顿中城的一家高级餐厅,20 个女孩和一群男人被刻意安排成"男—女—男—女"的座次。按照乔纳斯的说法,这样可以防止女孩们交头接耳。不仅如此,每隔 30 钟,乔纳斯就会请男性嘉宾交换座位,更新聊天对象。

一小时之后,卢挨着我坐下。正当我自我介绍时,他打断我:"好啦,我知道。咱们先忘了简历。跟我说说——你喜欢什么体位?"

"我是中间偏左派。"我说。

他轻声一笑,继续说,他喜欢女孩在上面,这样他可以欣赏她的全部。

这样的话题持续了一会儿,其间还夹杂些关于政治、他的家庭和离婚的小玩笑,直到下一次换座(那时我才知道卢·法洛是共和党的捐助者之一)。

几星期后,卢在汉普顿举办了一场奢华的室外派对。这个离异的超级富豪,夏天在汉普顿一座价值数百万美元似宫殿一般的豪宅里度假。有些人把他描绘成盖茨比一样的人物,一直希望在自己某次派对门前邂逅他的真命天女。与此同时,他也寻求更多女孩生理上的陪伴。

47岁的乔纳斯是卢派对上的固定来宾。他把女孩作为自己在商业精英圈向上攀爬的工具。乔纳斯的财富来源是向富人出租奢华度假物品,例如别墅和游艇。他也投资其他领域,从石油到餐饮都有涉猎。不过,他说他最重要的事业在于人脉。

"我想成为大家公认的人脉王。如果你需要什么帮助,尽管找我。这就是我的工作。我给人们建立联系。你想认识一个州长之类的政府官员吗?找我就行。"晚餐上他对我说。

从大学毕业起,乔纳斯就很喜欢外出。本科在巴黎的一所精英大学念政治学专业的他,很快就意识到举办派对的好处:建立与富裕家庭同学间的联络网。他会设法确保参加高端活动时,身边都有几个美女相伴。他不会像桑托斯他们一样嗑药或在外面待到很晚,次次沉浸在余兴派对直到次日凌晨。他也不会"撮合"女孩和男人们,因为他很清楚地强调他不是皮条客。相反地,他培养那些女孩和他认为能依靠的经纪人间的关系,这使他在重要社交活动上显得应对自如。在俱乐部建立的人脉便这样转换成了餐饮业和房地产的商业人脉。

在与女孩们身体的接触过程中,乔纳斯略显夸张。拥抱时,他会过于使劲地把女孩拉到自己胸前;晚餐时,还会在桌子前搓按她们的肩膀或脖子;在宾客面前,他紧紧抓住她们的身体。虽然又高又帅、一身肌肉,他这种带有攻击性的喜爱之情仍会招人反感:我曾见过当他拥抱一个女孩时,那女孩露出了表达厌烦的一个鬼脸。

乔纳斯和女孩的这种相处方式并不少见——男人总是恣意对待女孩的身体,默认可以自由接触、抓按、谈论她们——不过性并不是被美女环绕时的主要兴趣。[3] 乔纳斯有策略地利用女孩的身体来发展他的事业。由于他支付了到伊维萨岛和戛纳等地所有昂贵旅程的费用,愿意陪他出席活动的女生名单还是有长长一列。

"没错,女孩从来都是重要的,"他说,"被美女环绕的感觉好极了。尤其在初期,你要知道,每个人都需要装饰品。"不过现在,因为有了在VIP派对经营多年的强大社交网络,富豪一族都知道乔纳斯。"我可是有名声的,所以现在女孩不是首要的啦。"

在吹嘘想要成为大买卖的头号人物这点上,乔纳斯和经纪人德雷非常像。仿佛他马上就要成为一个亿万富翁,马上就要真的成为老大。

唐纳德则对此表示质疑。对唐纳德来说,VIP世界里有太多个乔纳斯——吹嘘自己很有钱、实际上只会捡身边真正富豪的边角料的阴谋家。乔纳斯夸下海口的生意,貌似从没兑现过。唐纳德所怀疑的,是乔纳斯常挂在嘴边的那笔悬而未定的"大生意":从中美洲进口石油。唐纳德不相信这件事会有任何成果。

现在我们见了三类男人:专业人士(唐纳德)、野心家(乔纳斯)和花花公子(卢)。尽管他们来VIP场所的兴趣不同,但他们都看到了女孩身上有助于他们实现目标的价值。唐纳德和乔纳斯利用女孩来获得汉普顿这类地方的邀请,使自己的生意从中获益。同时,卢享受着美女的环绕,用社会学家戈夫曼的理论来说,他在制造"偶然"插曲。[4] 唐纳德和乔纳斯也对一夜情甚至长期情侣关系很感兴趣。唐纳德和他的上一任女朋友，一位19岁的巴西裔模特，就是在她来别墅的那个周末认识的。至于乔纳斯嘛，桑托斯早前就提醒过我要提防着点他。用他的话说，因为"乔纳斯满脑子都是跟女孩上床"。

除了性，特定的女孩可以帮乔纳斯和唐纳德实现他们计划性的目标。女孩能使他们得到卢的派对邀请，以此打开他们商业谈话的大门：乔纳斯的游艇租赁和唐纳德的私募投资。对这些男人来说，女孩是一种装饰。装饰的意义分两个层面：一方面，她们是男人的饰品，使他们比过去更显光彩；另一方面，她们是荣誉的象征，是地位的标志，这足以吸引其他男人的注意。

和唐纳德在一起的周末到了尾声。我们一起来到一片私人海滩。唐纳德碰巧遇上了他的一位老朋友，一位富有的曼哈顿餐厅和酒店老板。他在八十年代曾经开过一家模特经纪公司（很显然，他自己也是一个有名的花花公子）。现在，走在美丽的汉普顿沙滩上，我们的脚趾埋在细软的白沙里。他们谈论着生意上的事。唐纳德随意问起这位朋友是否知道最近有什么值得投资的领域。唐纳德题外话一般地说起："这几天你应该来我家看看，如果你想重温旧日子。现在我家就像动物园一样。"

显而易见，从迈阿密的晚餐派对到汉普顿的白色沙滩，男人可以利用女孩实现其社交目的和商业抱负。没有那么明显的是，女孩该如何资本化她们的美貌。事实证明，女性的美貌带给她们身旁男性的利益，要大于给她们自己的。

破冰者

有时候，女孩就像电梯中温柔的爵士乐：她们是背景的一部分。比如，有一次，桑托斯在迈阿密带着他的女孩同乔纳斯和一位叫埃兹拉的中年客户一起晚餐。这位来自纽约的商业房地产开发商，桑托斯称之为"最好的朋友之一"。因为青睐高个子的金发女郎陪伴，埃兹拉经常邀请桑托斯带他的女孩和他及其他男性生意伙伴一起共进晚餐。

晚餐地点在一家名为"周先生"的高级酒馆。在代客泊车区，停放着一排排劳斯莱斯幻影和法拉利这样的豪车。女孩们都在为高级料理"令人惊羡"而激动，但桑托斯却把这件事描述为"不得不做的事"。他为按时到达而倍感压力。他提前提醒女孩们："我们今晚得和埃兹拉一起吃晚饭。他是个很有权势的人，喜欢好看的东西。所以穿上你们的高跟鞋！记住了吗？"女孩们没有质疑这些用餐安排，因为她们几乎跟随桑托斯走遍了迈阿密的所有地方，食、行、住和娱乐，都依靠他。

餐厅里，埃兹拉的左右两旁坐着他的男性生意伙伴，桑托斯和一排女孩坐在他对面。整个晚上，他都在轻声和他身旁的那位绅士交谈，几乎不跟包括桑托斯在内的任何人说话；甚至大部分时候，他用后背冲着桌上其他人。

其他男人偶尔会跟女孩们调情骂俏，但大部分时候都在聊天。男人们谈论着生意、政治、海湾地区的共同朋友和重建项目。晚餐快要结束的时候，所有女孩都安静地坐在餐桌的一旁。桑托斯自己更是出奇地安静。很明显，看着无法加入的商业谈话，他整场晚餐感到枯燥至极。他不像其他男人，时不时地看手机。到了上菜的时候，他发现今天上的是大份共享型创意料理。他嘟囔着："这不是属于我风格的食物。我想要炸牛排。"他想要那种更接近他品位的街边油炸食物。

晚餐结束的时候，桑托斯大声地开了句玩笑："看吧！今晚埃兹拉还真是对他的朋友们关照有加！"不过埃兹拉无视他，买单后，继续与朋友深谈。塔尼娅刚一空盘就想离开了。她小声说道："我讨厌他们只会聊钱，还拖延晚餐的时间。磨磨叽叽。"

来到室外，宾客们各自坐上自己的幻影和法拉利，互道晚安。乔纳斯拥抱了每个女孩，说着再见。当他紧紧抱住我的时候，他又用旁人能听到的音量加了一句："或许今晚晚些时候你会在床上给我惊喜。"

其他男人对和女孩交谈显得没有兴趣。他们甚至不会分辨她们的差异，只把她们当作一个群体，有助于男人们谈生意。一位客户将女孩称为"家具女"，因为"她们待在那里就是为了让我们看起来更好，就像装饰屋子的家具一样"。大部分客户和经纪人仅仅认为，一整屋女人要比满是男人令人舒服。一位长期在香港，偶尔在纽约工作的俄籍经纪人鲁迪克告诉我，陪客户娱乐的公司经理会聘请他带女孩来参加余兴活动。"因为共有五个人，他妈的喝了大瓶香槟，他们他妈的看起来像笨蛋。你不想要看起来糟糕，你想要看起来有面子。'所以，有劳了，'他们会说，'给我们带些女孩来。'"有些时候，鲁迪克发现，这些商人几乎不跟女孩说话。女孩能够打破拘束，帮助每个人在一个同性商业世界里感到舒服,而这个世界绝大多数有权势的人都是男人。

在男人主导的背景下,尤其在谈生意的时候,女人能促进交易顺利进行。其实这件事早有人研究。亚洲金融市场的女招待或西方绅士俱乐部的鸡尾酒女服务员,都印证了这一点。当然,在这些场合,女性的劳动是有金钱回报的。[5]

在为本书做调研期间,我采访了11位在金融领域工作的男士。其中九人表示,他们用酒瓶服务作为娱乐和取悦客户的方式。他们解释,在金融行业,人际关系是最重要的。32岁的对冲基金经理马克斯向我讲述,在他的能源商品生意中,为客户提供娱乐服务的潜在回报之巨大,足以使他在VIP的昂贵花销正当化:"在很多金融领域,我们必须努力巩固人际关系。我猜在其他行业也一样……因为这会逐渐变成你喜欢的、你相信的、你愿意跟他打交道的人。谁会喜欢你到愿意把自己的生意给你,并使你成功呢?"

29岁的酒瓶客户韦德,曾跟他的金融经纪人一起在纽约搞派对。他说:"在商品生意中,我可以找任何一人去做公文工作。"他是说他有权选择用这个经纪人还是另一个。"我是做买卖,而他们只不过是执行者。倒不是说他们完全不称职,他们做的只不过是公文工作,还因此拿到报酬。"至于他选择这个或那个经纪人,取决于他们的个人友谊。

当然,韦德这样的生意人也会通过其他渠道培养和经纪人与投资者间的关系,比如高尔夫俱乐部。"但是你总不能在晚上去打高尔夫,"韦德说,"而且,有了模特,一切事情都会变得更好。人们觉得有模特在场,将达到兴致的顶点。因此,他们会自我感觉良好,想花更多的钱。谁都想要跟模特合照。"他一边说一边滑动着 iPhone 上到处是模特和酒瓶的照片。

被美女簇拥着,男人们可能会有更多乐趣和愉悦。但是对于韦德这样的客户来说,如果说愉悦纯粹来源于对地位刻意的追求,似乎有些勉强。上流场所本身肯定令人愉悦;在很大程度上,属于上流社会就让人感觉很好。[6] 一个美女更会展现这一点,无论她的地位和阶层背景如何:"即使她们的人生脱离正轨甚至大学辍学,我也愿意和美女们在一起。"韦德坚称。

即使客户们不一定非要通过这种方式寻找经济上互助的人脉联系,VIP 场所仍然给了他们一个平台。他们可以跟与自己相像的男人建立有价值的社交纽带。一位过去在时尚业工作、现在涉足政界的意大利企业家,常常光顾纽约的一家店。他在那家店里甚至有一个预留的固定卡座,用来每晚招待客人。他对我说:"我从来没在星巴克遇到过亿万富豪。我从没在星巴克遇到过能改变我人生的人。但是看看现在你的周围,俱乐部里全是这样的人。"

富豪们虽然不会过多在意圣特罗佩或汉普顿的派对景象,但他们觉得去那里很重要。不为别的,仅仅为了收集些派对的故事和细节,让同事和未来合作伙伴知道,他们属于这个国际化巡回的 VIP 圈子。

来自巴黎的 35 岁白人金融经理里斯解释道:

> 这些地方我全都去过。在未来的年复一年里,我会接着去

吗？不。但是曾经去过这些主要城市、对的地方，已经成为事实。进行商业联络的时候，这或多或少会帮上我——因为在生意场上打交道的一些人会说："喔，我去过圣巴特岛，你去过吗？"或"我去过圣特罗佩。那儿真是棒极了。"如果你却没去过或没听说过，他们会觉得你不在同一个圈子，没有很高的成就。[7]

除了融入这个圈子，有些客户企图以此吸引其他重要人物的注意。此时，女孩就成了一种快捷、可靠的工具。"当这些男人外出时，他们能带上15个女孩。"48岁的餐厅老板吕克说。他来自法国的富裕阶层，曾是纽约、汉普顿、圣特罗佩、伊维萨岛派对圈子的一员。

她们只不过是用来炫耀的装饰品。他们即使不和她们睡觉，也需要她们在场炫耀："哇，这个人是谁？看看他身边的女孩们！他一定很有钱或者很有名！"就是如此肤浅。

无论多么肤浅，这些靓丽的女孩的确发挥作用了，吕克承认。当15个漂亮女孩一同出现时，他也会扭头看一看——并以此衡量这个男人的地位。

捕猎"鲸鱼"

27岁的桑普森从没想过自己能这样走入上流社会。他出生于纽约皇后区，社区大学都没有毕业；成为经纪人前，他还在卖手机。但有了女孩，他便发现在这个独特的世界有一条可以接触重要人际关系的路径。除此之外，他几乎没有机会属于这个圈子。

他在 X 俱乐部做经纪人，因为店主注意到了他身边的女孩。他说："当你和几个不错的女孩一起走进一个地方，人们会想：'这人是谁？'如果你给他们留下了印象，他们就会打探你。所以需要你做的所有事就是跟女孩们一起走来走去。"

桑普森在经纪人行业干了两年，试图跟客户们直接建立关系。这样他可以不经过老板而独自为他们组织私人派对。他最终的目标是有一天开一家属于自己的酒廊或酒吧。他知道，自己现在交际的富豪，可以在日后成为他的投资者。

因此，在一个夏日午后，在曼哈顿一家酒店的顶层露天泳池派对上，桑普森和乔治一起喝酒。乔治是加州一家软件公司的老板，桑普森称他为"拉斯维加斯最强的大咖之一"。他们的话题围绕着桑普森的计划。他想承办乔治在洛杉矶和圣巴特岛的别墅派对工作。站在泳池边，他们碰杯品尝着玫瑰红葡萄酒。桑普森拿出手机，让乔治看照片墙上一位叫克莉丝的女孩照片。两个人都认为这女孩十分火辣。

"看，我说过乔治会喜欢她的。她是我目前见过最辣的女孩。"

"她绝对是我喜欢的类型，"乔治说，"带些这样的女孩到洛杉矶来。"

桑普森满脸自豪："对，她是我的人。看看这个——"照片里的克莉丝穿着比基尼坐在跑车里。"这女孩够野。她可能喝了!"

"带她来洛杉矶。我们派对正需要这类女孩。"乔治说。余下的就是细节问题了:乔治希望派对八月安排在洛杉矶,一月安排在圣巴特岛。恰好都是桑普森想去的地方。

与此同时,德雷深信自己在五年之内就会成为一个千万富翁。

毫不夸张地说,每一次我见德雷,他都在吹嘘即将开启的宏大的创业计划。每晚外出同桌、每顿午餐,甚至每次街头偶遇,好像都会带给他商业信息,有益于他的豪华轿车公司、电影制作、电视节目,当然还有他口中永远"即将火爆"的音乐事业。有一个月,他声称自己在为一家科技公司筹集资本,因为他可以在夜生活工作时接触到不少亿万富豪和投资人。结果到了下一个月,他说正在讨论一所塞尔维亚电信公司扩大业务覆盖面到欧洲的事。

德雷总能看到他身边的机遇。他毕竟和千万富翁,甚至亿万富翁并排而坐。尽管出身于黑人中产阶层,他仍竭尽所能去吸引他们的注意力。当这些富豪走进一个像 X 俱乐部的高端会所,他们"会一眼看到最性感的那一桌。他们走进来,然后看到我,就会说:'那个身边坐满女孩的黑人是谁?'接着他们会走过来跟我说话……他们开始买酒。这就是我捕猎'鲸鱼'的过程。我们不用去找他们,是他们来找我们。因为我们有很多火辣的女孩"。

德雷经常收到和"鲸鱼"们共餐的邀请。他们都好奇为何他能接触到如此优质的女孩和高级俱乐部。在这样的情景下,一场能结识潜在的亿万富豪级投资人的饭局应运而生。一天下午,德雷给我发来信息——最爱滥用感叹号的这个家伙,难掩激动之情:

必须要出席这个晚餐!有一个非洲亿万富翁刚来纽约!!!我是他的导游。你应该加入我们的晚餐!我正要看一下能否成为他在纽约这边的联系人!他的联络人!向他介绍这里的夜生活、女孩并赚钱。

懂的都懂。

对于给刚来这座城市的客户做导游这件事,德雷通常是犹豫的。这意味着,他需要把客户介绍给对的人、带到对的地方观光。首先,客户可能对德雷的时间要求苛刻,且不会保证给他相应的回报。或许客户会在某个地方消费,德雷可以得到酒瓶销量的部分回扣。但与他期待的相比,这只是小钱——他想要的,是找到一个愿意投入大笔钱,支持他多种商业主意的投资者。其次,也是最重要的,他的角色太接近皮条客了。客户们常常会误以为德雷和女孩的友谊是基于性关系。因此经常请他帮着安排约会,有时甚至付钱请他约出某个特定的模特。他不能越过那条边界,否则就会损害自己在其他客户、经理,尤其是他所依赖的女孩那里的声誉。

不过好在,这一次,一个女性朋友告诉他,这位非洲富豪非常高雅有礼貌,绝不是那种会勾引朋友上床的人。"如果这样的话,我会好好照顾他!他能投资我所有最狂妄的计划,数百万倍。"他发来信息。

德雷很快在上东区安排了这位亿万富豪和银行家、他的一些女性朋友、几个信任的女孩的晚餐。出租车里,德雷坐在前座,三个漂亮的女人坐在后座,想象着一会儿的情形开着玩笑:

"我听说你是个亿万富翁。这真不错,因为我最近正好手头有点儿紧。"28岁的模特萨莎大笑。

"各位,你们说我能点牛排吗?配菜可以点一份我的房租吗?"另一个人开起玩笑。

当他的女孩走进这家昂贵的餐厅时,整个空间仿佛忽然安静了下来,所有人都屏气凝神注视着:三个穿着派对连衣裙的白人女孩,为屋子里唯一的黑人德雷在前开路。女孩们到桌前的位置上坐下。邻座四个穿着高级定制服装的老太太盯着这边。终于,其中一位倚过来问:"你们这些女孩是给某个公司工作吗?"

出租车里的那股幽默此时突然消逝,没有一个人笑得出来。萨莎低声嘟囔了一句:"她们好像在说'噢,刚刚进来一桌婊子'。"除了开始有点尴尬,晚餐还算愉悦。这位非洲富豪坐在卡座的一端,德雷坐在另一端。女孩们享受着一道道昂贵的菜肴和红酒。

德雷在那一晚并没有收到佣金。他和女孩们当晚以客人的身份出席。他们可以点任何自己喜欢的佳肴。对于德雷而言,他在投入自己的时间。"我关注的是全局。"他说,"我希望这家伙能够投资我接下来的项目,我的电影、我的真人秀、我的App,所有这些东西。"他一直在谋划着,且不停地说着这些:

"我想要他投资这些。一旦他问我：'德雷，咱们怎么一起赚钱？'然后我就……"他说，他会想办法变现。

像女孩们帮助德雷讨好亿万富翁一样，她们还帮助桑托斯认识了纽约房地产的巨头和富裕的阿拉伯家族。桑托斯来自哥伦比亚一个贫困的家庭，他在欧洲的搭档卢卡来自意大利的一个工人家庭。他们没有游艇，没有巨额财富，没有家族人脉，甚至没有本科学历。但有了女孩，他们在法国里维埃拉就像国王一样。有一年六月，在戛纳举办年度经纪人大活动时，卢卡瞥见港口的一整排游艇——价值百万美元，挂着百慕大和开曼群岛的旗帜——他嘲笑着他们口中的成功：

如果那些客户酷，我们就一起外出，或者为他们举办余兴派对。对于那些不酷的，我不会浪费时间。他们中的一些人，真的是没妞儿。他们中的90%都有游艇，但是没有妞儿。所以，去他们的。

因此，女孩对经纪人的帮助不仅仅在于建立人脉，还能拉平客户和他们之间由于社会地位相差悬殊造成的不平等状况。[8]从纽约、汉普顿到戛纳，这些出身贫穷、没受过良好教育的经纪人和富豪们共享晚餐、舞厅和泳池。有了女孩们，如卢卡、桑托斯、桑普森和德雷这样的男人，就找到了称自己"非常重要"的正当理由。

对于这些男人来说，能在戛纳和汉普顿与巨富们建立工作网络，已经算是巨大的进展；但他们痛苦地意识到，他们要走的路还很漫长。他们认识的经纪人中，就有把获得的成功转化为正当的酒店业生意和品牌的。或许，最出名的非前经纪人杰森·斯特劳斯和诺厄·泰珀伯格莫属了。他们共同创建了战略酒店集团和陶氏集团，被誉为"模特与酒瓶"商业模式的先锋。他们凭一己之力，拥有从纽约、拉斯维加斯到悉尼的一系列酒店，成为千万富翁和名流。[9]

斯特劳斯和泰珀伯格是夜生活中的传奇人物。从经纪人做到大型企业的首脑，他们定义了夜生活成功的标准。他们还曾成为哈佛商学院两个案例研究的采访对象，并经常作为演讲嘉宾被邀请来分享商业成功的经验。

然而，在所有的报道中，没有人注意到他们通向成功的性别条件。在把女孩的美貌变现这件事上，男性经纪人要比女性经纪人占有绝对更大的优势。在纽约，我常去的17家俱乐部中，仅有一家的老板为女性。女孩可以创造巨大的回报，然而利益几乎全部集中在了男人的手里。

"派对女孩"与"好女孩"

我发现，32岁的我经常被他们称为"女孩"——尽管我比卡座中的其他人差不多大了十岁。那么，到底怎样才可以称作女孩？是否任何一个十几岁至三十几岁的女人都可以称作女孩？"女孩"一词最初在19世纪80年代的英国开始流行，用来描述介于儿童和成人之间、占据新生社会空间的工人阶级未婚女性。"女孩"不是儿童，却像儿童一样，因为她并未成为一个妻子或母亲。她是那种从事消费、休闲、浪漫、时尚的,具有"轻浮"追求的现代都市人。[10] 通过新百货商店中"导购女郎"等流行形象,譬如"摩登女郎"(the flapper)——美国早期的"新潮女孩"、"舞团女郎"(chorus girls)——那些在舞台上齐声歌舞的年轻女孩,关于女孩的概念和表述从英格兰传遍了世界。在这些被展现的角色里,女人的职业寿命却极短。据一份1929年的新闻报道,一位成功的纽约舞蹈演员表示,尽管她才21岁,"对于百老汇而言,她的事业已经是完成时了"。[11]

大约在同一时期,另一种"女孩"逐渐占据了流行文化的一席之地:时装模特。历史上第一位时装模特出现在19世纪50年代末的巴黎沙龙上。当时,高级定制大师、英国经纪人查尔斯·弗雷德里克·沃斯(Charles Frederick Worth)将工作坊里的年轻女人作为人体服装模特,带到富裕的客户面前。[12] 从一开始,这一场景就十分具有争议,因为它激起人们的好奇和联想:到底在此出售的是什么?是连衣裙,还是身着连衣裙的那个女人?

模特、舞团女郎、摩登女郎、导购女郎,全都通过展示自己的身体来盈利。她们年轻、美丽,并因此得到赞美。但她们也正因公开展示身体而受到污名。[13] 人们既喜欢她们,又鄙视她们。掠夺性强的男人会假定她们在性的方面可以利用,毕竟她们是那种"成熟的用来勾引而不是用来结婚"的女孩。[14]

在 VIP 俱乐部,"女孩"是对所有女人的主要称呼。然而随着时间的推移,我逐渐发现,男人依据自己所认为的道德品质给"女孩"划分了类型。比如,"派对女孩",对于俱乐部和经纪人都具有很高价值；她们年轻、漂亮、无忧无虑以至于频繁夜出。与此相反，"好女孩"是难能可贵的：同样美丽却对感情认真，也因此极少夜出。在男人心中，"好女孩"相对受过良好教育，且有特权。她们和派对女孩不一样，她们有性道德。[15]

"派对女孩"是一种代名词，常和其他称呼互换使用。通常情况下，模特和派对女孩被认为是一样的或相似的。一个俱乐部老板描述她们为"缓冲器"。他解释道："没错，就是，缓冲器。那些在圣特罗佩游艇上，出现在每个人照片边缘的，就是派对女孩。"

尽管派对女孩对于俱乐部来说具有很高的价值，接受我采访的男人却对其不屑一顾。他们称之为花瓶，认为她们无脑、没有文化、私生活随便，甚至认为她们作为人而言似乎没有价值，作为图像才是无价之宝。23岁的基金经理里卡多说：

> 这里大部分女孩，我能猜到她们不检点……你跟她们一说话就知道。她们就是空的，真是没别的词能形容她们，就是空的。我或许会跟她们上床，但无法跟她们约会。就好比我带她们出去，她们不知道寿司是什么。她们说："天呀！这是什么？我以前都没试过。"不行，我真的受不了这种。

事实上，我在经纪人的卡座前见过各种类型的女孩，她们有着不同的职业背景和目标。的确，这里有低龄或没受过教育的模特，但同样也有各种专业的大学生，例如主修时尚、法律、商科、社会学、国际关系的学生。我身边还经常会坐着些正在发展事业的年轻职场女性，包括创业者、房地产经纪人、金融师、医生。[16] 然而，由于这些女性也是俱乐部的常客，男人默认她们为没有正经工作的派对女孩。

考虑到经纪人花了多少心血为卡座找来模特，客户们对模特的诋毁令我感到惊讶。男人嘲笑且同情模特，尤其认为她们仅有美貌，这正是她们最初进入 VIP 场所的主要资本。这就好像模特们出众的美貌，会让男人对她们可能具备的其他品质视而不见一样。如 35 岁的客户、健身俱乐部老板马蒂奥所说的："我讨厌模特。通常就凭跟她们说话，你就能知道谁是真模特，谁不是。"

33 岁的意大利金融助理说：

我确实约会过一些模特，但她们当中真的很少有人让我觉得有趣。怎么说呢，她们中很多人非常年轻，可她们他妈的都不知道活着要干什么……你就能大致判断一个女孩是有些什么，还是只不过一个派对女孩。

由于派对女孩总是接受经纪人的免费晚餐，客户便默认她们可能是拮据到没法自己买单。如果她们在经纪人的卡座喝了免费的气泡红酒，她们可能要破产了。她们可能没受过教育，如果是模特的话，这个行业的巅峰在本科年龄段的 18 岁到 25 岁。如果一晚接着一晚地夜出，直到次日凌晨，她们可能没什么上进心，或者不正经。

毕业于麻省理工的基金经理、33岁的马克斯解释道:

怎么说呢,如果哪个男人说自己不喜欢被一堆美女围着,那肯定是在说谎。但这里不是一个能认真发展情侣关系的地方。我在想,一个以模特作为职业的女人,搔首弄姿、走着猫步……我能想象得出我们的感情会出问题。所以,我觉得我跟一个读过书或有事业,比如在纽约大学上学的女生,会有更多共同点和共同语言,而不是跟某个经纪人到俱乐部、就往那儿一站的女孩。这并不有趣——我不觉得跟某个花钱雇来的人聊天很有趣。即使不是花钱雇来的,也是用其他形式做补偿。我的意思是,就当我疯了吧!

甚至,这些靠模特赚得盆满钵满的经纪人也看不起她们。如今为奢侈品商组织品牌活动、曾经做过20年经纪人的路易克这样评价:

我见过许多女人,她们全部非常漂亮。但是,我想找的是聪明、有智慧的。这些女孩整天到处旅游、参加派对、展示身材。我在这儿是找不到正经女人的。模特们就只会"选我、选我、选我"。

当我问起我的客户,是否会从VIP俱乐部里选女孩发展长期恋情时,他们嗤之以鼻。40岁的富有企业家兼俱乐部老主顾克里斯说:"我和女孩们都有过交往,但我不会带任何一个回家见我妈妈。"他扫视了一下 X 俱乐部的屋内又加了一句："这些女孩，想都别想。"

的确，人口学家发现，情侣双方跨越阶层的数量越来越少；与此同时，上流社会的人更倾向于同质化结合，即和他们同一社会经济阶层的人结成配偶。换句话说，即所谓的"门当户对"。女人也更倾向于嫁给相似教育和收入背景的男人。[17]

对于找女朋友和长期伴侣之事，客户们表示通过朋友、工作和家族关系会更可靠些。23 岁的对冲基金经理里卡多期待他未来的女朋友是一个"正经女孩"，且不相信会在俱乐部碰到她。"我绝不认为我会在那种地方认识什么正经姑娘。好女孩要么是别人介绍认识，要么是我认识的人的女儿，要么是我认识的人的家人。"

就连常出入纽约、迈阿密、汉普顿派对的 29 岁富豪客户韦德，也从不相信会在任何派对里遇到未来的妻子。"她们是玩物。这么说吧，没有一个有自尊的人会真的考虑娶她们那种女孩……我认识的大部分男人，喜欢夜出并在这上面一周花上5000 美元、10000 美元的，都不断拿这些女孩取乐，因为她们真的是不检点。"

韦德的那些有钱朋友甚至会跟其他男人传阅与他们过夜女孩的照片和笔记，一同嘲笑她们的醉态。"我这儿的女孩睡姿的照片比交往过的女孩还多！"他说。对韦德而言，最不堪的女孩就是那些对自己照片被男人传阅都不在乎的人。这便是派对女孩遭到诋毁的过程。像韦德这样的人甚至臆想女孩不在乎男人羞辱她。

48岁的餐饮业老板吕克来自法国的一个老钱家族,与很多模特都有过交往,但很少有超过一个晚上的。"因为你早上醒来的时候,对话会变成:'嗨,你好。''哦,你好!''你是做什么的?'"——吕克捏起嗓子用高音装作想象中睡在他身边的女孩——"'我是个模特!'……接下来我就无话可说了!她们也没什么可对我讲。"

吕克意识到了这件事的讽刺之处。"其实挺悲哀的。但每个人都想去那里,因为那里有女孩。"然而就像吕克一样,似乎没有人想要在俱乐部以外阳光之下的地方见到她们。"这很矛盾。因为一方面你想要随便的女孩,另一方面你又想要好女孩。怎么说呢,就很迷惑。"他有些困扰,发现自己对女孩的价值观充满矛盾:对于VIP来说,派对女孩最核心的特性在于年轻、漂亮,能够经常外出和待到深夜,还不用给予她们白天的承诺——然而正是这些特性,使得她们完全不适合成为建立认真关系的人选。

不过有趣的是,他和自己的女朋友,他新生儿的母亲,就是在米特帕金区的一家俱乐部认识的。"但她可不是那样!"他急忙澄清,解释说她当时是跟朋友一起来的,不是跟着经纪人,且停留时间很短。她的确是模特,但不是那种派对女孩。他向我保证,因为她"很少跟人外出"。

对于客户和经纪人来说,无论派对女孩的外表多么具有吸引力,他们真正寻觅的都不会是她们,而是"好女孩"。因为"好女孩"所拥有的恰是派对女孩所缺乏的:私生活的体面、自我节制,以及一个可以融入上流社会的光明未来。好女孩是情侣关系的人选，反而却鲜为经纪人公司找到；派对女孩很适合亲热，俱乐部里遍地都是。[18]

在唐纳德·特朗普的总统竞选期间，这种对立关系直接困扰到在国家舞台上对梅拉尼娅·特朗普（Melania Trump）的介绍。梅拉尼娅·克纳夫斯（Melanija Knavs）是斯洛文尼亚籍时装模特，于 1998 年的奇巧俱乐部的派对上遇到了她未来的丈夫、房地产大亨唐纳德·特朗普。组织这场派对的前模特公司老板保罗·赞波利（Paolo Zampolli），以邀集到模特和经济实力雄厚的男人参加专属派对而著称。[19] 不过，赞波利向媒体保证，梅拉尼娅可不是一个派对女孩："她意志力非常坚定。梅拉尼娅不是一个派对女孩，她当时在场是有工作要做。"[20]

其实，"好女孩"和"派对女孩"都只是一种术语，一种想象的典型，为的就是将女性的性美德与其阶层地位密切相连，对应到型谱（spectrum）的一端或另一端。[21] 的确，有一些女孩是固定跟着经纪人的派对者，但实际上也有不少拥有高素质职业、很少外出的女性。她们大部分位于"好女孩"和"派对女孩"的二分法之间：多数女孩会在暑期或换工作的间隙，或某一个想夜出且又有时间的阶段出来玩。仅凭经常外出和接受免费餐饮，任何人都可能被视作派对女孩，招致污名化，一如一个世纪前首位站在百货大楼橱窗前和时装展台上的女孩。

随便的女孩

法国圣特罗佩港口将古雅的里维埃拉小镇与清澈迷人的蔚

蓝海岸连在一起。小镇上，手工艺店林林总总，窄窄的街道布满鹅卵石。每年的六月至八月，这个港口就成了世界各地超大游艇的停泊场。以小咖啡店和安静的餐厅为背景，开曼群岛的船旗在地中海的微风中飘动。[22]夜幕降临时，海滨上变成各式各样的秀台，从游艇扬声器里播放起响亮的舞曲。甲板上，游艇主人同宾客一起用餐、跳舞，并邀请高视阔步的女孩们上船。穿着高跟鞋和连衣裙的女孩们在长廊上来回踱步，等待邀请，有时还在游艇乘客经过时向他们挥手致意。如果收到邀请，女孩们会上船喝一杯香槟或跳一会儿舞。因为高跟鞋可能会磨坏木地板，她们必须脱下鞋，赤着脚爬上甲板。

和桑托斯在戛纳待了一周后，我加入家境殷实的西班牙经纪人恩里科和他的欧洲朋友们一行。他们同意我在周末一同登上游艇。星期五的日落时分，海滨步行道上到处是漫步的女人，一小簇一小簇。她们中，有些女孩是在暑假来欧洲旅游的在校大学生，有些是和朋友结伴而来的模特，还有一些人，游艇上的男人称其为"真正专业的"。

在意大利银行家乔瓦尼36米长的游艇上，两个这样的女孩爬上楼梯，与他和他的意大利朋友一同在甲板上喝酒。扬声器里播放着流行音乐。乔瓦尼的游艇是港口最小的游艇，从他青少年时期开始，它就在此停泊，以便他富裕的家人来此出游。现在，他一年才跟朋友来这里一次。他的朋友有男有女，多是法律和金融界的新秀，全部来自上流阶层。

看到女孩们登上游艇时，乔瓦尼其实是犹豫的。她们个子很高，穿着紧身的荷芙妮格连衣裙，戴着厚密的假睫毛，嘴唇丰满，金黄的头发梳理得很整齐，像是模仿帕里斯·希尔顿的假发。乔瓦尼提醒他的朋友：注意你们的手机和钱包。然而，整整半个小时，在港口中央甲板的露天舞会上，这些男人仍然跟她们跳舞、讲话，与她们喝酒。

在碰杯与舞蹈的间隙，乔瓦尼和他的朋友在女孩们听不见的范围开着玩笑。"她是个学生。哈哈，我肯定。"

"我要把她带回家见我妈了。"随之而来是一片大笑。

在乔瓦尼出航来圣特罗佩之前，我在米兰遇到他。他说他与朋友们不得不提防 VIP 俱乐部里的这类女孩，要辨别一个女孩是"卖身的还是普通人"。他说，在圣特罗佩，如果一个女孩独自在酒吧，尤其穿着过度性感，她很有可能从事卖身工作。

就像纽约的经纪人一样，乔瓦尼和他游艇上的朋友都有一种默认的观念，即女人应由其性美德被划入他们自认为的道德类属：好女孩、派对女孩，以及最危险和最受鄙视的付费女孩。仅仅根据一些模棱两可的线索，这些男人认为他们可以辨别出付费女孩，即那些他们认为可以花钱雇来的派对女孩。付费女孩包括酒瓶服务员和任何违反两性规范的女孩，她们会策略性地向其公司寻求报酬。

其中，最显而易见的一类是俱乐部雇来工作的那些女孩。酒瓶女孩即酒瓶服务员，也称鸡尾酒服务员。她们负责为客户点单，给他们送来点着烟花棒的酒瓶；有时如果受到邀请，还会加入客户的卡座，一起娱乐。除了等客户点单，酒瓶女孩还有望将男性客户带来卡座。换言之，她们通过调动与富豪和之前客户的关系，努力让他们出现并消费。她们正是那些带女孩外出来到卡座的经纪人的翻版。一旦他们到场,酒瓶女孩则需不择手段地抓住客户的注意力,通常是以调情的方式。这是一项高利润的工作。一夜下来,一个酒瓶女孩可以获得20%的小费,金额从200美元到800美元不等。不过,在此之外,客户通常会另外支付额外的现金。仅仅一个晚上的工作,收入可以高达上千美元。

然而,尽管报酬丰厚,从事这一行的女人却称之为"肮脏工作"。

"处理一些事时,你不得不表现得放荡些。"恩里科的女朋友欧嘉说。她曾在一家小俱乐部做酒瓶女孩。每晚,她通常能带回家1000美元的小费,然而这份工作却令她心力交瘁:"你不得不找来客人,你不得不联络客人。这种感觉怎么说,有些肮脏。倒不是说你一定要陪他们睡觉……但如果你想有尽可能多的客人……这么说,这里有不少在酒瓶服务行业超级超级成功的女孩。"[23]

从外形上看,酒瓶女孩比经纪人卡座里的女孩更加性感。她们个子高挑(比如,一家俱乐部的迈阿密分店,要求她们的高跟鞋至少12厘米),身材丰腴,通常穿着紧身短裙。比起经纪人的女孩,她们的种族更加多元。从外形和象征意义上,酒瓶女孩代表着性感。客户与经纪人则以此认为,她们和她们所托的酒瓶一样,可以贩卖。[24]

一位客户声称,他经常会因消费额度而获得酒瓶女孩:"X俱乐部的主持人告诉大家,每消费5000美元,我们就能得到一个女孩,就是酒瓶女孩,可以和她更进一步。比如,在DJ台下亲热,而铁斯托正在打碟。"我无法验证这位客户的话,但他的确分享了一条广为流传的假定:酒瓶女孩更能发生性关系。她们常常被冠以"淫荡""肮脏"之名。

在大众与法律话语体系中,"酒瓶女孩"还与性工作和犯罪相关联。2014 年,在 FBI 对迈阿密盗窃案的调查中,探员们就称那群女骗子为"酒瓶女孩"(或"B 女孩")。她们为了换取酒吧利润的 20%,瞄准吧台的男人向他们卖力售酒。[25]

总而言之,客户告诉我,酒瓶女孩是不可信的。一天晚上,我在费利佩与蒂博的卡座上遇到了托马斯。这位 43 岁的投资银行家对我说:

> 你知道,所有这些服务员,一直给自己杯子斟酒。你点了巨大瓶香槟。她们送来时是满的。现在四分之三都已经不见了。女孩们喝了她们各自的香槟,之后也不见了。再或者她们跟你出去玩,与你调情。这些女孩太明白了,你花了一大堆钱,如此而已。

另一类付费女孩被叫作"卡座女孩":年轻漂亮,被雇来在吧台附近等待邀请,坐到需要女性陪伴的客户卡座中。我只在 X 俱乐部这一家俱乐部见过"卡座女孩"。一位鸡尾酒女服务员负责招募她们,经理们则负责监督她们去哪些客户的卡座。"卡座女孩"是经纪人最厌恶的一种。34 岁的白人经纪人托尼来自意大利,他表示,这类女孩有卖身之嫌:

如果你就是单单坐在客户的卡座里,且人们见你一直这样,你八成就是在卖身。不过要是你跟其他女孩一起坐在我的卡座,那你就是个模特……我真的不喜欢她们(卡座女孩)。她们很放荡。

"卡座女孩"和托尼卡座中的模特其实非常相似——打扮光鲜、在卡座喝着免费香槟——但两者占据截然不同的地位。通过她们所做工作的边界,来维持两者地位的差别。在上文的例子中,则是用特定的交易媒介和话术:卡座女孩由现金结付,因此"放荡";而模特则以酒水为补偿,因此地位相对较高。鉴于她们为了明确的报酬而商品化自己的外表,卡座女孩和酒瓶女孩都被视为与性工作者相近。

的确,对于卖身的污名化一直威胁着这个场域的所有派对女孩。一方面,VIP俱乐部从女人的美貌中榨取价值;另一方面,涉嫌利用外表谋取私人经济利益的女人则惹人厌烦。俱乐部老板、经纪人和富裕客户,对心怀经济动机的女人持有同样的鄙夷。他们管这样的女人叫"揩油者"。"付费女孩"这一阴霾笼罩着所有女孩,一旦置身于VIP空间,她们就进入了声名狼藉的交易中——利用自己的外表来盈利,得到免费的香槟和假期。

同样,我也担心我成为他们所认定的处在道德边界错误一端的人。2013年的夏天我到圣特罗佩之前,我已经有了一个香奈儿包。那是我从一个前模特女性朋友那里,花了300美元买来的。她想把有钱丈夫送给她的大量奢侈品包在二手网站上卖掉。这是一款黑色布艺缝制的"2.55"长款手包,在时尚界辨识度极高。尽管它已经有些变形,边角需要一些美化才能看似规整。不管怎样,它仍然有标志性的金黑链条,比妹妹给我的那个皮质补丁包要好。我本以为这一配饰可以帮我更好地融入周围这些精英男士和成功模特之中。然而携带时间越长,我越感到不舒服:人们会好奇,为什么一个社会学教授会带着一个上千美元的香奈儿包?或许,他们会猜测,这是哪个有钱人送的礼物。

这个猜测与客户的普遍怀疑比较一致。他们担心女孩利用他们获得金钱和他们支付得起的物质商品。[26]客户里斯是金融顾问。他将这些女孩描述为试图"捕获鲸鱼"。另一位客户是一位35岁的私募投资人。他常和他的金融客户去纽约和圣巴特岛的俱乐部,且断然否定了"洁身自好的女孩也可能夜出"的说法。"这些女孩会给你编故事,说凌晨2点在俱乐部可以令人惊喜地建立人脉,"他说,"不可能。那是扯淡!除了那一种生意,你绝不可能在凌晨2点做任何生意。我不会对我在俱乐部遇到的女人抱有任何期待。对我来说,这就是个警示灯。拜托!什么样的人会在星期三或星期四凌晨2点不回家?这种人是靠什么生活的?"

"她们有可能是学生?"我提议一句。

"学生?!"他不肯相信,"那她们应该在图书馆学习!他妈的!现在教育的通胀率已经达到7%,都是她们的父母在付这笔费用!"

另一位客户韦德认为,这些从有钱性伴侣身上索要礼物的

女孩不能完全算是卖身,她们更像是"随便的女孩"[27]:

> 这些女孩甚至都不觉得自己"随便"。她们只是迷恋这些旅程和衣服、鞋子。她们其实从不拿钱。即使偶尔有人给她们付了房费,她们也不认为自己很"随便"。我也不这么觉得。她们就只是女孩。

因此,客户们会把所有女孩和性工作者或潜在性工作者混为一谈。这些女孩在用身体资本与男人的经济资本做交易——正是这两种价值构建了 VIP 夜生活的基石。当我对 X 俱乐部的老板说我研究的内容是夜生活时,他轻蔑地回了句:"你应该研究一下,多少女孩出来以后去卖身了。"他言外之意是,这种事发生的频率实在是太高了。

付费女孩、派对女孩和好女孩的区别,很大程度上取决于人们对女性性道德的看法,即她如何遵守性行为的性别规则。[28] 作为道德类型,这些术语将女性进行了划分:要么是德性好、性不可及,要么是性上容易得手,能设法获得。[29]

我遇到的大多数女孩,或许是感受到了 VIP 场所里的男人可能将自己视为付费女孩,所以都严格守住边界,将自己与性工作者区分开来。一旦看到有人太热衷于寻觅有钱男人,她们会立刻表示对她的鄙视。她们认为这类女人很"放荡"。

比如,我在戛纳的室友、23 岁的捷克模特安娜,担心我会混淆派对女孩和付费女孩。"不要写捷克女孩很放荡,"她说,因为普通人不了解这个 VIP 世界,"我不明白。我在米兰的朋友告诉我,那里有免费的午餐、晚餐、派对。我当时就说:'为什么?怎么会这样?'如果我告诉老家的人这些事,他们会猜测你需要做更多事,你懂的。你需要做很多,就像卖身那样。"只想享受快乐时光的女孩和那些通过性来换取金钱和礼物的人正好相反。

在正式采访和非正式对话中,女孩们都会淡化她们对认识男人的兴趣。在女孩们公开的外出动机中,浪漫的情感明显缺席。除了一位女孩外,其他女孩的想法就像戛纳的那位立陶宛人说的一样:"这就不是一个邂逅男朋友的地方!"

尽管女孩们通常声称自己的主要动机不是认识男人,且很多人坚称她们不在 VIP 场所寻求长期交往或包养关系,但我采访中近一半女孩都曾与那里遇到的男人约会过。比如,28 岁的纽约女孩芮芭从没期待会在俱乐部认识自己的男朋友:"我有很多理由认为,在这些地方出现的男人不会是好的恋爱对象。"同时,在她自己、高学历专业人士与想要寻觅有钱丈夫的女孩之间,她会进行清晰划分:

> 我一定会和这些女孩划清界限,那些想"找个丈夫然后得到绿卡"或"来这儿就不用努力工作"……这些人对于我来说其实挺恼人的。我的本意只是来找乐子。我不是要寻觅一个能给我付房租的人,因为我自己就能付。某种程度上讲,我甚至为这些女孩感到悲哀。尽管真相很可怕,我也想尽可能坦诚地说出来——她们中很多人才这么年轻,19 岁、20 岁、21 岁。等她们到了 30 岁,没有一个人会再有什么吸引力,至少大部分

不会，那时她们就什么也不剩了……我不是说她们所有人，但其中绝对有一部分人是在寻找一个愿意给她们一生买单的人。这类女孩是不同的。

在我遇到的女孩里，只有一个人公开表示想和有钱男人确立恋爱关系。31 岁的詹娜是我遇到的年龄最大的派对女孩。她即将迎来自己模特生涯的终点，因此在找寻一个转折点，以便从事时装设计行业。她毫不避讳地说起她的"利益男友"。这个沙特男人曾带她坐头等舱从纽约飞到新加坡，"喝了整整一路唐培里侬"。她是通过一个女性朋友认识的，而这位朋友也跟这个男人有关系。她告诉我："你必须得从一段关系里得到些什么。为什么不呢？无论如何，反正他们迟早都会甩了你。爱情，只有在你还是处女的时候才可能发生。"

无论是她的年龄还是她的坦率，詹娜都是我 VIP 巡回中遇到的特例。女孩中的大部分人都小心翼翼地将自己置于适当的边界内，将她们自己与性工作者区分开。

然而，派对女孩却因为漂亮的外表获得了赠票，进入了这场暧昧的交易。如果一个女孩太频繁地出席派对，如果她接受太多提供给她的免费东西，如果她跟任何她喜欢的人发生性关系（所有这些都是俱乐部想要且引诱女孩们做的事），她就有被视为"揩油者"和"卖身者"的风险。所有女孩都处于那条将她们与性工作者区别开的狭窄道德分界线上。尽管经纪人擅长策划建立亲密关系——追求这种亲密关系是为了达到经济目的——对女性来说，却成了一种耻辱。

很多人相信，美貌可以成为女人的一种资本，并且帮助女人获取向上的阶层流动的可能性。或许，还有些争论说，美貌是女人颠覆传统社会分层制度的特殊权力。[30] 社会学家皮埃尔·布迪厄曾用"致命吸引力"恰如其分地形容天赐的意外——美貌——如何使出身底层的女人，踏入通常只在自己阶层婚配的上流社会。因此，美貌具有可以回避抑或动摇传统等级制度的潜能。[31]

美貌作为女性"情色资本"的概念盛行已久，然而对这种说法的数据支持却并不充分。高攀婚姻，或说"向上婚配"，看似可能成为女性利用情色资本的一种途径，但关于婚配选择的大多数研究表明，相称婚姻实际上更为普遍。而且，自20世纪80年代以来，更多男人选择与自己教育、收入情况相似的女人。[32] 这个VIP世界的确将美丽的女孩和富有的男人联结到了一起，但他们之间的关系则更多的是短暂的欢愉。我所采访的男人很确定不会把女孩们视作他们真正的潜在对象，无论出于恋爱关系还是商务合作关系。因此结论恰恰相反："工于心计"的女人是他们最不想要的。

一直以来，性给男人和女人带来并不对称的后果。男人通过性战利品而获得地位和尊重，女人却可能因为性而失去体面。或许在身体资本方面女孩是富足的，但她们消费这种资本的能力，却因性行为的性别化规范而受到限制。

女人

女孩对VIP世界至关重要，然而这里却几乎看不到"女人"。除非作为一种悲伤的提醒：当女孩们韶华不在，将会意味着什么。

随着年龄增长，女孩们也逐渐失去了价值，尤其是派对女孩。里卡多说：

> 你更懂女孩。女孩啊，保质期比男人要短。她们会长皱纹，比男人老得快。如果她们每晚都去派对，只会更糟糕。女孩天生如此。她们就是比男人更容易长皱纹，更容易消耗殆尽，更容易变老。这都得到过证实，我读过相关文献。这是真的，她们成熟得更快、长皱纹更快。

另一位35岁的私募投资人客户也给出了相似的解释："男人容貌的定型和巅峰都更晚一些。而女人则会在35岁左右或差不多的时候开始衰败。"这样的想法在客户中非常普遍。关于婚姻和老龄化的人口研究发现，的确，随着年龄的增长，相比于男人，女人更容易受到严苛的评判，被认为不具有吸引力了。从35岁开始，女人单身的可能性超过了男人，且两者差距逐年扩大。30岁以上结婚的男人，总是和比自己年轻的女人结婚。伴侣之间的年龄差，也随着男方的年龄增加而拉大。[33]

在年龄这一问题上，我从来没有隐瞒过。关于这个问题，也在随意的对话中经常出现，尤其当我提到我在大学里任教时。每当我告诉他们我的年龄时，客户、经纪人和女孩们的目光里都带着同样的震惊与钦佩。那种眼神就好像在说，32岁是种不幸的疾病，而我想办法把它控制得很好，起码到目前为止。

一个客户甚至祝贺我:"过了30岁还这么好看。我是说,恭喜!"他一边说着,一边端详着我的脸。有一个晚上,我跟一个明星音乐人聊天。他40岁,身旁坐着他24岁的金发女友。当听到我32岁时,他惊讶地表示:"可能因为你是褐色头发的白人。金发的女人,很快就破败了。"

金发女人的"破败",女孩的"耗尽",女人的"衰败"和"失去容颜",所有这些表示毁灭与失去的词语,被用来形容女孩的成熟过程,即"年龄逐步地毁灭女人",而不是男人。这一观点正是苏珊·桑塔格早在1972年就提出的"老龄化双重标准"概念的核心。[34] 在VIP俱乐部及任何只看重女人美貌价值的地方,这都是一个致命标准。

男人对年长女人的厌恶还包含另一层面的不公平。如果一个女孩30多岁还在派对狂欢,客户和经纪人往往会认为她不仅失去了身体上的价值,还失去了道德上的价值。当女孩成熟了,VIP俱乐部中的男人会认为她们"急迫"地想把自己即将消退的资本"变现",寻得一个有钱的男朋友。总之,VIP俱乐部中年龄稍大的女孩就是"失败者"。48岁的法国富商吕克说:"我是说,30岁的女孩还在干这个,她真是挺悲哀的。你都30岁了还跟着某一个经纪人每晚夜出——这很悲哀。这说明你真的算是个失败者,不是吗?没有工作、没有家庭。这个年纪了你应该有个男朋友,然后更稳定一些。"他说着,描述着一个假想中身在俱乐部的大龄女人,或许没有意识到他身旁的我已经超过30岁了。

德雷认为,女孩一旦到了30岁,就进入了"夜生活的绝望年龄"——当她们意识到，她们曾经用来进入精英社交场的入场券也就是美貌即将消退的时候：

> 她们会为了变现做任何事。和名人或有钱人见面，为了得到赡养费而生个孩子……她们来这里并不是为了找乐子。她们来这儿就是为了追在那些名人和亿万富翁身后……那些模特，你要知道，她们都没怎么完成学业，年纪轻轻就已经辍学了……所以对于她们来说，当她们意识到已经到了一定的年龄，就要一无所有了，便开始惊惶失措。这时她们想要变现。

在 VIP 俱乐部，我实在不太容易找到女性客户，因为女人在这里很少买酒。我经常能看到男人的太太或女友和他们一起坐在卡座里，但她们也很少会超过 35 岁。很明显，男人的经济或社会地位会高些。在这里，每一个人都用男性代词"他"来指代客户。经纪人解释道，虽然偶尔也有女人来买酒，但这些女人要么有些奇怪，要么是愚蠢的个例，就比如一个富有的沙特阿拉伯人的前妻从离婚协议中获得数亿美元。这些女人总被认为是从富有男人那里继承的财富。

每个人都惯用性别概念来解释这种区别：女性凭借消费显示地位的商品，如买衣服和手包，来进行炫耀；然而男人的话，一个经纪人说："他们希望被高看。他们想要那种感觉：'耶，我很男人！我有这么多乐子，就这样被簇拥着。'"

在整个田野调查期间，我仅有几次见到年长的女性光顾卡座。第一次是我在迈阿密的时候。那时，那个女人看起来 50 多岁，穿着一件保守而昂贵的服装，和一群年纪更大的富豪绅士坐在卡座内，两侧围坐着模特。很明显，她对这样的环境感到不适，没多久就离开了。在迈阿密，我跟经纪人参加了一周的派对后，从一个余兴派对离场，直接搭乘了早上7点的航班。登机时，当看到眼前这么多年长的女人时，我甚至感到惊愕——尽管迈阿密长久以来以养老胜地著称，但在过去的五天里，她们几乎从没进入过我的视线。

第二次遇到年长的女性，是在纽约一家俱乐部，我和25岁的模特潘妮一起。那时，由于一个著名珠宝设计师马上要过来坐在这边，经纪人正让我离开卡座。他说他会把我们介绍给这位珠宝设计师。"妈呀，我想要一些珠宝！"潘妮对我说。然而，当客人到来而我们将转移到舞池时，潘妮有些生气：那位贵宾是一个大块头的中年女人。

"不！"潘妮冲我耳朵大喊。她的声音盖过了音乐。"我是认真的！"她继续说，"俱乐部里那个胖贱人是谁啊？真是烦人！那是谁的妈妈吧！"潘妮嫌弃地看了眼卡座，摇了摇头。潘妮的意思再清楚不过了，当女人成为 VIP 世界的一部分时，变老和变胖都是有问题的。在这里，白发的年长绅士也很少见。现场的大多数客人看起来都不到50岁。但即使他们出现，也不会引起如此的敌意。

第三次时，我正和一位30岁的前模特安娜在一起。她已经是一个孩子的母亲。是她注意到一群年长的女性正在我们的卡座附近跳舞。"真恶心！那些人都40岁了，还穿着与自己年龄不符的衣服！"她冲我说着，视线却停留在这群人身上，"我40

岁的时候,可千万别在一个破烂俱乐部里,除非我租借那个混蛋地方,就是说,要来也是为我自己。"她大笑,并补充说:"我只是希望我不要在40岁时还在俱乐部里,作为经验法则,理应如此。"

纵使女孩自身对老龄化双重标准是持批判态度的,她们也事实上成了这一观点的支持者。20岁的时尚行业实习生埃莉诺说,她如此喜欢纽约的这些场景,但仅仅10年后,她就不会像现在一样受到欢迎。她认为这是不公平的:

怎么说呢,就好像40岁、50岁了,还在俱乐部里是不正常的。你永远不会看到一个50岁的女孩。你也不会看到有30岁的女孩进来。我其实很惊讶,年长的男人可以做所有这些事情,但年长的女人却不能……我想很多人不过是得益于他们的钱。他们利用自己在夜生活及其他方面的地位,得到他们年轻时可能一直幻想的年轻姑娘。这真混蛋。这很不正常。

女孩们显然意识到女人将会面临严苛的评判,便不希望这样的外出生活持续太久。埃莉诺和其他女孩提出,到了30多岁,她们就不会再来这些地方了。她们不想到头来像个失败的女人,比如像"某人的母亲"或"绝望的失败者"。

即使有钱支付卡座、有人脉甚至有文化资本,女人仍会因为没有恰当的身体资本而被拒之门外。这令我采访的几位男性客户感到沮丧,他们无法与女性"路人"朋友和同事同进俱乐部。33岁的对冲基金助理马克斯讲述起他和金融圈的一位女性一起去俱乐部的情形,而她是同去的人中唯一的女性:他们的团队想定一个卡座,可是门卫却不想让这位女性进门。虽然她长得漂亮还比较年轻,但她的身高达不到俱乐部的标准。马克斯解释道:"你知道吗,她当时穿着那么高的高跟鞋,但门卫还在刁难我们。我们只不过想订个卡座,他们却说,'抱歉,她不能进来'。我们就这样拉扯了很久。我心里都为她难受。因为作为一个漂亮女孩,她人生中从没被这样对待过,你知道吗。最后我们还是全都入场了,但这段经历真的非常尴尬。"

所以,女人面临的后果显而易见:实际上,她们无法出现在可以促进男性同事事业的场所。比如,马克斯就通过俱乐部来加强和投资人之间的感情。他说:

> 跟客户增进感情的一个最好方法就是,怎么说呢,一起跟女孩调情。就像年纪大一些的男人钟爱高尔夫一样,年轻的男人喜欢这个……如果你跟一个生意伙伴一起外出,去见女人或是和女孩们一起参加派对——女人是我们共同喜欢谈论的事情之一,这就像一种跟进客户的方式……很多生意都是在这种经历中获得的。我发现,这对于我们企业中的一些女性来说,已经是一个难题了。

在重视青春和美貌的性别等级制度中,女性处于劣势。她们面临的不仅是被排除在派对圈子之外,还有可能被排除在商界之外。[35] 在 VIP 世界中,女人基本上没有任何受到认可的资本。在那里,价值是由女孩的美貌来定义的。

女孩资本

人们可能会认为,面对即将关闭的机会窗口,女孩会在成为女人之前力图将自己的资本变现。在《钻石是女孩最好的朋友》这首歌里,这种熟悉的文化逻辑体现得淋漓尽致。这首歌俏皮地讲述了女人的美貌及由此得到男人的经济保障之间的痛苦而短暂的交易,以及这两种资产在时间设计上的不匹配:

男人总不可靠,就像女人会变老一样,
直到有天,两者都魅力不复。
但无论方形还是梨形,
这些石头从不变形。
钻石才是女孩最好的朋友。

以此来看,女孩们不应该有些心计吗?

我的确遇到过几个像经纪人和客户那样煞费苦心钻营人脉的女孩。比如,一个25岁的模特讲述了她如何通过俱乐部的人脉在金融领域找到了实习的经历。另一个时尚行业的"模特优选",则在米特帕金区通过俱乐部举办的早午餐派对建立了宝贵的社交网络,并正在开创一家礼宾公司。"我所有的人脉都来自那些派对。"她说。最后,我遇到了一位前模特,她正在推出美容与生活方式网站。她正从这类地方策略性地寻找那些可能有助于她的商机。她解释说,当她外出时,她希望能结识一些与她的业务相关的人。"作为一个漂亮的女孩，我知道我能为我的事业争取更多的机会，"她对我说，"我知道游戏是什么以及怎么玩。"我和经纪人德雷一起时，听到过很多次类似的话。

然而，大多数女孩并没有像男性那样有策略地培养社会资本，通常也没有计划如何利用人脉关系获利。一些女孩对在VIP俱乐部找到具体机会这种事表示怀疑，至少不会比免费餐饮和乐趣体验来得容易。[36] 26岁的比阿特丽斯从伦敦的一所艺术大学毕业，现在是一名兼职模特，白天还从事公共关系方面的自由职业。她认为，在俱乐部找到求职信息不太可能，至少不是她想要的那类工作。可以肯定的是，在那里，她无法找到一个能够长久交往的男朋友。她说：

> 那儿更像是个和朋友一起找乐子的地方。怎么说呢，我的目标在那里出现，也在那里结束。当然不是说，我永远不可能，比如，在俱乐部遇上那个我真心想要在一起的人。我也不觉得我真的能在俱乐部那样的关系网中找到工作……在这种环境里，不太会遇到我能给对方打电话问："所以，你知道有人在招公关助理吗？"怎么可能会有？

比阿特丽斯有一种直觉，在VIP俱乐部中，女孩有价值，而这绝不是她们的商业潜力。尽管女孩会在晚上遇到重要人物，但相比于客户甚至经纪人，她们在利用社会资本方面处于弱势。

然而，在VIP世界中，女孩有很多机会获得文化资本，这些资本能使她们在未来受益。对于她们这样没有正规教育背景或上流社会教养的女孩（以及经纪人）来说，VIP夜生活为她们打开了一扇后门来了解全球精英阶层的国际化品位。[37]女孩有很多渠道熟悉精英文化：与MBA毕业生交谈，听取他们的书籍、影视推荐，乘坐私人飞机旅行，认识高端品牌、美食和葡萄酒。通过前往异国风情的目的地和精英飞地，女孩认识到全球化及与世界各地的人们轻松相处的重要性。在一场又一场晚宴里，你可以看到文化资本的传递。比如，德雷例行性复述着他与各行各业大亨之间有关技术和政治的私人谈话，还邀请他卡座中的女孩一起讨论这些复杂话题。有一次，28岁的简明白了与欧洲人一起用餐时左手拿叉的重要性。之后，她立刻采用了这种进食方式。芮芭则学到了上流社会的化妆风格，毕竟"这里一切都围绕着模特文化，你会发现那些模特并不化浓妆，她们会因自然美受到赞美"。对女孩而言，熟悉精英消费文化会潜移默化地助力她们日后的恋爱与职业生涯。正如25岁的模特佩特拉说的那样："如果你会动脑筋，多认识些有工作经验又有钱的人，是极好的事。"

这也是芮芭所相信的。这位哥伦比亚大学的毕业生如今从事广告工作。与经纪人外出的这些年，她遇到了许多非常成功的男人，包括政治家、对冲基金经理、风险投资家：

> 在我遇到过的人里，很多让我惊为天人！我还能指望在其他什么地方认识这样的人？真的是很酷的机会……在这些很棒的交谈里，你了解了他们从事的行业、学到些风险投资或政治

之类的事情。所以我把它看作一种受教育的体验……不然，我怎么可能和一个创立过风险投资公司或其他一些人交谈？我是绝对无法在下东区的什么小酒吧遇到这些人的，不能就是不能。

芮芭并不像其他经纪人或客户一样，试图把这些人脉变现，但她的确看到了他们于她职业发展道路的潜在价值："或许有一天，当我资历更深些，这些人脉关系就会产生影响。我甚至无法想象它不会出现。我认为，大部分高层人员最终都会以某种方式进入这些圈子，不是在俱乐部，也会在晚宴上。这是一个很小的社交圈子。"

然而，对于绝大部分女孩而言，她们口中的从社会交往中获益，往往模糊地暗指能够认识成功的男人。当我问起21岁的模特蕾妮是否找到什么拓展人脉的机会时，她回答："哦！当然，当然啦！因为你会认识新人。谁知道呢，其他人或其他任何东西，甚至一开始只是些小事……"她开始讨论起她和朋友碰见名人的次数，尽管她描述的相遇都很短暂或与性相关。

类似地，来自伦敦的模特和电影演员潘妮经常在纽约夜出。她解释道："是的，我遇到过电影导演（和）类似的人。如果你认识他们并还能保持联系，这就是件对你有益的事。"

"不过，这真的奏效吗？"我问。

"你怎么知道，万一呢。"

我的确不能说潘妮是错的。的确，你永远不知道一个夜晚能将你带向哪里，或让你遇见谁。但除了短暂的浪漫联系，它似乎很少能带来其他东西。女孩可能一直是活动的中心，但在男人强大的人际网络上,她们只处于边缘。

因此,就身体资本而言,女孩的确拥有强大的资产,甚至可以带她们进入 VIP 世界。然而,这种形式带给男人的价值却远远大于女孩。对他们来说,女孩成了一种有价值的货币,一种我们可以称之为"女孩资本"的资源。[38] 有了女孩资本,房地产中介乔纳斯能与执行主管们共舞,经纪人德雷能与亿万富翁们共餐。像唐纳德那样的客户,则利用女孩资本获得了梦寐以求的派对邀请,并有机会促成扩大产值的生意。有了女孩资本的加持,经纪人桑托斯可以在戛纳创造平等的娱乐环境,使出身贫困、没受过教育的经纪人自在地与富人共享舞池。然而,大部分情况下,女孩被排除在这些福利之外。一旦女孩想要争取一些利益,无论是经济支持还是礼物,就会被视为揩油者、有心计的人。更可怕的是,女孩的身体资本随着她们的年龄增长而贬值,男人却可以永远更新女孩资本的供应,将这座城市里新一批年轻女性轻松地招募到这个迷人却极不平等的世界中。美貌看似是女人通向成功的捷径,实际上,美貌在男人手中发挥的作用比在女人自己手中要更大。[39]

在马克思主义学说里,一个人拥有资本化他人的不平等能力,是典型的阶级剥削。男人从女孩资本中榨取的剩余价值,很大程度上是看不见的。人们太习惯于默认,女孩在俱乐部是休闲享乐而不是工作——一如女性在家庭中的照护、生育等其他形式的劳动。[40] 女性的劳动往往被遮盖住了,以至于人们很难将她们在俱乐部的活动视为工作。[41] 推波助澜加深这层误解的是,女人因女孩身份所体验到的诸多乐趣。

交易及其乐趣

成为男人渴望的对象,并夜复一夜地展示给众人,这或许非常具有诱惑性和愉悦性。对卡蒂娅来说,这很有趣。

这位 20 岁的乌克兰模特和我一起,跟着经纪人桑托斯在迈阿密。回到纽约后,我再次采访了她。在苏活区的人行道旁的一家咖啡店,我们喝着卡布奇诺,谈论起一起夜出的不同夜晚。我问起她对那些经纪人有何看法。他们还周期性地给她发短信,邀她外出、带她午餐、分享大麻,以及,希望能带她夜出。甚至俱乐部老板都会给她打电话。仅在我们聊天的一个小时里,她手机短信振动不断。(在意料之内,其间一个男性路人走过来,打断我们,赞扬了她的美貌。)在纽约,卡蒂娅几乎每晚上都会夜出。对此,她的解释十分简单:

我就是想找乐子,你知道的。我不在乎其他人,像谁是客户之类。我就只想见我的朋友而已。

卡蒂娅并不觉得跟他人发生性关系会有压力,比如当俱乐部里有男人抓住她并试图亲吻时——正像几天前一位有名的俱乐部老板对她所做的事——她只是把他推开,若无其事地继续参加派对。如果对方是她喜欢的男人,"那没关系啊,你懂的"。她自由地与任何她认为有魅力的男人发生性关系,其中包括经纪人。她尤其喜欢跟男模亲热。她不再跟经纪人桑普森外出的一个原因，就是他身边没有足够多的"模特男孩"让她提起兴趣："跟一群你不认识的女孩待在一起，真的无趣极了。"

虽然在迈阿密的时候，我煞费苦心地努力，以符合经纪人桑托斯对美丽随从们的要求，卡蒂娅却从不把外出当成工作。用她的话来说："我不在乎。如果我不喜欢那个俱乐部或那儿的人，我想走就走。"

然而，从实际上来看，这并不太现实。比如在迈阿密，桑托斯坚持要求她在俱乐部里必须穿高跟鞋。"我外出的时候，他从不让我穿运动鞋，必须穿高跟鞋。我讨厌穿着高跟鞋跳舞。那样我无法尽情享乐，因为我得一直想着'啊，我的脚'或'我要摔倒了'。"在迈阿密的时候，卡蒂娅在俱乐部无聊时可不容易想走就走。她在手机壳的背面插了一张信用卡，以备不时之需。只不过卡里没有多少钱，她还要靠经纪人周转。面对种种限制，她尽量从场景中汲取她能得到的一切，包括与桑托斯发生关系、在海滩上抽他的大麻、在高档餐厅用餐，以及激动地期待夜晚将会带来的经历。最后，她对在迈阿密参加派对的那几周给出的评价是："太棒了，不是吗？"

很难说卡蒂娅是否注意或是否介意她在时间和行动上的受限。也许她就是简单、纯粹地喜欢派对，因为这是她获得自己想要的东西的最佳方式。[42]

由于默许了这些条款，卡蒂娅身体力行地支持了这一极不平等的制度：女孩在男性设立的规则下周旋于男性之间，产生着以金钱、人脉、地位为形式的剩余价值。1975 年，人类学家盖尔·鲁宾（Gayle Rubin）在她如今名声大噪的论文中，将这种制度称为"女性交易"。鲁宾试图破解20世纪后期女性主义辩论中的性别不平等之谜：为什么地球上几乎每个社会的女性都从属于男性？[43] 为了找到答案，鲁宾重新浏览有关部落血缘关系的经典人类学研究。她发现：男性权力的核心正是对女性的循环利用。男人把自己的女儿和姐妹嫁给其他族群的男人，以此使男权宗族结成同盟，积累权力与财富。[44] 鲁宾讨论道，女人是男人权力的管道，因为男人控制着这个把女人当作礼物一样循环的交换系统。然而，女人却在很大程度上从因她们的交换而产生出的价值中被隔离出来。

虽然鲁宾所描述的性奴与人口贩卖发生在妇女零能动性、零行动自由的年代，她的分析却有效地描述了如今双方许可下的贩卖系统。在相当一部分男性主导的产业里，女性的美貌会为男人带来回报。在美国和亚洲一些地区的金融行业，性工作者的肉体帮助金融家们促成商业交易。[45] 在亚特兰大，嘻哈产业里的最新曲目常会在脱衣舞俱乐部里播放。在那里，女舞者的活力可以带火一整首歌，进一步巩固这个男性控制的行业。[46] 整个服务行业更是如此，从亚洲一些地区的酒店到美国中部的"猫头鹰餐厅"，女性的身体通过战略性配置，被用来吸引男客户。社会学家韩爱梅（Amy Hanser）写道，女性在服务业中承担了"认可工作"：她们抚慰了客户的自尊心，帮助他们看到自己的特别之处。[47] 由此产生的利益继续不成比例地倾斜、累积在男性身上。[48] 甚至早在大学期间，女性的美貌就用来提升校园里兄弟会的形象。最好的兄弟会有着最富裕、最有权势和最成功的男孩。为了招募新成员,兄弟会力图让漂亮女孩出现在派对上,有时称之为"小姐妹"或"抢手女孩"。凭借女孩的作用,兄弟会累积了制度性权力与威望,女孩们却只得到了免费的啤酒。[49]

鲁宾从不认为女性交易仅是前现代社会的遗物,或有可能在发达的资本主义社会中消亡。相反,她大胆预测:"这些做法远非局限于'原始'世界中。在更'文明'的社会里,它们似乎只会变得更加显著和商业化。"[50]只要资源可以不成比例地集中积累在男性手中,女性交易就会蓬勃发展。那么最要害的问题是,为什么女性会自愿同意受到剥削?

在我所研究的VIP世界中,女孩们从在男人间周旋获得了很多实际的好处,比如免费的吃、住、行。此外,还有人际关系上的好处,比如有机会融入一个新城市的朋友圈。当然,女孩们也可以体验到充满诱惑力的感官享乐。

其中,有些享乐是直接的。比如,卡蒂娅沉迷于快感,喜欢与英俊的男人发生关系。还有些女孩沉迷于跳舞:我遇到的一个酷爱跳舞的女孩,为了能在舞池尽情摇摆,还在裙下穿了"舞蹈裤"。对于一些人来说,俱乐部为其提供了生活之余短暂隔绝的感官休假。在一个典型的漫长工作日的午休时间,我约见了穿着一身商务正装的芮芭。她表示:"我全天都在工作,能有机会打扮、外出对我来说好极了。因为这样我就能扮成不同角色。"在与佩特拉分手后的一小段时间内,她一周夜出三次,因为能在俱乐部找到慰藉:"那算是刻骨铭心的心碎经历……而派对生活是我想要的,去了然后做你自己。俱乐部给了你这些。"

VIP世界带来的其他兴奋很难解释清楚，因为这关乎享乐的讨论乍一看是与女性赋权观念不一致的事。比如，法国女孩蕾拉，这位26岁的MBA毕业生，开始与经纪人特里弗、桑托斯和马尔科姆一起在曼哈顿外出。她惊喜地发现，仅仅依靠外表，所有这些大门就会为她打开。得到这些免费的晚餐、酒水及VIP待遇，都违背了她"内心深处的道德原则"，即她对女性经济独立的信念。她自己并不是一个"非常典型的女性主义者"，但她坚信女性和男性应享有平等的权利和机会，且女性应被重视的理由远不止于身体。

然而蕾拉还是无法抗拒VIP场所的诱惑，尽管她曾经如此批判它。正如她所说的，这个排外的世界，邀请女性来做欲望的客体，而非主体。[51]"它太让人大喜过望了，"她说起那个邀请，"太他妈的让人大喜过望了。"她对自己说："好吧，我可以利用它。"蕾拉不是在玩利用外表将利益最大化的游戏——她不是一个付费女孩，她希望能明确这一点。只不过，VIP场所为她开启了一个充满乐趣和刺激体验的世界，同时让她感受到了成为其中一员的荣幸。

那么，我们到底应如何看待女孩和男人所享受的这些乐趣？

一篇网站（Buzzfeed）上的文章讽刺媒体对纽约"最热门俱乐部"1 OAK的报道说，想要进入VIP俱乐部的女性听起来就像是一群无知的半裸马屁精，她们渴望通过进入俱乐部，以证明自己足够漂亮。[52]她们会做各种愚蠢的事情，比如穿着不实用的鞋子，双手举在空中跳舞以显得身材苗条。在这篇文章的结尾,作者总结道,女性应该记住,俱乐部只关注男性的享乐和女性的物化。

此处的关键在于,理论层面对女孩们拥有快乐时光所感到的不安。许多关于性别研究的流行观点和学术思想,都依赖于对女性的结构性物化和女性的主观愉悦感受之间做的概念性区分,好像只有男人才能在男性凝视中体验到权力与享受。而这一分析忽略了物化本身如何带来愉悦和赋权女性的——尤其是被富人所物化时。

受邀成为富人欲望的对象,实际上有一种不可思议的诱惑力。这一点,从女孩们讲述自己目睹身边炫富场面时所流露的震撼就可见一斑。比如,在纽约时,卡蒂娅曾去过一位成功的俱乐部老板的公寓。她用敬畏的语气描述着:

> 我在白天的时候去过他住的地方。我的天啊——那是我在纽约见过最漂亮的地方!那里很大,肯定很贵;好像是在五十几层,所以景致好极了。真的,好极了。我当时的反应就是:哇——

其他女孩也讲述了类似被炫富所打动的故事。芮芭提到,在她去自己 25 岁生日派对的路上,为了那晚,一位经纪人开了辆保时捷来接她。女孩享用到精致的食物、葡萄酒及高端旅游胜地;她们结识名人,参加备受瞩目的活动。就这样,她们得到了被排除在社会和经济权力之外的女性通常靠自己无法获得的东西。[53]

前模特诺拉过去常跟经纪人德雷一同外出。她阐释了这些诱惑与矛盾：

我想整件事情就是这样——从某种意义上讲，我不想别人以貌取人；但从另一层面来看，我又庆幸自己拥有美貌——借此见识所有这些，拥有这个机会，那是他人通常情况下难以获得的。你最终就会感到自己是精英阶层中的一员。我知道这听起来蠢极了，但是……既能跟朋友们一起出去玩，还有人告诉你"你太美了"，而不用为此付任何东西。

踏入VIP场所能令人兴奋的部分原因，是这个通道的排他性。用诺拉的话来说，"他人通常情况下难以获得的"。时尚业的实习生埃莉诺如此解释："我就是爱整个纽约的氛围。我爱这种气氛，爱这种排他性。"排他性——这才是这份快感的核心。比起那些无法接近精英男性的女性，女孩们享受这种"自己更有价值"的感觉。

直到那一次跟经纪人恩里科夜出，我才终于理解了女性的愉悦、被物化和等级制度间的相互关系。我和我的老朋友、前模特安娜一起接受了恩里科及他富有的西班牙客户的邀约。喝了几轮酒，开始在沙发上狂欢跳舞。这时，恩里科的一位客户走近安娜，在嘈杂的音乐声中对着她的耳朵说话。正当他靠过来时，他手中的酒全部倾洒在我的裙子上，而他竟然丝毫没有察觉。的确，我曾多次在俱乐部和餐厅的饭局上见过恩里科的这些客户，只是他们很少注意到我。此刻，那个客户正把手放在安娜的脸上，拇指按在她耳边，脸贴近她的脸，对她说："你真的很美，美到可以做我的朋友。"

我知道这一点是因为之后不久安娜就告诉了我。如此傲慢的言论令我们禁不住哈哈大笑。不过，我们没有讨论到他的言论会在安娜与我之间划出那笔必然的分别，即安娜的价值高到能够成为有钱男人们伙伴中的一员，而我则不露痕迹地被排斥和贬低。

受到有钱有势的男性凝视，是一件既令人兴奋又令人神往的事，尤其当这些VIP男性的凝视可以在女性中间制造地位差异时。可以说，女性走进VIP场所的一个强大驱动力，正是深知其他女性不得入内。部分乐趣在于，加入了一个排斥和贬低他人的世界。因此，女性通过获得准入权，换取自己作为VIP世界的女孩的从属地位，就此达成了男性支配的协议。[54]

在所谓的后女性主义世界中，都认为平等与个体权利及权限休戚相关。但是，赋权却从来不是一项个体活动。男人通过赋权女孩获得了快乐，女孩在这一过程中成为男人欲望的对象，由此在女性中产生等级制度。而这些女性则根据男性对其价值的看法被列入一个价值体系。每当有女性靠自身美貌拥有特权时，更多女性会贬值。无论在女人和女孩间，还是在男性和女性间，不平等都在加剧。然而真相是，那些自认为美丽到足以成为全世界最高级派对中心的女孩，在这里仍然是局外人——她们永远只能与集中在男人手中真正的权力毗邻。

这一套有组织性的把戏，由俱乐部经理精心策划、经纪人直接控制，其目的是让女孩同意这些条款，而不易察觉其本质实为剥削。

注 释

1 Dolgon 2005, p. 1–13.
2 虽然人们经常把汉普顿人与经济精英联系在一起，但事实上，这些村镇是工人阶级居民和劳工移民的混合体。在历史上，这片土地一直深陷印第安原住民和白人新来者之间的阶层和种族斗争。然而，社会学家科里·多尔贡（Corey Dolgon, 2005）所描述的阶层、移民和种族多样性，在上流社会的游客和兼职居民中相对来说是看不到的。
3 男性的主导地位渗透到 VIP 俱乐部文化的各个方面，他们的名声类似于那些臭名昭著的拾荒者，包括将女性视为被征服的猎物或被收集的物品的方式。事实上，有两位客户推荐我读尼尔·施特劳斯（Neil Strauss）2005 年的书——《把妹达人：那些坏小子教我的事》（The Game: Penetrating The Secret Society of Pickup Artists）。这本书解释了如何挑选女性，该书因其对女性的掠夺和非人性做法而广受批评。一位客户将他与女性交谈的风格描述为使用"绝地控心术"。另一位客户称赞了《一些女孩：我在后宫的生活》（Some Girls: My Life in a Harem）这本书，并从中获得了经验。该书是吉莉安·劳伦（Jillian Lauren）在文莱王子后宫生活的回忆录以及文莱王子关注和抛弃女孩的心理游戏。随后是德雷，他声称为了"打破"她们的信心而忽略了特定的女孩，这样她们就更容易和他发生性关系。

这些谈话中的大部分都是例行谈话，更像是"观察和狩猎女孩"。观察是男性评价女性容貌的普遍仪式（Quinn 2002），而狩猎是为了勾搭女性，而去追求她们——男性共有的套路（Grazian 2007a）。然而，我在"市中心"的实践中观察到，在德雷的案例中，他实际上是如何为了激发女性的兴趣而忽视特定女性的。但谈话和仪式对社会秩序有着深远的意义。社会学家格拉齐安研究了大学生在费城的夜生活经历，他观察到，"狩猎女孩"看起来像是男人为了获得性行为而做出的努力，而事实上，这是一种男性间的社交仪式——男大学生一起玩耍，以提高自己的男性气质的社交仪式

（2007a，p. 224）。同样，社会学家贝丝·奎恩（Beth Quinn, 2002）认为，观察女孩是男性的一种性别游戏。这种操作充分体现了男性的身份，并以对女性一方缺乏同理心为前提。

在 VIP 世界里，女孩们加强了男性的霸权气概，即要成为一个强大的、情感经验丰富的、有统治力的男人（另见 Spradley and Mann 1974，关于鸡尾酒女招待的经典研究）。男子气概从来不是一种静态的身份，而是必须不断地被重新塑造（Connell 1995）。女孩为男性提供了展示自己的统治力和男子气概的舞台。即使不与女孩发生性关系、不与女孩交谈，男性也会表现出对女性的支配。男性的男同伴是性别声誉和同伴地位的竞技游戏的目标受众，是情境支配的公开展示，也是产生某种男性气质和表现异性恋欲望的手段（Bird 1996）。

4　Goffman 1967，149–280. 俱乐部和酒吧被严重性别化，社会学家称之为"性别市场"（例如，Grazian 2007b, p. 142; Laumann et al. 2004）。

5　在亚洲市场，性工作与交易密切相关。女招待和 KTV 俱乐部帮助男性建立联系，即象征性债务、信用、声誉以及最终达成商业协议的联系（Osburg 2013）。社会学家金伯利·凯·黄（Hoang 2015）发现，在胡志明市，女招待俱乐部的性工作者的美貌是越南男性向投资者推销的核心。人类学家安妮·艾里森（Anne Allison, 1994）指出，在 20 世纪 80 年代的日本，女招待俱乐部对于提升公司工薪阶层的男性身份和士气，以及维护男性控制的资本主义体系至关重要。关于绅士俱乐部在促成商业交易中的作用，请参见 Llewellyn Smith 2006；关于学术性处理，请参见 Mobley and Humphreys 2006。

6　美国记者和杂志编辑 H. L. 门肯（H. L. Mencken，1919, p. 72）在论述凡勃伦的《有闲阶级论》一书时问道："比起保姆，我更喜欢吻一个漂亮的女孩。这是因为即使是看门人也可能会亲吻一个美女吗？还是因为漂亮的女孩看起来、闻起来或是吻起来更好？"但门肯的批评指出了从行为中洞察动机和意义的挑战：人们对自己喜欢的东西有各种各样但是又说不清楚的原因。

7　布鲁克·哈林顿（Brooke Harrington, 2016, pp. 92–105）在对财富管理者的研究中发现了类似的关切，即在精英社会世界中所投射出的归属感。

8　Bogardus 1933.

9　Elberse 2014.

10 Weinbaum et al. 2008, p. 9.

11 Gebhart 1929.

12 尽管一位名叫加格林（Gagelin）的服装师被认为是第一个雇用室内人体模特的人，这些模特在场地内走动的前提是必须穿着加格林所设计的沙龙造型披肩，但查尔斯·弗雷德里克·沃斯（Charles Frederic Worth）增加了可供客户试穿服装的室内人体模特的数量（C. Evans 2001）。

13 Latham 2000; Sanders 2006.

14 1923 年，当约翰·罗伯特·鲍尔斯（John Robert Powers）在纽约开设第一家模特经纪公司时，他用巧妙的营销手段驾驭了这种矛盾心理。他的模特被称为"有力量的女孩"（Powers Girls）。这些女孩必须遵守严格的职业标准，比如在公共场合不喝酒，她们用统一的礼盒盛装化妆品和配饰，这是精干女性的标志（De Marly 1980; Entwistle and Wissinger 2012, p. 140）。

15 同样，在大学校园里，女性在"好"和"不检点"之间被划分出了象征性的界限，人们认为这一界限的划分主要是性行为。事实上，这一界限很大程度上取决于女性的阶层地位和相关的地位群体。在一项为期五年的中西部公立大学的女大学生研究中，社会学家发现，尽管上流社会女性有更多的性伴侣，但是工人阶级和贫困的女大学生仍被视为"放荡"，因为她们缺乏上流社会女性特质的标志，例如，她们缺乏合适的衣服和妆容。（Armstrong et al. 2014）

16 在我采访的 20 名女孩中，有 12 名女孩从事专业工作或在大学学习，其余 8 名女孩是模特或兼职零售员工，正在寻找模特经纪公司。

17 与人们普遍认为"拥有美貌的女性可以攀高枝"的观点相反，上流社会的男性还是倾向于和同样享有特权的女性结婚。自 20 世纪 80 年代以来，丈夫和妻子的收入已经趋同，高收入男性与同样高收入的女性越来越多地结成伴侣（Graf and Schwartz 2010; Schwartz 2010）。关于择偶匹配中的同类婚的人口学研究，请参见 Mare 2016。

18 在我采访的 20 位客户中，除了 4 位客户，其他人都表示，他们不希望与在 VIP 俱乐部遇到的女孩建立长期关系，尽管他们中的一半实际上与那些女孩约会过。

19 Horo witz 2016. 2011 年，时任多米尼加常驻联合国大使的保罗·赞波利（Paolo Zampoli）在"挑衅者"俱乐部举办了备受瞩目的生日派对，出席派

对的有名人、大亨和阿拉伯皇室成员。(Zampolli 2011)

20 引述自 Lee 2015。

21 无论女性的实际阶级地位如何,评估其美德和潜力的核心点是其在社会地位上的表现。也就是说,人们对女性阶层的认知标志是其举止和文化资本。这些资本引导男性判断她是否具有优越的道德、举止和资源。关于阶层与被察觉到的女性美德之间的紧密联系,见 Bettie 2003。

22 关于将圣特罗佩转变为全球精英的季节性游乐场,请参见 Bruno and Salle 2018。

23 雷切尔·乌奇特尔(Rachel Uchitel)是为老虎伍兹服务而闻名的俱乐部女招待。她的经历宣扬了在高档俱乐部工作的女性的性需求。见 Taddeo 2010。

24 关于鸡尾酒女服务员性感化,见 Spradley and Mann 1974。此外,非白种人的身体、性感的身躯以及被察觉到的可获得性行为之间存在着象征性的联系,例如,非白人女性被认为更具性异国情调(Mears 2010)。

25 Conti 2014.

26 在世界历史上的大部分时间里,男人和女人结婚仅仅是出于经济原因,并且大多数情况下,婚姻的结合取决于男人对妻子的明确赡养能力。有时,这种契约义务是明确的,比如男性向女方的父母支付彩礼来拴牢他的妻子。婚姻总是一种经济安排,虽然这可能导致了后来的爱情,但爱情并不是它的先决条件(Coontz 2005, pp. 15 - 23)。女性结婚主要是出于经济原因,与新兴的"纯粹"关系的理想背道而驰,这种理想并未受到经济利益的破坏(Illouz 2007)。在 20 世纪的过程中,理想化的亲密关系是那些植根于平等、开放交流和性快感的关系,而工具性的匹配则会被诋毁为不真实的关系——这个范围一般指的是拜金女和那些爱摆阔的妻子。

27 20 世纪初,请客的做法在美国城市兴起,在其转变为我们所知的现代约会文化之前,记者、十字军和警察都在努力区分街头的"打工女孩"(卖身者)和"慈善女孩"——接受男性款待以换取亲密关系的年轻女性。"慈善女孩"在道德上不同于卖身者,因为她们不拿钱,但她们会受到性不道德的批评,因为她们利用了亲密关系或潜在的性不道德。1913 年,纽约市警察局记载了对一家受欢迎的工人阶级俱乐部的调查,该俱乐部的女性被认定为"近似卖身"或"正在卖身"和"职业卖身",所有类型的女性都以各种方式获得了亲密关系的补偿(Clemens 2006, p. 1)。

学者们现在将"请客"和甜蜜关系描述为"补偿约会",这是一种以性行为换取物质补偿的做法(Swader et al. 2013)。有多种方式来理解交易性行为,这取决于当地的文化背景和女性的结构限制。在许多社会中,交易性行为是求爱和女性经济生存的常规部分。例如,为了获得性而送出的礼物在当今马拉维很普遍(Poulin 2007)。

28　Parreñas 2011.

29　给女性贴上"好女孩"或"派对女孩"的标签,反映了一种社会地位排名制度。正如伊丽莎白·阿姆斯特朗(Elizabeth Armstrong)和劳拉·汉密尔顿(Laura Hamilton)(2015)在对大学女性的研究中所讨论的,男性通过奖励特定的女性气质,在建立女性排名方面发挥着关键作用。她们指出,女性也会对彼此进行性的评价和排名。因此,女性气质从来都不是男性气质的派生品,女性也不会被动地接受男性确定的标准。另请参见 Waller 1937,了解基本陈述。

30　Hakim 2010.

31　Bourdieu 1984, p. 193. 虽然这样的婚姻意味着交换——男人的金钱换取女人的美貌。但事实上,婚姻可能基于其他匹配逻辑。例如,在过去的研究中,人们忽视了男性容貌和女性成功的重要性(McClintock 2014)。在20世纪中叶之前,通常情况是人们在他们所属的阶层(他们出身的阶层)内,相同的地理位置联姻,同时优先考虑经济敏感性而非对浪漫的敏感性(Coontz 2005, pp. 15 – 23)。

32　Mare 2016; Schwartz 2010.

33　葆拉·英格兰(Paula England)和伊丽莎白·麦克林托克(Elizabeth McClintock)(2009, p. 814)发现,无论是初次婚姻还是再婚,男性结婚时年龄越大,他们与新娘的年龄差也就越大。作者认为,由于审美标准偏向于年轻女性,因此男性结婚时年龄越大,他们越觉得年轻女性更有吸引力。从35岁开始,随着年龄的增长,女性单身的概率显著高于男性(p. 807)。

34　Sontag 1972.

35　这表明,俱乐部虽然是男性经纪人和客户的机会来源,但并不能提供进入商业网络的途径。有据可查的是,女性和有色人种被排除在强大的金融商业圈之外(参见,例如 Ho 2009; Roth 2006)。尤其是对冲基金,这种基金通过家族网络强调社交和忠诚度,把女性和非白人种族排除在外(Tobias

2018）。

36 虽然作为一个女孩参加 VIP 俱乐部现场会很有趣，但与战略集团等俱乐部公司创造的巨额可替代资本相比，这些兴奋感是廉价的。

37 在布迪厄（Bourdieu 1984, p. 328）的术语中，夜生活提供了一种文化资本的"异端获取模式"（heretical mode of acquisition），也就是说，夜生活让来自下层社会背景的人接触到上层社会生活方式的某些方面。但是，由于"未经认证的文化资本"是从精英休闲空间的经验中获得的，而不是通过精英机构真正培养出来的，这可能会产生脱节或不可预测的品位，而真正的精英可能永远认为这些品位是非法的。关于未经认证的文化资本，请参见对房地产经纪人的研究（Lise Bernard, 2012），他们也来自不同的社会背景，但更为准确地熟悉上流社会买家及其品位。

38 自从布迪厄（Bourdieu 1986）将资本的概念扩展到人力资本之外，以解释平等阶层的文化基础之后，新的文化资本概念便大量涌现。一些是对世界变化的反映，因此也是文化资本的新兴形式，如不断变化的阶层结构（Prieur and Savage 2013）。而另一些是为了理解某些特定领域而做出的努力，如性别资本（Martin and George 2006）。或者是从美学（Anderson et al. 2010）、身体（Wacquant 1995）和生理资本（Shilling 2012）等领域，探索身体在承载资本形式中的作用。马克思对资本积累的关注集中在所有者和价值的不平等提取上，但在社会学对资本形式的积累（Neveu 2013）相关论述中，对占有和所有权的关注不够。VIP 俱乐部场景的例子说明了在资本研究中重视占有问题的价值：在这里，男性和女性从女性的象征性资本（简称"女孩资本"）中不平等地获利。男人利用女孩资本在一个专属的商人世界中创造地位和社会联系，但女孩很难在同样程度上利用自己的身体资本。

39 使用性吸引力和"色情资本"实际上可能会加剧女性被男性领域排斥的程度，而男性领域往往更具权威性、地位更高、收入更高。例如，海蒂·戈特弗里德（Heidi Gottfried）在对临时工公司的研究中发现，占据第一位的身体要素，使女性适合担任一线员工，但这也减少了她们担任管理职位的机会（2013）。我在这里的发现表明，对性美德的认知是另一种方式——机会对使用"色情资本"的女性不会敞开方便之门。

而凯瑟琳·哈基姆（Catherine Hakim, 2011）将美作为一种资本的形式，即个人必须自我投资。这体现了一种新自由主义哲学，但忽视了在人口中不平等地分配身体资本的系统性权力关系（对哈基姆作品的批评，见 Green 2013）。这一观点将重点放在资本作为个人资产和个人成果上，包含了自我投资的必要性。这种投资被认为会产生更好的"婚姻市场"，这是新古典经济学家人力资本理论的典范。然而，这些论点依赖于一个假设：人的有形资本主要价值在于资本持有者自己。在 VIP 俱乐部中，鉴于对"战略女性"（巧妙地把女性放在最有用或者最有效果的位置，以产生价值）的文化惩罚，女性的美貌在男性手中比在女性手中更有价值。通过考虑占有和所有权，社会学家可以从资本作为个人优势的分析，转向考虑权力关系体系如何使身体资本实现价值积累（这种身体资本无法由所有者自己支配），更多相关论述见 Mears 2015b。

40 马克思主义女性主义者认为，女性从事无报酬的家务劳动是一种剥削性安排，是在资本主义制度下工人再生产所必需的安排（Federici [1975] 2012）。

41 有关展示工作及其在劳动力市场（尤其是女工）的扩散的概述，请参见 Mears and Connell 2016。

42 从社会学的角度来说，我们可以把这称为女孩制定的"性别战略"，她们同意挪用自己的女性身体资本，以进入男性控制的世界。因为和卡蒂娅一样，她们信奉成为这个世界中的一部分所具有的价值和乐趣。关于希腊生活中的相似之处，以及大学女性同意被兄弟会男性所利用，请参见 Hamilton 2007。

43 Rubin (1975) 1997。

44 这里，鲁宾（Rubin [1975] 1997, pp. 34-39）借鉴了列维-斯特劳斯（Lévi-Strauss 1969）的人类学思想。

45 关于美国金融业和脱衣舞俱乐部的作用，见 Mobley and Humphreys 2006。关于亚洲市场的交易，见 Allison 1994; Hoang 2015; Osburg 2013。

46 Blair 2010。

47 Hanser 2008, 106. 另见 Otis 2011; Warhurst and Nickson 2001, 2009。

48 贝弗利·斯凯格斯（Beverley Skeggs, 2004, p. 22）认为，作为一种"符号资本"，女性是男性所占有的一种性别和阶层资源。由于男性是服务业和性行业公司的大股东和所有者，因此利润积累不成比例地向男性大量倾斜，另见 Mears and Connell 2016。有关脱衣舞行业结构性不平等的实证示例，请参阅 Sanders and Hardy 2012。

49 关于"小姐妹们",见 Martin and Hummer 1989, pp. 466–69。这种通过联谊会贩卖妇女的制度对女性来说同样有风险。社会学家伊丽莎白·阿姆斯特朗和劳拉·汉密尔顿在一项为期五年的"学校聚会"(party school)女大学生纵向研究中发现,星期五晚上,兄弟会男性会开着大型 SUV 到女子宿舍,为她们的派对提供单程乘车服务(Hamilton 2007, 153)。两位社会学家(Hamilton and Armstrong 2015)发现,加入兄弟会的工人阶级女性面临更多性歧视和学术脱轨的风险。她们在兄弟会聚会上越受欢迎,她们的经济和教育前景就越灰暗。
50 Rubin 1975(1997).
51 目标对象的选择,需要具备主体性和能动性。后结构主义的女性主义理论重新审视了先前被概念化的场所,如性工作,将其作为谈判和潜在女性赋权的空间。关于从事性工作的女性作为精明的中介的分析,请参见 Hoang 2015。
52 Odell 2013.
53 这里我借鉴了伊娃·伊洛思(Illonz 2017)对流行文化叙事中异性恋交易的分析。
54 社会学家苏珊·奥斯特兰德(Susan Ostrander, 1984)在对上流社会女性的访谈研究中描述了类似的父权交易。这些女性嫁给富有男性后,搁置了自己的事业,以照顾家庭并支持丈夫的事业。她们接受了从属性别地位,以获得相对于其他人的阶层特权。

第五章

谁是支配者

星期二，凌晨 2 点半，纽约

到了凌晨 2 点半的时候，蒂博、费利佩和尼古拉斯已经准备好前往米特帕金区两条街外的下个俱乐部。

他们凑齐 10 个女孩，全部穿着高跟鞋、紧身连衣裙或修身牛仔裤。在丽世酒店的屋顶俱乐部，女孩们一边跳舞一边享受着免费香槟。闪烁的彩灯不断洒在银色的电梯框上，使刚刚从灯光昏暗的俱乐部里蹦出来的女孩们感到头晕目眩。那段时间，碧昂丝的热门单曲《主宰世界的女孩》［*Run the World（Girls）*］一炮而红。音乐的声音震耳欲聋，连电梯间的墙壁也随之抖动。女孩们随着副歌部分不停地摇晃和律动。"谁主宰世界？女孩，女孩！"费利佩跟着唱。在最后，他加了一句："谁主宰女孩？男人，男人！"每个人都笑了。

我挤进蒂博黑色凯迪拉克后座，和另外六个女孩坐在一起，在喧闹的嘻哈歌曲中前往下一家俱乐部。途中，我看见费利佩那辆凯迪拉克飞驰而过，几条纤弱的手臂在窗户里向外挥舞，女孩们在车里大声喧嚣。费利佩猛踩了一脚刹车，汽车便像启动液压系统般跳跃，引发两辆车更狂的欢笑和呼喊。这是和蒂博在纽约夜出的一个普通的星期二。

蒂博和他的团队非常专注于招募模特。每一夜、每一周，模特越多越好。作为经纪人,他们能将 VIP 俱乐部对质量和数量的需求有机结合。

"人们以为我们的佣金是按人头结算,比如每带来一个女孩付多少。其实不是这样的,"蒂博说,"我们干这行已经很久了。关键在于我们给俱乐部增添多少风采。我们既要数量,更要质量。"

"数量和质量?"我问。

"不,是有质量的数量。我们要带更多的优质女孩,且不会停下。不是说有个规定的数额,我们就达标了。我们想要更多更多优质的女孩。"

作为一种招募策略,对"有质量的数量"的追求只是他们在时尚界玩的一场数字游戏。该团队已经精细优化了从纽约时尚界的储备中积极招募模特的方式。到了晚上,他们会特别关照每个女孩的需求,让她们尽情享受美好的时光。即使是在白天,他们也给予模特足够关心。他们的日程会围绕着女孩的社交活动来安排,比如请她们享用丰盛的午餐,开着大型 SUV 接送她们试镜。经纪人间甚至还持续着一种竞赛——本着有趣,看每晚谁能带出最好或最多的女孩。有时,一个经纪人可以带来多达 15 个模特。

"最重要的事就是带来女孩。"费利佩说道。每个经纪人队伍其实都有自己独树一帜的方法。比如,蒂博特别善于结交新朋友并邀请她们外出。到了那里。蒂博和费利佩就变身为优秀的艺人和舞者。费利佩尤其擅长维持人际关系。"我有更好的社交技巧,比如联络他人,"费利佩说,"我会以友谊之名让女孩们再次出来。"尼古拉斯则在商界拥有强大的社交网络，他总是能带来在酒上大笔消费的顾客。

如果他们其中的一个一直表现不佳，竞赛就会变得严肃起来。其他两人会谴责："发生什么了，伙计？你在滑坡！"

为了确保足够的优质女孩，他们更青睐那些真正的时装模特，因为即使一个女孩看起来和模特几乎一样，"差一星半点"就意味着她和这个群体不匹配。她很可能会怯场，并因此拉低整个团队的能量和兴致。她的出现对真正的模特来说甚至是种侮辱，模特们也不愿意把这些女孩同"良家淑女"相提并论。因此，蒂博、费利佩和尼古拉斯的人脉网主要建立在模特、可以接触模特的人（如模特经纪人和男友）或可以接触到吸引模特的事物的人身上——又名之，能够在圣巴特和戛纳这种私人飞机目的地支付奢华晚餐、机票和别墅的富有男人。如此的人脉使得经纪人变成全球 VIP 人脉网的中心，并使俱乐部受制于他们不断上涨的佣金。"他们知道，我们带来的不仅是女孩，我们带来了整个晚上的派对。他们知道，要是没有我们，他们什么也不是。"蒂博吹嘘道。

与此同时，蒂博倚仗女孩获得了声誉和利益。经纪人常对我说：没有女孩，他们也什么都不是。或许是女孩支配着 VIP 世界，但经纪人必须设法搞清如何支配女孩。

对于蒂博而言，他的方法在于精心管理自己的日常习惯和生活方式，以此尽可能多地与漂亮女孩成为朋友。在一个城市四处接送模特整整一天之后，他的团队会在傍晚 5 点左右开始给女孩们的公寓打电话，晚上 9 点左右去接她们用晚餐。晚餐期间，他们会和女孩保持交谈，让她们从午夜到凌晨都能在俱乐部感到愉悦。最后，他们会在凌晨 3 点半左右开车送她们回家。长时间的辛苦工作耗费大量体力和情绪劳动，尤其就如何与女孩和富豪打交道而言，大部分又非常微妙。"这里有很多你在圈外看不到的细微的事，你必须来到里面。"蒂博说。

经纪人成功的关键，就在于与模特界保持密切的联系。蒂博并不为街边搭讪费心——不过如果有漂亮女孩路过，他也一定会追上去做自我介绍；大部分情况下，他会竭尽所能让自己接近模特这个行业。然后，他的团队会详尽说明时尚界与夜生活经济之间惊人的相互依存的关系。蒂博和他的团队非常了解时尚界：哪里在进行面试选拔，模特工作的季节性流动模式是怎样的，以及众多国际模特到达和离开的准确日期。他们知道哪些被称为模特"预约员"的模特经纪人正在换工作，以及哪些"预约员"的生日快到了。我认识的一些模特告诉我，她们正是通过蒂博找到了经纪公司。蒂博与许多"预约员"的关系不错，还提出为他们留意新的面孔。这些人深深地扎根于纽约的巴西模特圈。21 世纪伊始，模特行业招募了大量的巴西人。经纪人也会经常带着多组模特前往里约和圣保罗参加时装周和度假。[1] 在与她们外出的一些夜晚，我观察到巴西模特能占据团体人数的三分之二。他们团队的一个竞争对手告诉我，蒂博非常敬业，为了成为更有效率的经纪人甚至自学了葡萄牙语。

"更准确地说，是他重新拾起葡萄牙语。"蒂博的女朋友妮娜补充道，毕竟他与如此多巴西朋友在一起待了这么长时间。妮娜告诫我不要相信一些关于经纪人的流言。不过她认同，蒂博的团队代表着业内的最高水平。当我在 2012 年采访她时，妮娜认为，蒂博团队的特别之处就在于他们对周围女孩的奉献程度。他们总是无一例外地称呼她们为"朋友"。

妮娜是一位美丽、活泼，来自克罗地亚的 23 岁模特。她更是一位神奇的舞者，尤其与蒂博在一起的时候：一旦两个人开始舞蹈，他们的身体就很少分开。2009 年，当她第一次来到纽约做模特时，一个女性朋友在俱乐部介绍他们认识。她很快便对蒂博团队如同老朋友般善待和关爱女孩们印象深刻。她开始定期和他们出去玩，享受夜晚无边的快乐，尤其当她和蒂博疯狂共舞时。在最初的日子，他曾好几次试图在舞池中吻她，被她拒绝了。直到一年后，她才对他产生了那种感情。那是在苏活区的一个下午，她和女友出门午餐，途中胃疼得厉害。她的朋友只能想到打给蒂博。他立刻就开着大型 SUV 过来，送她去医院。他花了一天的时间照顾患胃肠型感冒的她。之后不久，她便坠入爱河。这已经是一年半以前的事了。从此，他们二人间维系着专属恋爱：他们在西班牙和希腊度假，去巴尔干和加勒比见彼此的家人。他们在一起的一些时光也充满坎坷，其中有嫉妒、争吵和分手。的确，她不得不和许多其他漂亮女孩分享与他的相处时间，甚至不得不看着他和她们调情。大多数晚上，她都会和他一起出去，即使她不喜欢。她也试图不喝酒，因为在与一家新的模特经纪公司签约后，公司要求她减轻体重。一天下午，我问妮娜她那晚要去哪里。她自嘲地笑了笑："我看起来像是有得选吗？"也就是说，蒂博去哪儿，她就去哪儿。

尽管如此，妮娜仍然把蒂博、他的经纪人团队及他们的模特圈子称为"家人"。他们是在真正需要帮助时可以依靠的人。这件事说起来也很有趣。通过这些经纪人,她见识过不少了不起的人,还与他们一同前往私人飞机目的地,并爱上了其中一个人。

当然,妮娜也为他们带来了丰厚的金钱收益。作为经纪人的朋友,妮娜最终还成了蒂博的未婚妻,但她也免不了成为他们的经济资产。经纪人的工作就是从女孩们身上榨取价值。与她们建立关系无疑是完成这项工作最有效的方法。因此,友谊和利益、亲密和金钱之间暗藏的紧张关系影响着经纪人的各种人际交往。

那时,妮娜并没察觉到这种紧张关系。当她得知我在做一项有关经纪人的研究时,她紧紧抱住蒂博说:"你看,经纪人可以是有史以来最可爱、最甜蜜、最了不起的人!"然而,其他女性对经纪人的印象除了赤裸裸的经济利益下的羞辱,再没有其他感觉。

"他们是小丑。"来自俄罗斯的 28 岁模特萨莎说。她 2006 年抵达纽约时,曾经居住在一个经纪公司所有的公寓里。一天夜里,她房间的电话突然响了,是蒂博打来的。很明显,他不是在找刚入住的某个人;他就是在随机地给模特打电话。她告诉他不要再打来了,就挂了电话。没想到他立刻就打了回来,质问她为什么这么粗鲁。"我怎么惹到你了?"他问她。

"你没有尊重我的隐私,"她告诉他,"这是我家,我不认识你,所以不要再往这里打电话!"她再次挂断了他的电话。对于萨莎这样的女性来说,经纪人的问题在于他们像对待商品一样对待她,把她当作是可以在俱乐部交易的。这无疑让所有经纪人对友谊的展现显得不真诚。"如果我们不是现在的相貌,"萨莎说,"他们不会和我们说话。他们甚至连门都不会为我们开。"

介于妮娜的钟情与萨莎的蔑视之间,还有许多驱动女孩们走向经纪人卡座的复杂情感:亲密、欲望、乐趣、归属感,有时甚至只是对免费晚餐的物质需求。经纪人试图用关系工作(relational work)来左右女孩的情感:他们重新定义了经济交易,将其作为人脉关系的一部分。一方面是情感和友谊范畴,另一方面是市场和商品交换。经纪人亟须解决的便是二者之间根深蒂固的文化不兼容问题。[2] 事实上,在金钱与亲密关系挂钩的任何背景里,都存在着关系工作——从性工作到身体器官(及卵子、精子)捐赠,再到老人和儿童的护理工作。每当市场上出现任何与能否交换及交换什么相关的道德问题时,最终的结果都不得不围绕如何进行交换来制定一系列详尽的社会规则。[3]

经纪人面临着一个亲密关系与金钱交易掺杂的特殊的棘手问题。换言之,即将朋友关系资本化。他们的工作就是从女孩那里攫取剩余价值——他们对外人而言像皮条客,对女孩而言又像"真"朋友。蒂博这样的男人更是在和女孩的策略性私密关系上投入了大量的时间和精力,因为这样的人际关系上附着了经济利益。[4] 故此,经纪人呈现两面性:一方面,把女孩们的经济价值资本化;另一方面,还要让人看上去仅像是跟朋友游玩,尤其是要找到这种感觉。

在照顾"朋友"方面，蒂博巧妙地平衡了友谊与金钱、人际与经济的关系。对于他这样厉害的经纪人来说，人情练达的技巧信手拈来。从赠送礼物、周到服务到与女孩们调情甚至发生性关系，经纪人都在努力确保他们的关系充满社会交往意义，即能够被解读为出去玩耍或约会的朋友，而不仅仅是经济往来。他们不希望女孩视他们为中介或单纯补偿劳动的雇主。不过，经纪人的确管理着女孩的劳动。他们招募、补偿、控制和规范她们，就像经理监督他的员工。这是一种高度性别化的管理形式。女性担任经纪人的例子非常罕见。在整个田野调查期间，我在纽约只找到了五例进行采访和观察。男性经纪人告诉我，女性并不适合从事如此艰苦的工作；事实上，女性的不利位置是由性别造成的。为了找到女孩前来并留在卡座，她们需要以男性立场（masculine domination）和与异性调情为工具。由于经纪人和女孩之间的关系投入极其性别化，一套因性别而差异明显的工作法则应运而生。

不过，一旦经纪人处理得当，女孩们会愿意和他们格外亲近。相处数月的经历巩固了他们"亲爱的朋友"的身份——就像在许多个夜晚，蒂博和妮娜在十几个女孩的环绕中完美和谐地共舞一样。但是，其他一些夜晚却是可怕的。有时整场的能量都很低，如女孩们抱臂坐了大半个晚上的时候，或者当蒂博累了，以及与吃醋的妮娜争吵的时候。一些女孩会在卡座沉闷时离开。某些时候，经纪人甚至会对企图离开的女孩大喊大叫。这种情况下，他们关系中功利性的一面就变得清晰，双方友情很可能就此结束。将这些单单概括为经纪人和俱乐部为了金钱利益剥削女孩未免太过草率，会使我们疏忽关于剥削关系如何运作的重要洞察。简言之，经纪人向我们展示了剥削关系在气氛友好时效果最佳。

通过请女孩午餐、接送她们试镜、请她们看电影甚至帮她们搬家，经纪人费尽心思经营着他们之间的关系。蒂博也曾经帮助过我：当我的车被拖走时，他和杰克开车把我送到曼哈顿远西区的车站。这是一种善意的姿态。然而在观察了他们的工作方式几个月后，我开始将这些姿态视为他们计策的一部分。毕竟，蒂博曾说过，作为经纪人，"你所做的一切都是在工作"。

招募

"嗨！你好！我是阿什利！我是俱乐部那些人的朋友。我们今晚将组织一场盛大的晚宴和派对。姑娘们要来吗？"

经过几次和蒂博一起给模特公寓打电话的尝试，这些是我目前能掌握的最好的开场白。那是下午6点，我坐在蒂博卧室的地板上，动员着其他模特加入他的卡座。

"你是哪位？"电话里传来略带东欧口音的女声。我吞吞吐吐地做着快速解释，听起来更像是闯入这位年轻女士座机的不速之客。"嗯，我是阿什利，呃，我是蒂博的朋友。我们正要找些酷女孩加入我们今晚的派对。"对方沉默。我弱弱地说了句："需要我们给你派个司机吗？"这位女士说她有些累了，没再多说什么就挂了电话。我深吸了一口气。

"哎，这没关系，你做得已经很好了。"蒂博说着，坐到了我旁边的地板上，拿着手机，熟练地发着邀请短信。他建议，更好的办法是多用些大型派对、酷炫派对、寿司之类的词。模特们喜欢寿司。他说我刚刚不应该说"组织"派对这样的词。

"她们是模特。你要知道她们听不懂学术词汇。她们对那些词汇没有感觉。你就说我们要'弄个'盛大的派对。"

于是我们来到蒂博的"办公室"——他位于哈勒姆区的一处装修简陋的一居室公寓，租金控制在每月 815 美元。其实我们可以在任何地方做这项工作，但他认为最好找个地方系统地实施。那天的早些时候，我们驱车前往试镜的地方，在联合广场附近与模特们共进午餐；下午 2 点到 4 点半这段"空闲时间"，蒂博给他手机通讯录里的 2500 人群发了短信，让他们知道他当晚的计划；傍晚 5 点，他开始前往住宅区组织夜晚的活动。此时，他正在发送些专门编辑的短信，并打电话给他在城里所知道的 50 多名最有可能出来的人。

他的邀请轻浮且五花八门，有时甚至有些愚蠢：

模特就是那些对你说下地狱你都会对地狱心驰神往的姑娘……你愿意今晚来 X 俱乐部跟我们一起共舞吗？晚宴会在丽世酒店举行。

蒂博

通常，他会在手机上将同一条邀请短信复制粘贴转发给一长串收件人。但这次，手机的这一功能出故障了。他不得不一条一条地发送，速度大大减慢。

蒂博让我在一台小型笔记本电脑上拨打电话。该笔记本电脑通过数据线连接到电话上，可以使用免费的互联网电话服务。他递给我一份模特经纪公司公寓的电话号码清单，下面垫着妮娜的书《战争与和平》，另有一支用来划去拨打过的号码的钢笔。

蒂博打电话的方式可以说是既狂野又愚蠢。他会用类似低吼的声音说些搞笑的话，如："怎么样！！！姑娘们，今晚绝了！！！"他告诉我，这些模特都很年轻，她们喜欢有趣的东西。

另一种策略则着实有些招摇撞骗。比如，我打电话时假装是该模特工作上的熟人："嘿，我是阿什利，我们前阵子在试镜时见过。"蒂博认为这种情况下性别对我有利，因为相比于听到一个陌生男性的声音，女孩更愿意接到一位女性打来的电话。一旦引起了她们的兴趣，我就会继续说我们要弄个盛大的派对且供应寿司，我们还会为她们配置司机——实际上就是尼古拉斯、费利佩或蒂博——去接她们。我每次都会再加一句，俱乐部里会有名人过来，比如莱昂纳多。蒂博指出，这并不完全算是说谎，因为名人的确有时会过来。

他还有一个伎俩是：当女孩说因为太累而晚上不想出去时，他问她白天在做什么。然后，蒂博会围绕她的日程，安排白天带她出去玩。如果你在白天跟她们熟悉起来，晚上带她们出去就容易得多了。

当电话接通时，我也可以装作是预约者，例如："嗨，我是经纪公司这边的。你们准备好今晚跟我们出去了吗？我们上次说好的。"

　　这看似严重地侵犯了个人隐私，但蒂博向我保证："没事！你可以像预约者一样说话。"我当时一定满脸怀疑，因为他又补充了一句："听着，这就是我们的工作。"

　　蒂博是从与他一起出去玩的各类女孩那里得到这些由经纪公司经营的公寓电话的。这些女孩要么曾经住在那里，要么有朋友现在住在那里。纽约的大多数模特经纪公司都有至少一套公寓用来出租给该行业的新员工。公寓分布在曼哈顿各处，现在也逐渐分布在新泽西和布鲁克林。这些房间通常家具稀少且配备尽可能多的临时装置，用来给那些来自世界各地、无处可去的女孩们暂居。在时装周这样的旺季，最多时曾有九位模特住在一套两居室公寓。每间房里四个人睡在两张双层床上，另一人睡在客厅的沙发上。不过每个模特的花费是固定的，无论她的室友有多少。2016 年的一份报告显示，纽约的模特每月需支付约 1850 美元才能住进一个挤满了人的两居室公寓。[5]

　　经纪公司会根据模特的预期收入收取租金。每个女孩的床位之所以如此昂贵，是因为公司试图以这种方式来止损，以免模特收入无法偿还其从公司的借款。她们的房租账单，连同她们飞往纽约的机票、签证，试镜照片，全部都会寄往她们的账户。总之，模特作为独立承包商，必须为自己支付所有的启动资金。然而，有太多的模特在职业生涯开始时收入微薄。因此，经纪公司会以虚高价格支付这些费用，甚至让一些模特们在第一份工作之前就负债数千美元。当模特需要零用钱时，经纪公司会增加 5% 的费用将现金预支给她们。[6] 模特是一份昂贵的职业，在支付了这么多费用后，薪水却来得很慢——即使有的话。在纽约时装周期间，城里模特的人数激增至数千人——他们主要奔波于一些无偿的试镜和低薪的T台。[7]不过，有些时装周最著名的走秀并不支付模特报酬，至少不是以钱的形式。

同业组织模特联盟的创始人、模特萨拉·齐夫表示："模特行业缺少最低薪资保护机制——许多时装周的大秀付给模特的不是佣金，而是衣服。"[8]

很少有经纪公司会在模特无法支付租金时真的起诉模特，毕竟，失败的模特无论如何都还不起债务或法律费用。不过，模特经纪公司会用另一种数字游戏：他们招募了许多潜在的顶级模特，即使知道他们当中大多数人不会赚钱，但寄希望于有一两个人能大放异彩。模特市场的一个特点即"赢者通吃"。个别幸运儿可以一举获得丰厚的报酬，足以抵消其他追梦者在进出机构时留下的未偿还债务。

从20世纪90年代开始，模特星探开始开发此前较为封闭的苏东地区女性劳工储备。由于这一地区经济相对落后、时尚从业机会少，为星探们提供了肥沃的招募土壤。尤其随着九十年代欧洲贸易和旅行自由化，西方的模特经纪公司有了接触这一地区的年轻白人女孩的渠道。类似地，经济相对落后而白人人口众多的国家还有巴西。自此时起，那里也成了星探主要的招募场所。[9]

因此，模特星探们利用全球经济不平等重塑了一种"殖民结构"，即从经济相对落后的地区提取"原材料"，投放在纽约和巴黎等更为发达的大都市，从中获利。[10]这就是为什么蒂博夜间出行的团队里会有多达十几个巴西模特和一个克罗地亚女友。

在纽约，有不少收入过低或负债累累的模特。她们多住在狭小的房子里；由于大多数是新来的，她们朋友很少。因此，模特公寓成了经纪人为女孩提供免费晚餐和跟新朋友度过欢乐之夜的理想场所。如今一家俱乐部的老板在做经纪人的时候，曾夸张到装成比萨配送员来躲过门卫视线。一旦进入公寓，他就脱下配送服，敲开女孩们的门，邀请她们一起去派对。

经纪人之间的竞争也激发出一些其他招募方式，甚至包括从机构内部招募模特。当经纪人伊桑研究他的偶像——蒂博团队时，他认为他需要以自己的方式进入模特行业。于是，伊桑做了一份假简历，说他是一名时尚专业的学生，在纽约一家顶级模特经纪公司获得了一份无薪实习机会。

"这么说吧，我几乎是每天第一个到、最后一个走的。我大概一周五天、每天十个小时都用来工作。"在经纪公司一整天之后，伊桑会去健身房、淋浴，然后前往他负责夜晚活动的那家俱乐部。"所以，那段时间，我大概每天只睡三四个小时。真的非常辛苦。我这样坚持了大概两个月。怎么说呢，就是竭尽所能想变成业界榜样，像蒂博和费利佩他们那样。"

面对如此勤奋的雇员，该公司甚至为他提供了一个有福利的全职岗位，即使在得知他本是为俱乐部工作之后。他们说，他完全可以退出夜生活，为该公司全职工作。

最后，他还是退出了模特公司。"我来这里的唯一目的是成为一个更好的经纪人。"他说。

现在，伊桑继续与模特经纪公司合作，只不过身份不同。

他代理住房和其他必需品，帮助模特们完成刚来纽约的过渡。当我们在 2012 年见面时，他正计划去安顿来自斯洛文尼亚的三名模特。他将去机场接她们，然后带她们入住一家有很大折扣的旅馆，这由他的众多熟人中的一位经营着。他也会安排她们的晚餐预订，当然还有她们夜生活的出行。

我遇到的三个经纪人都使用了这种提供礼宾服务的策略。他们会花多天时间往返机场接送模特，帮她们把行李搬上公寓楼梯，再把她们送到公司开始工作。到了晚上，他们便收获了自己的劳动成果：稳定供应的前来卡座的高质量的女孩。

到 2012 年，蒂博周围的竞争已经十分激烈。在他的带领下，许多经纪人开始强势地从模特市场内部直接招人。一些住在公寓里的女孩对其他经纪人非常忠诚，且因蒂博的名声非常讨厌他。她们中的一些人认识蒂博的团队。讨厌他们的理由仅仅是在她们住在价格膨胀的临时公寓时，他们打来电话。费利佩有次提醒过我这一点。在纽约，一个女孩曾在一幢公寓里散布谣言，说蒂博已经 60 岁了。（关于这个谣言，费利佩说："拜托，你知道 60 岁的人长什么样吗？他才不可能 60 岁！"）在其他公寓里，女孩们在墙上写下"蒂博和费利佩是坏人"，甚至"蒂博和费利佩是毒贩"。

"我从来没有，也绝不会沾染毒品！"费利佩态度坚决。他和蒂博甚至连酒都不喝。"不过呢，等这个人离开公寓以后，"他继续道，"你还是可以进去跟其他人接触，她们会发现你其实很酷，想跟你出去。"

坐在蒂博卧室的地板上，我把名单上的 34 个号码全部打了个遍。其中很多线路都打不通，或者无人接听。蒂博解释说，天气好的时候，如这个春天的下午，女孩们会去公园或商场。我得稍后再拨。

"你说得已经很好了，只要再放松些就行！"他说，"她们就算挂你电话也没关系，这都是常有的事。"

报酬

"全部免——费——"一个女孩在脸书上发了一张奢华晚餐的照片，配上这样一行文字。那是她和经纪人所在的一家高级餐厅。

大餐是经纪人用来引诱女孩的最佳工具，因为她们常常爱向外人炫耀自己奢华的免费餐单。

可是，世上又哪里会有免费的礼物呢？这些终归是要还的，且通常伴随着利息。[11]尽管 VIP 喜欢用挥霍来显示慷慨、树立威信——让人们见证他们无偿的付出来获得认可——随着时间的推移，他们难免因日积月累的馈赠而期待回报。有赠便要有还，即使馈赠以善举的形式。因此，获得馈赠和礼物便将人们卷入了对他人的义务当中。人类学家马塞尔·莫斯称，礼物就这样成为构筑社群的基石。[12]

礼物问题之所以如此有趣，是因为"赠礼和回礼"的理想交换很少直白透明。由于我们对回礼有各自任性的解读，这就为交换蒙上了神秘的色彩。[13]

与具有明确界限的市场交易相比，对于如何回礼和回礼多少的不确定性使得礼物问题变得繁杂。女孩和经纪人便周旋于这份心照不宣。[14]女孩和发起人在这种默契中跳舞：一旦接受晚餐邀请，她就对经纪人负有了社会债务。但是，他对她的期待究竟是什么？

从年轻女性享受城市夜生活开始，这份暧昧就如影随形伴着她们。在一个多世纪前的美国，"求爱传统"逐渐从家庭转移到了商业领域。20世纪早期，现代约会最初被称为"请客"：年轻、未婚的工薪阶层女性接受男性的娱乐和消费邀请，并以一些性恩惠作为回报。[15]这些女性也被称为"福利女孩"：她们在工厂之类的场所从事着低薪工作，居住的廉租房狭小到无法接待来访的男性。尽管如此，社会还期待她们将大部分或全部收入用以补贴家用。凡此种种，使得工薪阶层的女性几乎没钱来享受身边的惬意城市生活，于是通过接受男性的款待着实弥补了这一缺憾。

不过，无人监督的公共场所约会在给女性们带来自由的同时，也给她们的声誉带来了新的风险。[16]炫耀自己的约会对象和受到的款待或许可以在女性间得到艳羡，她们却因此在大众面前失去尊严，被贬低为"像卖身一样"。[17]她们因此不得不大费周章来解释赴约和卖身的区别：钱是不会经过她们手的，最多不过是支付电影票和电玩区游戏。除了娱乐，女孩们期待最多的是衣服和鞋子，用来外出约会。历史学家伊丽莎白·克莱门斯（Elizabeth Clemens）发现了这样一个有趣的例子：在1916年，一个纽约年轻女子的约会对象手头只有现金，要给她，她没有接受——因为这越过了红线，使她有了卖身之嫌——而是坚持让他陪她去生肉店帮她买单。[18] 女孩们坚守着她们性恩惠所索要的补偿形式的道德界限。这样,她们便能将约会生活从纯粹的市场交易中剥离开来[19]。

请女孩们吃饭是 VIP 经济模式的基础。作为交换,女孩们则会暗自期待与经纪人一同前往俱乐部。许多经纪人称之为"交易"条款。晚餐是一次性聚集所有女孩的好方法——当经纪人在模特们的簇拥下走进的一刹那,会在俱乐部产生强烈的视觉冲击。

餐厅也喜欢门庭若市,尤其满满是漂亮的顾客。许多餐馆老板会和经纪人或附近的俱乐部老板合作,每晚留出固定数量的免费餐位。就餐时,经纪人只需向服务员支付现金小费即可,通常为账单的 10%~20%,金额为一两百美元。

在这类晚宴上,常常有一些怪诞的用餐体验。如果临近打烊,厨房不愿意准备新鲜菜肴,服务员可能只会端来几盘沙拉和冷盘。遇上这样的夜晚,女孩们会抱怨,有些甚至拒绝去俱乐部而以离开表示抗议。有些时候食物可能不错,但是服务却很糟糕。服务员心不在焉,常常拿错餐具。鉴于此,我会提前吃好饭,以防万一。否则,正如一位经纪人所警告的那样,真正的晚餐可能会到晚上 11 点,只是一顿炸薯条。

通常,免费晚餐提供的菜品都是家庭装大小,也不会考虑任何人的胃口偏好。厨房经常送来较便宜的食物,或者当天晚上没有卖出去的东西。如果端上来的是寿司,那很少会有生鱼片,大多是黄瓜卷。和桑普森一起夜出的 19 岁模特吉尔说,女孩们吃的是"中间的东西"。

"因为他们并没有真的给我们菜单……他们给我们的就像剩菜一样，"她说，"就好比说酒。我们只拿到了最便宜的香槟和葡萄酒。"更糟的是，几乎没有上过香槟，只是些气泡酒。

"该死的葡萄酒。"她的模特朋友汉娜补充了一句。

"但食物还不错，"吉尔说，"而且是免费的。"

女孩们或许没有机会选择免费的菜肴或用餐的客户，能够有免费的夜出机会终归是可以接受的，尽管有不尽如人意之处。

有些时候，女孩们外出主要是为了吃饭。"有一段时间我不想在吃饭上花钱，但又不想去俱乐部，"汉娜说，"所以我想，反正只是免费的晚餐，我早点离开就行。"这种策略使用一两次或许会奏效，但很有可能引发与经纪人的争端，毕竟他们期待用晚餐换来女孩们的支持。

有时为了特别款待女孩们，经纪人还会在餐厅自掏腰包支付整单费用。富有的西班牙经纪人恩里科经常这样做。有一天晚上，他带上我、两个其他朋友和他的模特女友欧嘉去切尔西一家昂贵的意大利餐厅。但在用餐过程中，欧嘉却一直在看手机发信息，恩里科对此很恼火。

"这不是在吃促销晚餐，欧嘉，拜托别再发信息了！"他终于忍不住呵斥了她。恩里科把这当作一顿特别的晚餐，送给她和他的朋友的礼物——尽管他肯定会在之后的派对得到超过这顿晚餐账单两倍的佣金。欧嘉也很生气，但还是收起了手机。[20]

与之形成对比的，是经纪人安排的"客户晚宴"：经纪人的"有钱朋友"想要美女作陪，便愿意请上一群人出去吃饭。在"客户晚宴"上，女孩们可以随心所欲地点餐。与客户外出意味着更好的食物和更好的酒水；或者，正如桑普森所说，它至少不会是"该死的香槟"。桑普森给我发了这样一则邀请：

> 马上跟一个亿万富翁朋友去晚餐，然后去 X 俱乐部。你也应该加入。来点些任何你喜欢的！（笑脸）

这样的晚餐可以算得上是真正的款待，因为和经纪人一起外出的女孩——学生、时尚模特、少见的某位社会学教授——当中，很少有人支付得起在曼哈顿的高级餐厅里想吃什么就点什么。

这些晚餐尤其受到那些住在狭窄公寓、预算固定的新来者的欢迎。坐在我旁边的一位纽约大学本科生说，对她而言，那天晚上要么是和经纪人共进晚餐，要么是吃宿舍里唯一能做的煎鸡蛋。在意大利开启职业生涯的 25 岁模特佩特拉告诉我，很多女孩"其实真的没有足够的钱买食物，这就是为什么经纪人知道如果想带走女孩就必须请客吃饭"。

事实上，女孩的出身并不一样。我采访的 20 个女孩的家庭背景，涵盖了工薪阶层到上流社会。其中，没有女孩认为自己来自贫困家庭，而非常有钱、不看价格的女孩也不多。例如，在恩里科和德雷这样经纪人的卡座里，混合着来自不同职业、不同身份的女孩，从学生到专业人士。在我采访的人里，只有三个人处于经济不稳定的状况。如在迈阿密与桑托斯一起出去玩时认识的卡蒂娅，是一名来自乌克兰的失业模特。

比阿特丽斯 26 岁，也是一名模特，还是公共关系从业人员。她在文艺界有许多朋友,包括作家和设计师。她可以跟这些朋友在布鲁克林的布什维克参加量贩派对,但不会和他们一起去米特帕金区享受免费的香槟:"他们穿着不够体面,不够高,也不够瘦,无法想象他们能成为有身价的人。"她解释说。比阿特丽斯当忙于自由职业工作时,很少和经纪人一起出去;不过在演出的空档期,她会去 VIP 场所:

当我做不了其他事情时,我才愿意出去。尽管没人愿意这样直说,但这非常真实。嗯,如果我们都可以支付得起晚餐费用,我就不用因为无力邀请几个人共进晚餐而感到尴尬了。

类似地,是独自住在一间小公寓里的女演员兼哲学系学生简。她 28 岁,经常外出,至少一周两次,尤其常跟名为西莉亚的经纪人去珠宝俱乐部。她这么做,一方面是显示对西莉亚的支持;另一方面,她补充道:

为了免费的饮料。你在大城市里总得有些社交生活吧。你不能只是一个人待在公寓里。所以,你不妨找个社交场所,去一个漂亮的地方,结识些有趣的人。你知道,我还在读研究生,不能每周都去珠宝俱乐部。关键要权衡一下,找到一种共赢的途径。

除了晚餐,女孩可能从经纪人那里收到的礼物包括午餐、帮忙、关注、经历和服务。经纪人会带女孩们集体外出,看电影、野餐、打保龄球、去迪斯尼乐园和六旗游乐园。桑普森请女孩和他一起上综合格斗课。来自米兰的经纪人卢卡在收到一笔意外之财时，奖励给最忠诚于他的女孩每人 200 欧元购物券。德雷有时会带女孩去水疗中心做指甲和按摩。马尔科姆知道模特们喜欢东十街的果汁，所以他会在阳光明媚的下午坐在外面的长椅上等着，当有模特走进来，他就主动提出给她买果汁。老板会笑着对他说："这是您今天订的第四杯了！"或者，如果室外天气冷，他会在星巴克请女孩喝一杯热咖啡。"看见了吧？他们知道我会照顾好她们。"马尔科姆口中的"照顾"是经纪人惯用的词汇；作为回报，他们期待女孩们"忠诚"并"支持"。此外，这份"礼物"的流通是高度性别化的。每当我在正餐或喝咖啡期间采访经纪人时，他们每次都拒绝让我买单。男人买单，女孩从不买单。[21] 女孩用她们的时间作为报答。

经纪人还会保障女孩们的出行。他们要么像蒂博和桑普森那样开着大型 SUV 送模特去俱乐部，要么会给 20 美元让她们打车回家。如果一个女孩因为次日一早要赶飞机而晚上不能出门，经纪人会直接从俱乐部送她去机场。事实上，经纪人几乎会在任何场合为女孩提供乘车服务。一天下午，一位模特给桑普森打电话求助，因为没有任何出租车为她和她的中型犬停下。桑普森便开车送她们到上城的公寓。狗狗在后座上抖了抖身子，桑普森显然不太高兴。不过想到自己帮助了一位模特，他还是感到欣慰。

一些经纪人还会提供免费的毒品，不过是极少数。桑托斯并不喜欢向女孩提供强效毒品——他坚称自己不是毒贩——但他乐意与队伍中任何同行的伙伴分享大麻。与此不同的是，与我一起出去的经纪人中大约有一半都以让女孩们远离毒品而自豪，因为这是他们表达关心的另一种方式。正如32岁的穆斯塔法所言：

> 人们认为我们嗑药，腐蚀了女孩。事实是，我们外出时，有些已经嗑药的女孩就跟我们出去了。对这些女孩来说，我就像她们的父亲。不像人们所说的，是我们带坏了她们；应该说，我们才是最安全的。我们希望她们安全。她们太过疯狂，对我们不利。比如，我知道她们的动态，甚至知道她们和谁上床。我还认识她们的妈妈！一些家长来城里的时候，甚至会和我待在一起。

德雷、蒂博和费利佩在他们的卡座里也会拒绝毒品。费利佩尤其视自己为监护人。这是他为同行的女孩们提供服务的一部分：

> 我们不嗑药。我们不喝酒。我们接送模特。如果你是模特，没钱打车，没问题，我开车送你回家，接你出去。跟我们在一起，没有人会惹到麻烦，没有人会因为喝酒或嗑药生病而被落下没人管。我们会照顾好她们，所以就不会惹上警察。也正因如此，我们才可能带着涉世未深的女孩一起外出。[22]

因此，经纪人常常将自己视为保护者或监管女孩们夜生活的父亲角色。许多人说,这样可以真正帮助女孩熟悉和享受城市生活。当然,所有这些形式的关爱都是有代价的,即"支持"。而支持也分等级——从在俱乐部连续站几个小时,到深夜里只是突然出现来喝一杯——经纪人对于什么时候需要女孩做什么都非常清楚。比如,特里弗有一次用非常私人的口吻给我发了条短信,希望我陪他出席一个他认为对自己职业生涯非常重要的夜晚:

> 阿什利,我今晚的客户们效力于欧洲的一支职业足球队。我想今晚带他们来 X 俱乐部。你可不可以过来呢……亲爱的,请一定来 X 俱乐部。客户们现在就跟我在一起,我需要支持。

经纪人有时会为女孩们提供纽约最稀缺的资源之一:住房。我采访的经纪人中,大约有四分之一在他们自己的模特公寓中为女孩们安排了住房。桑托斯声称,自己是第一个提出这个想法的人。他将自己在米兰的公寓提供给了模特。纽约的经纪人搭档凡娜和帕布罗直接在联合广场开了一间模特公寓:宽敞的四卧两卫,外加开放式客厅和后院露台。在这里,每个卧室有一架双层床,最多可容纳四个女孩。当我第一次见到 25 岁的凡娜和 29 岁的帕布罗时,他们的公寓里住着七个女孩。她们要么是模特,要么是渴望成为模特的售货员。

这套公寓需要五万美元的巨额押金,不过据凡娜说,六个月之内她们就可以收到退款。住在那里的女孩每个星期需要从星期一到星期六至少四个夜晚外出,每次从半夜 12 点到凌晨 3

点至少三个小时。帕布罗、凡娜和他们的助理经纪人一周夜出工作六次，俱乐部付给他们每晚约1000美元的佣金。一套模特公寓就可以让经纪人稳赚，这得益于每晚的卡座上可以保证数量稳定的优质女孩。[23] 尽管这间宽敞的公寓地处于市中心极好的位置，听起来令人心动，但现实中这里很快会变得一团糟。凡娜和帕布罗甚至雇了个管家每周打扫一次，可与此同时，垃圾还堆得到处都是：门前的垃圾袋；客厅里的四洛克能量饮料易拉罐和满满的烟灰缸；干瘪的隐形眼镜粘在厨房柜台上。在储藏间里，食物并不会留存很长时间。有个女孩甚至藏起了一套干净的餐具，因为她的室友好几天来都把脏盘子放在水池里。

我在纽约采访的经纪人中，有一半以上的人会花钱请女孩们参加迈阿密、戛纳、汉普顿、圣特罗佩和伊维萨岛等地的季节性派对。身处经纪人的人脉网中，女孩会获得差旅费，尽管非常有限甚至朝不保夕，但经纪人会为她们订好机票，安顿好住宿、伙食和出行。客户邀请女孩们到伊维萨岛、以色列和圣巴特等遥远的目的地参加派对是非常常见的事，抑或是参加科切拉音乐节和一级方程式赛车等活动。"花冤枉钱的都是外国人。"21岁的蕾妮说。她在做兼职售货员的同时寻找着新的模特经纪公司。"前几天晚上我遇到了一个迪拜人。他直接说：'你想来迪拜吗？'我惊讶道：'我才刚认识你，你就要我来迪拜？'"蕾妮拒绝了邀请，但有一些其他女孩接受了类似的邀请。佩特拉和经纪人一起在海地享受了快乐时光；模特出身、如今成为珠宝设计师的劳拉曾免费去过圣特罗佩；卡蒂娅则在迈阿密免费住了将近一个月。

只有一种礼物是经纪人极少给女孩的：钱。在经纪人招募女孩的流程中，现金是明显缺失的。经纪人经常提出报销模特往返俱乐部的打车费用（约20美元），但这笔钱总是清楚地指定用于出租车，以免她对所做事情的含义产生误解。经纪人有时还会与他最喜欢的女孩分享一笔意外之财，但大多用于购物狂欢，而不会被视为报酬。

经纪人向女孩提供的出街报酬寥寥可数，大约40美元到80美元，女孩觉得自己只是在疲于奔命。在做这行两年后，桑普森与特里弗和马尔科姆分道扬镳，这使得他的女孩所剩无几。在这一低谷，他对汉娜说，如果她能经常出来，他就给她每晚40美元。汉娜拒绝了："我不想要报酬。因为这样听起来就像工作了，你知道吗？"报酬会直接改变女孩和经纪人间的关系，使他们从友情变成利益往来；她们经历的意义也会从休闲变成工作。[24]

当我问俱乐部老板为什么不直接付钱让女孩来他的俱乐部时，他对我说："那样就破坏了乐趣。"这恰恰验证了金钱所具备的变形力量。同样，马尔科姆也绝不会花钱请女孩和他一起聚会。他可不想有一桌"压抑的人"。经纪人不希望和女孩间形成雇佣关系。大多数情况下，他们希望与女孩的关系是真诚的。

同样地，女孩们也不想成为"付费女孩"——这是一种威胁着将她们的休闲重新定位为工作的名声不佳的类型。在米特帕金区的一个晚上，我和两个年轻的模特站在一起，然后跟着一个经纪人进了一家俱乐部。另外还有一个模特是她们的朋友，路过并停下来跟我们打招呼，紧接着立刻离开。"我必须和我的经纪人去另一家俱乐部。"她说。我问是跟哪一位经纪人。"乔治。他给我们报酬。80美元，"她无可奈何地耸了耸肩膀，"所以说，这是工作。"

她走了以后，剩下的两个朋友感叹："感谢上帝！我们不用像她一样。"事实上，我们四个人在这一晚上要做的事情是一样的——走进一家俱乐部，喝免费的酒水，在经纪人的卡座上跳舞——只是其中一人被付了酬劳，她便成了被同情的那一个。

如同一个世纪以前的"福利女孩"，大部分模特是负担不起在纽约著名餐厅和夜生活场所消费的。但是，她们也不想通过明码标价的报销安排来获得入场权限。VIP待遇已经发展成为一种制度体系，既包括对时尚行业低工资进行补贴，也包括对模特非同寻常身份开发利用。模特们的特殊身份在于，一方面是流动性劳动力，另一方面又是具有高附加值的商品。

性工作

经纪人利用礼物掩盖他们对女孩经济利益的攫取，而俱乐部则利用经纪人来遮掩客户把女孩和地位当作商品的交易。在VIP俱乐部里，富人暗中为美女的陪伴买单——其中相当一部分女孩囊空如洗。这是一种貌似性工作但本质上又不同于性工作的安排。俱乐部并不直接售卖女孩的陪伴而代之以带有记号的酒，随后便有模特出现：她们通常由经纪人带领或俱乐部经理安排，以确保客户被漂亮女人们包围。直接给女性付钱会被污名化，但为酒水买单可没有错。通过将昂贵的瓶子与漂亮的女孩捆绑在一起，客户会产生是在与女孩真正相处的错觉。[25]

这种情况下，聘请一位中间人便成了混淆污名化交易的常见手段。中间人作为第三方，负责将不想直接交易的双方联系起来：俱乐部不想直接雇用女孩，因为这将她们从夜生活业务转移到性交易业务中。[26] 经纪人为他们减轻了污名化，但随后需自己承担执行可疑交易的道德负担。

大部分人在听到经纪人工作的时候，都会最先联想到拉皮条。经纪人所惯用的伎俩——礼物、调情、触摸——的确令他们看起来像皮条客。[27] 正因经纪人无比清楚自己工作容易造成的误解，才费尽心思将自己和皮条客区分开来。他们非常执着于此，即使没有社会学家的访谈，他们也急于表明自己并非皮条客。几乎所有经纪人都表示，他们对任何形式给女孩与客户牵线都不感兴趣，因为这有可能损害他们的声誉。

在我与桑普森第一次谈话时，他就大声表明他不是皮条客，也不想与图谋不轨的客户有任何关系。他形容说，一个典型的"坏客户"不适合他的公司，与他有钱的"朋友"完全不同：

> 沙特人就是我不想要的那种。因为他们是只想与女孩上床……涉及这样的客户，我就不喜欢打交道，我曾经遇到过这些家伙，知道他们的德性……我想要的客户是那些能和我相处融洽、把我当朋友的人。我也不想拍马屁，只不过想建立联系。大家当朋友，平等相待。我不想听他们讲，"这个带给我女孩的经纪人"。

一年后，我再次和桑普森一起外出。此时他已经不再上街寻觅女孩，把这项搜寻漂亮身材的烦琐工作交给了助理经纪人。他现在的工作重心在招待上：将客户带到俱乐部并在他们的卡座安排清纯女孩，从他们的酒水花销中赚取佣金，并组织他们的私人派对。他对性交易的立场发生了明显的转变，如今承认有偿性关系也是一种经济机会：

有一次，不对，有好几次，我一晚上就赚了3000美元。一个客户单单因为我把人聚在一起参加派对就付了我1000美元。当晚结束时，他实际上跟两个女孩上了床，于是又给了我2000美元。之后是俱乐部付钱（佣金为酒水销售的20%）。

桑普森并没有告诉我女孩们是否在这种安排下得到了报酬。他小心翼翼地将自己的报酬定义为小费或奖金，而不是为客户提供性服务所直接获得的酬劳。在我遇到的经纪人里，只有一位透露，他们做的事其实符合任何对拉皮条的松散定义。19岁的特里弗是与桑普森和马尔科姆一起工作的新人。他曾在夏季的一个周末于汉普顿招待女孩——她们每个人都作为富豪客户的客人免费留宿。他这样描述当时的安排："以一个经纪人的角度，我这么跟你说吧，因为我们在客户家免费住宿，我需要保证向他介绍女孩来建立联系，不是勾搭的那种。这份联系是他还我人情的回报。"

即使是特里弗，在措词上也很谨慎——他建立的是一种

"联系",而不是"交易"。桑普森和特里弗是经纪人中的异类。他们大多淡化了他们在客户和女孩之间性接触的中介作用。如果客户和他们的女孩发生性关系,那不是他们的事,他们也不想从中直接获利。

如果说 VIP 世界里有任何像性工作的地方,其实并不在客户和女孩之间——而是在经纪人与他的女孩们之间。[28] 换句话说,经纪人才是与众多女孩发生关系的那一个。所有经纪人都会持续地触碰、亲吻、搂抱、倚靠女孩来和她们自拍。他们调情的动作范围也从彬彬有礼到怪异可怕不等。德雷和女孩打招呼时会在她的每侧脸颊上亲吻。他还常将一只手放在女孩的背部靠下的位置,以示他在听她说的话。其他经纪人,如蒂博和费利佩,会一把拉近女孩来贴身跳舞。当我最初进入这个领域时还对此感到不安:我将这种身体亲密的姿态视为产生社交亲密感的常规动作。

然后便是他们充满了性暗示的短信措辞。经纪人会发大量的表情符号、成人笑话、"宝贝""亲爱的"等昵称以及赞美。蒂博的信息是最夸张的。他星期二晚上的派对邀请便是:

每周特别时光总在 T 开头的日子开启:跳脱星期二、探秘星期四、饕餮周末、谈笑今夜……这个星期二奇妙之夜等你解锁。

蒂博

当我采访前一晚在托比卡座遇到的 26 岁的比阿特丽斯时,她收到了托比这样一条短信:

> 多么美好的一夜！你昨晚看起来美极了。

"看见没？托比其实没必要这样。"她边说边嘲笑了他这样多土，以及他可能把信息群发给前一晚的所有女孩。比阿特丽斯其实是喜欢托比的，只是不喜欢他做这些明显的事。"反观昨晚，你会发现，托比的很多工作就是让这些女孩都想要他并认为她们有机会，因为这会让她们保持外出。"

几分钟后，我的手机也传来了振动，是托比的信息：

> 顺便告诉你昨晚精彩极了你看起来太美了我希望你和我们其他人一样玩得开心。

托比的感情并不是完全不诚实，只是更加出于策略动机。当我采访他时，托比描述了他在卡座与女孩们勾搭的乐趣。事实上，他可以在一个晚上和两三个女孩亲热，甚至不会引起嫉妒。他解释说，因为他和他的女孩们达成了一个共识："我们还年轻。我们只需要玩得高兴。"在他看来，他和他的大多数女性客人都很亲近。他说："我的女孩们可不是随意什么人。并不是说我带出去的 10 个女孩我昨天第一次见到她们，你明白吗？这些可是过去一年里每天都和我一起出去的人。这就是我在外面感觉很自在的原因。"尽管如此，带女孩外出是他的工作；并且像许多其他经纪人一样，托比利用性吸引女孩持续加入他的卡座。[29]

"我的派对一度是模特人数最多的。"45 岁的黑人男子杜克曾在 21 世纪初当经纪人。当时俱乐部刚刚兴起销售酒瓶和招募模特。他完善了一套利用性关系为策略招募模特的做法,认为与女孩发生性关系可确保她稳定地出现在他的活动中:

你如何获得最多的模特?你得说服她们出来。你怎么说服整个公寓的女孩出来呢?我告诉你——你去找到里面最受欢迎的那个——然后和她上床。别介意我的法语。你就找到最受欢迎的女孩再睡了她,就这么简单。不是安静的那个,不是无聊的那个,你去找活跃、受欢迎的那个,因为她会动员公寓里的每一个人出来。

另一种发生性关系的理想对象是那些和时尚界高质量的客户、经纪公司共事的女孩。因为其他模特想要留在她身边,经纪人便可以利用她的网络。德雷解释说:"如果你和纽约顶级模特经纪公司 IMG 的一个人睡过,你就能让公寓里所有的女孩都出来。'今晚出来支持德雷吧,姑娘们。'她们都会来的。"[30]

爱上这些在两性关系中明显获利和欺骗的经纪人,女孩们看上去似乎过于幼稚。事实上,我遇到的大部分女孩都对经纪人的亲密策略有着惊人的觉察,一些女孩甚至借此来寻求自己的乐趣。卡蒂娅曾与桑普森和桑托斯都交往过,她知道他们同时在和其他女人上床。但是,她说很简单,她喜欢他们,当时就是想跟他们待在一起。

她认为与他们发生性关系是她自己的决定，无关她与两个男人关系间的结构性不平等。她将性视为"没有附加条件"的个人乐趣。[31] 此外，成为经纪人喜爱的对象可能是令人兴奋的，毕竟他身边还有那么多美女。比如，蕾拉被桑托斯的外表所吸引；但她说，桑托斯在众多潜在的性伴侣中选择了她，这令她很激动。这让她觉得自己如此特别，以至于她几个星期都经常和他外出，只是为了和他待在一起。"他让我觉得自己很漂亮。"她说，没有一丝对于恋情未能长久的遗憾或失望。

另一个例子是，埃莉诺从未想过她会和某个经纪人上床。她解释说："当我第一次见到他时，我心想'（他）也太没吸引力了'。但是……有些东西，比如，遇见他，和他互动，是感觉不一样的。我想他自己也知道这一点。这些经纪人，都是老手，他们最清楚怎么运作。他们最知道如何与女孩交流。这么说吧，当你成为一名销售以后，你每年都会越做越好。这就是经纪人所做的。"埃莉诺和蕾拉都知道经纪人和她们交往只是在工作，但她们选择接受他们的奉承，因为它给她们带来了快乐。

大多数经纪人对性持开放态度，最多的时候每周都会有新伴侣。做了五年经纪人的乔在解释这件事时面色略显尴尬：

但我已经经历了这个阶段。就比如，有几个星期，我每晚都会换一个新的女孩。我的意思是，如果她是一个真正自由的人，这不会影响到她。但是你知道，如果她是那种非常情绪化的人，事情就可能会一团糟。不过就像我说的，与此同时，我会不断得到新的（女孩），她怎样并不重要，你知道吗？唉，是的，经纪人，我们这些经纪人，就是群渣男。因为你需要对她们下手，然后你懂的。

马尔科姆说："我在一本书中读到，女人一生中平均会跟五个男人上床。男人平均和 15 个女人上床。把这两种都算上，我已经活了好几辈子了。"

他又加了一句："如果我必须说买酒客户和经纪人谁得到的女孩更多，每次都是经纪人。每次。" 23 岁的经纪人布鲁克斯更直白地提醒我："如果任何经纪人试图告诉你，上床不是他商业计划的一部分，他就是个骗子。"

当经纪人无法吸引女孩时，他们通常会请一两个男人（例如男模特）参加晚宴来做替补的吸引对象。正如马尔科姆解释的那样："怎么说呢，我们发现并不是每个女孩都想和我们在一起。不是每个女孩都会被我们吸引。这时我们要做的就是让其他男模或帅气的人坐在卡座，以此留住其他女孩。"

德雷还有一套能让顶级模特爱上他的独家方法——忽略她们。他直白地阐明了这套他吸引女孩的心理策略：

假设我和 10 个女孩一起外出。最想要的那个女孩，我会去无视她。我不和她说话，也不去看她。我只关注其他九个女孩，唯独不理会我想要的那个。这有什么用？它起到了让她怀疑自己的心理作用。平时她想："我足够漂亮，我能赚百万。"但当我不理她时，她的信心会动摇。

无论他的策略多么残酷，都似乎奏效了。女孩们经常在他位于翠贝卡豪华高层的一居室公寓里过夜。他把它拾掇得一尘不染，就像酒店房间一样，期待女性客人过来亲热。事实上，女孩们过于频繁地在德雷的住所过夜，以至于他在浴室柜里准备了梳子、卫生棉条，以及王子街精品店的法国肥皂和面霜小样。虽然他自己的头发大部分都剃掉了，但他还是在柜子里准备了一个吹风机。这样，当女孩对他说："德雷，我今晚不能住在你家了，我没带任何我的东西。你又不留头发，我早上拿什么打理我的头发呢？"这时他就会拿出吹风机，笑着说："我这把甚至还有散风嘴哦。"

经纪人在针对那些能为自己带来丰富收益的模特发展关系方面具有策略性，甚至是掠夺性。但大多数情况下，女孩似乎并没有将这些关系视为剥削或交易。她们在谈到德雷之流时，甚至流露深情。

我们是你的朋友

经纪人处于由俱乐部建立的种种亲密关系网络的中心——包括性关系和非性关系。女孩在经纪人-女孩的二人关系、多个女孩的关系以及像大家庭一样的整个经纪人团队中起到了纽带作用。

在所有的经纪人中，25岁的前模特诺拉只愿意跟德雷一起出去。"我认识他很久了，但我们只是朋友关系，"她说，"他是个好人。"

诺拉在决定体验著名的夜生活之前,在这里做了一年半的模特。她此前听说过这里的俱乐部和免费香槟,也从她来自中西部的保守父母那里听过不少"恐怖故事"及与陌生人喝酒危险的警告。在她退出模特界、开始寻找下一个职业的时候,她对自己说:"我才 20 岁。我在做什么?我需要外出。所有这些人都玩得那么开心……所有这些模特都对我说你可以免费外出享受时光。我想体验一下那是什么样的。"

因此,不同于其他人,诺拉主动在脸书上搜索经纪人并亲自联络他们。很快,她就与德雷取得了联系并进行了"真实、正经的交谈"。德雷很自然地邀请她出去。"当然,我那时还不太确定,"诺拉说,"这个人,我甚至不知道他年纪多大。我只知道他的名字,他的姓或他所告诉我的他的姓。"在卡拉 OK 派对前,诺拉小心翼翼地带着一位女性朋友去"市中心"和德雷吃了晚饭。

这已经是五年前的事了。在那之后,她成了一名 SPA 理疗师。在跟其他经纪人出去过之后,她更愿意跟德雷一起出去。她把他当作自己"真正的朋友",他们会在"真实生活"中一起出去玩,而不止是俱乐部。他们一起爱做的事是在电影院看夸张的恐怖电影。他坚持由他买票,她就冲到前面买爆米花和苏打水。她从未感到和德雷一起睡觉有什么压力。从她的便利视角来看,性对他的社交网络来说并不重要:

不管怎么说,我觉得德雷就是我真正的朋友。我觉得跟他一起外出真的有被保护的感觉。你跟他卡座的任何人说话,她们都会说"我已经认识德雷十年了"或"我认识他七年了"。

其他经纪人可能也提供过让她进入不同的俱乐部的机会，但诺拉并不喜欢这些运作方式。她和桑普森外出过一段时间，直到一件尴尬的事情发生。那天晚上，诺拉带来了两个不是模特但外形漂亮的女性朋友一起参加晚宴。但桑普森竟然因为外表而拒绝了她们。"之后他还一直试图给我发短信，说'我们今晚出去吧'。我不会回复了。我真是再也受不了这些了。"

事实上，用汉娜的话来说，大部分女孩只会跟"她们喜欢一起玩"的经纪人出去。比阿特丽斯就描述了她白天的出行规则：如果她白天没有和他一起出去玩过，晚上就不会和他一起。若她察觉有的经纪人以跟她上床为目的，她也永远不会一起出去。很明显，对于一些女孩来说，经纪人带给了她们不夹杂性关系、有意义且互利的友谊。

对于另一些女孩，比如诺拉来说，经纪人则带给了她们深厚且持久的联系。佩特拉是另一个很好的例子。她在米兰和香港的时候就结识了与当地的模特行业有着密切联系的经纪人。当她到达纽约后，一位朋友将她介绍给蒂博的搭档尼古拉斯。她察觉到他们之间有种特殊的相互尊重。

"我们是朋友，我是说真朋友，"佩特拉说，"尼古拉斯是我能指望的那种。"在她还没有找到经纪公司时，他帮她在纽约安顿好，让她住在他宽敞的公寓里；除了偶尔帮他遛狗，没有任何明确的义务。他们也会共享相关活动和机遇的信息，他还帮她在巴黎找到了公寓。"我从他那里得到信息，也提供给他信息，因为我们认识很多共同的人，并且有兴趣做相同的事情。"她并不认为他们的关系完全是交易性的，这只是一种互惠互利，就像尼古拉斯带她参加政界精英的活动、在帮助他的同时也令她兴奋一样。当尼古拉斯从派对促销活动过渡到筹款活动时，佩特拉似乎真的为他感到骄傲：

他一直想做更多。他成功了。他现在有一套很大的公寓。他身处上流社交圈。他不再做宣传了；他参与了一些商业交易，甚至（与顶级政客）也做了一些事情。……所以这真的很酷，这就是他一直渴望的。

女孩们也很重视这些通过 VIP 场所建立的人脉。俱乐部为这座城市的初来乍到者提供了一个即时的社交网络，使他们可以在这里找到长期的朋友。它最大的优势便是具备全球影响力。所以当模特们从一个城市迁移到另一个城市时，如佩特拉所言，"场所就在那里，你只需要出门去寻找它。毕竟在一个新的城市认识新的女性朋友尤其困难"。

诺拉就是在德雷的女孩网络中认识了两个与她年龄相仿的模特，并成了亲密的朋友。每个星期二晚上，这三个女孩便会出去吃晚饭、跳舞，听从德雷指挥。她在 SPA 的工作占据了她大量的工作时间，每周六天，有时一天长达 12 个小时。外出是她疏解工作压力的心仪方式——这可是免费的。在我采访她时，诺拉几乎无法支付她两居室小公寓每月 1300 美元的房租。诺拉来自一个精英中产家庭，目标是有一天开一家属于她自己的 SPA 店。就目前而言，是德雷给她带来了仅有的一点闲暇时光。

通过将礼物、亲密关系与策略有机结合，经纪人可以与女孩建立紧密的情感纽带，免除她们对其动机的怀疑。这些经纪人"朋友"给女孩们带来了不少可观的好处，包括让她们有在城市扎根的感觉。"我可不是坏人！"一位经纪人在俱乐部门外告诉我，女孩的妈妈甚至会给他买生日礼物。毕竟，他的大部分业务都与人际关系有关。[32]

而且，女孩们有时会觉得自己与经纪人及其人际网络如此亲近，以至于将他们视为家人。

与帕布罗和凡娜一起外出活动的团队就是这种情况。这组经纪人在联合广场有一套模特公寓。这套公寓成了他们赚钱的工具。不过，对于 19 岁的凯瑟琳和 21 岁的蕾妮而言，这里就能称得上是家了。这两位兼职模特在这里已经住了六个月。蕾妮在被同事介绍给帕布罗时，正在服装品牌 A&F 工作。在那之前，她就已经在这套公寓里住了一整年。在面试模特经纪公司的同时，还在零售店工作。女孩们都崇拜帕布罗和凡娜，尤其仰慕模特事业成功的凡娜。在她们的描述里，经纪人就是"哥哥和姐姐"。他们是真的关心她们的幸福，尽管他们之间的感情和女孩们的住房是以她们同意每周与经纪人出去四个晚上直到凌晨 3 点为前提。所有这些聚会都很消耗体力——一些晚上她们愿意待在家里，但女孩们并没有把外出当作一份工作；不过，她们承认，这的确是种劳动形式。

"我不会把它当作负担，我只把它当作差事，"蕾妮解释，

"因为我知道——"

"我们就是他们的代表,"凯瑟琳说,"怎么说呢,我们知道我们在那里就是为了让他们看起来不错——"

"没错。"蕾妮说。

"我们明白我们是朋友,只是在支持他们。我们并不介意——"凯瑟琳继续道。

"至少对于我来说,确保我们能很好地代表他们真的非常重要。这样会有更多的女孩想来和我们一起;女孩越多,他们就会看起来越不错。"蕾妮说。为了回报经纪人的慷慨付出,女孩们付出了额外的努力,使这些经纪人外出时看起来更加光鲜。

她们甚至将珠宝俱乐部的星期六晚上称为"家庭之夜",因为她们高兴得"过头",觉得格外气味相投。蕾妮解释道:

> 无论走到哪里,我还没见过哪个团队能像我们这样。没关系,我们只是出去玩玩。这就是我们想要做的事。如果你必须要跟他们外出,何必坐在那里讨厌自己的生活呢?

女孩们并非全然不知自己在 VIP 俱乐部的经济价值。虽然不清楚具体多少钱,但很明显,她们为凡娜和帕布罗带来了巨大利润。不过,她们认为自身的经济价值与和他们的友谊并不冲突。很多时候,女孩们还会在夜间通过鼓励客户购买高价酒(例如大瓶香槟)来为经纪人带来利润,这种做法被称为"增值销售"。[33]

一天晚上,帕布罗的卡座上来了一位大客户,蕾妮主动接近他打招呼。当他递给她一杯香槟时,她欣然接受,尽管她并不打算喝下去。这样一来,客户的杯子很快就会清空;当他再点一瓶时,帕布罗就会得到更高的佣金。"因为这个客户是他的,他知道我懂他在做什么。我们就像在互相支持。"她说。

有时,女孩们还会巧妙地推动男人购买价格更高的酒。"所以很多时候在俱乐部里,我们一晚上都不会喝酒,但我们会拿一个酒杯,"蕾妮这时举起手中的酒杯作干杯状,"就像这样!我们只会把酒接过来放在我们身后,反正不管怎样,服务员都会来接过它。"

或者她们会偷偷"倾倒"——这是她们的术语,即在没人看到的时候偷偷把一杯香槟倒进冰桶里。"你自然而然就能学会这些,"凯瑟琳说,"就像第一次,凡娜给了我一杯酒,我心想,不,我不想要它。她当时就像在说:'不,没事,你只要举着杯子就行。'"客户被女孩鼓励着给杯子加满酒,便会花更多钱购买香槟,帕布罗的佣金也会随之升高。他按捺不住喜悦地对女孩们说:"妈的,他们花了这么多钱!"

凯瑟琳和蕾妮甚至为了给帕布罗和凡娜增加邀请人选而开始自己培养女孩网络。在德雷精心安排的剧本中,蕾妮会在白天给她的模特朋友们发短信"哦,我想你了",鼓励她们出来。凯瑟琳也会这样做。她解释说:"就像你强调与女孩们建立联系一样。它终归能变成一种友谊。但老实讲,我们最初的动机是:'必须跟这个女孩做朋友,这样她还会回来。'总之,这就是动机。"如此一来,女孩们成了帕布罗和凡娜非正式的助理经纪人。

鉴于她们如此努力地工作，难道不该得到些酬劳吗？我问她们。

她们玩耍的乐趣和体验到的友谊，与她们想象中繁重、冷漠、不快乐的雇佣劳动大相径庭——以至于她们坚决拒绝将自己的外出定义为工作。"这虽然像工作，但可不是工作，"凯瑟琳回答，"因为你遇到了极好的朋友。我们就只是出去玩，绝不是工作，因为我们是朋友。"

蕾妮补充道："就像我们所说的，他们是我们的家人。我愿意为他们做任何事。真的，任何事。"结果就是，在过去的一年里，蕾妮一步步地爱上了帕布罗的一位助理经纪人。同时，凯瑟琳由于远离她俄勒冈州的家，急于成为任何社交网络的一部分。凡娜和帕布罗正是她遇到的第一批让她感到自己属于这座城市的人。在帕布罗和凡娜看来，他们只会邀请自己真正喜欢的女孩加入他们的社交网络，而两位经纪人都认为自己与女孩们建立了真正的友谊。但我分析，也有可能是女孩们身处的结构性劣势地位，才使她们加入了这个团队，视他们为家人。

星期六的"家庭之夜"是团队气氛最热烈、感觉最有趣的时候。到了星期三晚上，女孩们通常面临着一周当中的一个节点——错过了模特试镜，或因睡得太晚、宿醉而未能按时醒来做第二天的事情。星期三凌晨 2 点半，凯瑟琳还和帕布罗的助理经纪人在外面。她已经十分疲惫、准备回家，可是托比直白地告诉她不要这样。根据她的免费住房协议的条件，她必须在俱乐部待到 3 点。"我是很爱她，"托比在龙舌兰酒的推杯换盏中，用盖过音乐的音量冲我喊道，"但是她必须待到 3 点。这就是规则！要怪只能怪游戏规则！"

每当到了这一时刻，模特公寓看起来不再像一份礼物，而更像是一份劳动报酬。因此，在托比要求的时间里，凯瑟琳和她的临时家人必须待在俱乐部的卡座——这是由她朋友的营利动机决定的。

经纪人自己通常没有稳定的家庭组合。那些使经纪人在工作中取得成功的策略恰恰令他们的私人感情生活备受煎熬。大部分经纪人与模特或"模特优选"结成伴侣，但只要他们还在致力于钻营吸引女孩的方法，稳定的感情就很难维持下去。

在我的研究样本中，只有经纪人伊桑保持专一。他已经和他的女朋友在一起一年了，他们的关系还有一点特别：因为她是一个"路人"，不是模特。有一些经纪人试图让自己处于专一的恋情中。

在我们第一次采访的时候，桑普森就已经与一位31岁的前模特结婚了。她期望他能够对这段感情忠贞，也会经常跟他一起外出。她看起来很年轻，跟卡座的女孩没什么两样。他们已经结婚两年了，还有一个小孩。桑普森很自豪。他有经济实力，在布鲁克林租了一栋大房子，买了一辆大汽车并承担着育儿花销。这一切都源于他做经纪人的收入。他成功动员女孩们的一部分原因，就在于他能吸引她们并与之调情。他的确帅气又有魅力，而这使得他陷入了两难的困境，尤其当他的妻子跟他一起外出的时候：

比如，女孩们靠近我，试图触摸我并跟我共舞，我就得找个借口假装去喝水或倒酒,就像我需要水或者我必须倒酒一样。我得一直走动着,才能避开她们。(我的妻子)吃醋了。当她和我出来时真是很为难,因为我不能像以往那样调情。

不到一年,桑普森还是与他的妻子离婚了:她发现他和卡座上的一个女孩有染。

尽管蒂博和费利佩在 VIP 俱乐部的成功令人瞩目,他们的私生活却不尽如人意。在我认识他们时,他们每个人都有由前女友抚养长大的年幼的孩子——准确来说是前女孩。她们都曾把孩子带来过卡座——其中不少人对孩子的父亲怀恨在心。费利佩有三个孩子,每个孩子的母亲都不一样。蒂博与一名仍在做模特的女人生了一个孩子,那一家人如今住在迈阿密。

或许这就是蒂博的女朋友妮娜在我们刚认识不久就怀孕了,而我一点都不意外的原因。妮娜想要成为一名母亲,她坦承,尽管在 23 岁就有这种想法听起来很疯狂。她真的爱上了蒂博并准备和他组建一个家庭,所以她不再服用避孕药。"他是一个了不起的人,"她说,"真的是我一生中见过的最好的人。在我的生活里,从没有人为我做过这么多。"

然而,认识蒂博的人都怀疑妮娜想和他组建家庭的梦想是否能真的实现。妮娜自己也知道,这看起来并不理想。在最近的一次试镜里,她收到一份调查模特风险行为的问卷,问题包含饮酒、抽烟、吸毒频率。有一个问题竟然问:多久和经纪人勾搭一次?"我觉得这非常冒犯!"她说,"我当时心想,你什么意思?我可是要嫁给经纪人的。"

妮娜坚持道："我对谁都这么说。蒂博是我遇到过最好的人。我们变得无比亲密，我觉得他就会是我的丈夫。"订婚时，蒂博送给了她一枚镶有钻石的小戒指。她戴着这枚戒指一年多，无聊的时候，她会在俱乐部的卡座上用手指转动着它解闷。

管控

基于亲密关系的经济方式，成了模特与经纪人之间的纽带。而这一纽带有时需加以巩固，才能将女孩们在半夜 12 点到凌晨 3 点的关键时间留在卡座——那时俱乐部经理会巡视人数并评估效益。为了确保自己的卡座上有大量优质女孩，经纪人会管控女孩们的时间和身体——对她们的一举一动如此精心，以避免破坏了自己苦心经营的亲密关系。

首先，经纪人必须管控他们卡座的空间，把控可以入座的人，必要时还得用身体阻止他们认为不受欢迎的人进入，包括缺乏魅力的女孩和"充场者"。他们还不得不阻止其他男人，包括其他经纪人，从他们的卡座"偷走"女孩。并且，他们要防止女孩们提前离开去其他俱乐部，甚至四处游荡到其他卡座。

经纪人会直接劝阻像凯瑟琳这样企图早退的女孩。一些经纪人会管存女孩们的外套或将她们的手提包放在当晚舞厅的长椅沙发不起眼的抽屉里。这么一来，在没有经纪人帮助的情况下，拿着个人物品离开成了一件相当困难的事。要想让经纪人在凌晨 3 点之前取回女孩的外套和手提包，他们会动作很慢，甚至不提供帮助。

卡座上最大的威胁之一，就是女孩们带来的缺乏魅力的朋友（经纪人经常提醒女孩可以尝试带朋友来参加免费派对）。桑普森的办法是，尝试在晚餐时就将此问题速战速决。如果一个女孩带来了一个没有吸引力的女朋友，桑普森会告诉她：

"对不起，你的朋友不能来。她不能跟我们共进晚餐。"……我会走在最前面，很快处理完这些。我不会在这上面浪费时间，这会有损我的形象。而且，其他女孩会想："哎！如果她能带朋友来，那我也要带！"紧接着我的助理经纪人也会开始这么干，带来一堆"侏儒"。所以在这一切开始之前，我得学会说不。

当我试图带我自己的朋友同去时，经纪人会管我要她们的全名，去脸书和照片墙上查看照片以确保她们是漂亮的。[34] 他们常常提醒我，美貌是与他们一起参加派对的入场费。当我给恩里科发短信，问我晚上能否带上两个女朋友时，他回答：

当然！！！像你一样美是不可能了，但长得依然不错，对吧？哈哈。

经纪人还管控女孩的身体，确保她们外形好看。桑托斯把女孩们的高跟鞋放在他的车里，让她们在进入俱乐部或餐厅前换掉凉鞋。桑普森则在他的 SUV 里放着一件 AA（American Apparel）的简洁紧身黑色连衣裙和高跟鞋，且准备好告诉女孩要么换上这一身,要么走人。他的妻子实事求是地解释说:"因为有些女孩真的不会穿衣服。"外形不合要求可能会招致公开羞辱。汉娜讲述了一次在迈阿密桑托斯组织的游艇派对上一个女孩的比基尼区没有剃毛的事情。桑托斯命令她去浴室"把它弄好",意思是剃毛。这让女孩很尴尬。但是,汉娜想,这很有道理:"我的意思是,如果你穿着比基尼在游艇上,你应该把毛剃干净。"女孩们必须为她们的经纪人保持外形,因为他们的地位反映在她们的身体上。

女孩付出的情绪和体力劳动表现,真实反映了社会学家关于"审美劳动"术语的含义。"审美劳动"常见于服务行业。空乘、零售员、服务员——几乎所有服务行业的人员都必须根据其公司的品牌定位,让自己"好看,好听"。[35] 即使员工不喜欢,他们也必须做到,因为这是他们工作的一部分。女孩们也是如此。她们付出了宝贵的审美劳动:不仅仅要打扮好看出席,还要设法融入派对的气氛。这些劳动一般都发生在工作过程当中,因此需要经纪人的管理。而一旦这些真的成了工作,派对就会受到影响。

举个例子。在米兰的一个初夏的夜晚,我在多尔斯(Dolce)俱乐部遇到了桑托斯。多尔斯是高级时装秀巡演赛的必经之地,也是他在城里经常工作的地方。由于这里大部分在室外,空中还弥漫着不可思议的寒气,不到两个小时,桑托斯的女孩们就冻坏了。由于穿高跟鞋,我的脚很痛,但这里只有立式桌子,无处可坐。根据与桑托斯签订的正式协议,那些在找模特工作中的女孩可以免费住在他米兰的公寓里,条件是她们一周有五个晚上都要外出。现在她们中的一些人因感冒流着鼻涕。很明显，她们只是在等待轮班结束。

当女孩们拒绝接受这些工作中的隐性条款并变得难以控制时，经纪人会采取纪律处分。他们通过提醒她们需要履行的义务来进行温和的管教。有时，听起来像训斥，像责备，好比上次马尔科姆发现我要参加另一个经纪人的派对时的反应一样："你是通过我认识他的。你的忠诚度真是糟糕。我有种受到侮辱的感觉！"他对我说。

在俱乐部老板主持的一个客户晚宴上，我试图在上完主菜后离开，去参加另一个派对。这个曾经做过经纪人的俱乐部老板拦住了我，当着大家的面指责我的行为：

喂喂喂！你现在是在吃霸王餐吗？你不能就这么走了！至少要等到咖啡和甜点，不要逃单。当然，因为你是女孩，你不用付款，但你得留下来直到最后。而且你知道，这里是纽约。你不得不下楼去一层（的俱乐部），喝点酒，停留一会儿。

我很窘迫，道了歉，又多待了一个小时。马尔科姆称其为经纪人礼仪——女孩们理应履行承诺。"毕竟我们得为那破玩意儿买单，你明白我的意思吗？"他在一顿昂贵的晚餐后抱怨，"去了解经纪人礼仪。如果你去喝酒、吃饭，那么你至少得去俱乐部一两个小时。"

执行纪律需要细心周到。女孩不能被视为员工，因为她们名义上不是来工作的，而是来玩乐的。经纪人不应该表现得太像个上司，但他的确需要她们去做女孩的工作。一位在周末才和经纪人去汉普顿别墅的招待女孩的客户说："要我说，你们经纪人要做的，就像是养猫。你必须做两件事：让它们舒服得喵喵叫，又要时不时用喷雾教训它们。"即支配关系与亲密关系共存。

然而，这一平衡并不是总能把握得好。当一位经纪人试图阻止芮芭离开卡座，到对面与她前男友说话时，她决定与经纪人划清界限。"他们自认为有了你的所有权。从那以后我再也没有和他一起出去过，因为对我来说那并不有趣。我希望我能想和谁说话就和谁说话。"

同样，经纪人也会解雇那些难以控制的女孩。"我以前就这样做过，"马尔科姆说，"我给了那个女孩 20 美元让她回家，让她离开晚宴。她当时痛苦极了。但我对她说：'我不会让你毁了我的晚餐。去打个车走人吧。'"这一招有效地结束了他们的关系。

当女孩和经纪人的忍耐都到达极限时，战争就会爆发。有时，经纪人会冲女孩大吼大叫，侮辱她或把她踢出团队。妮娜刚到纽约的时候就遇到过这种事。在她遇到蒂博之前，她和 VIP 俱乐部颇为有名的帅气的美国黑人经纪人布里安一起外出。他们出去了几次，因为想换个环境，妮娜和三个女性朋友出于好玩让他带她们去脱衣舞俱乐部。在脱衣舞俱乐部，布里安付了酒费，然后他们前往布里安所工作的 VIP 俱乐部。到了凌晨 1 点，妮娜准备回家了。而正当她准备出门时，布里安抓住了她的胳膊，一边摇她一边喊："不行！我是要赚钱的！你不能离开这儿。因为你都去了脱衣舞店,而且是我买单,你必须待在这里直到3点!"

这么一来,一切都很明显:布里安将她视为利润的来源,而不是朋友。金钱就是他们关系的核心。那一瞬间,他们之间的关系从横向变成了等级,从友谊变成了雇佣。那一刻,妮娜非常震惊。她随后与布里安断绝了所有联系。

妮娜在刚遇到蒂博时就告诉了他这个故事。她很高兴看到,蒂博、费利佩和那种人不同。[36] 事实上,费利佩为他的团队如何关心他们的女孩而感到自豪:"我们不像其他经纪人。我们不会试图管控女孩。如果你想和另一个经纪人出去,没关系。"尽管如此,费利佩确信,女孩们会注意到他们所给的关心和友谊与其他经纪人不同,并因此选择与他们的团队在一起。

但我认为,费利佩有意在关心和管控之间做了错误的区分,仿佛这两种做法不能在一段关系中共存一样。他们团队的成功正是因为他们似乎能将这两种模式无缝融合。他们恰恰是通过关心的形式来管控女孩们。

度假

"度假"会使经纪人对女孩的管控行为迅速暴露。"基本上,你是为了得到报酬而去度假。"这是桑普森描述他去汉普顿和迈阿密旅行时说的——纽约的俱乐部为了迎合私人飞机顾客的旅行而开设了季节性站点。在众多经纪人中,俱乐部请了桑普森、桑托斯和蒂博带女孩参加这个加长周末和特别活动。经纪人的报酬按每晚来付,而全部成员的住宿费用由俱乐部经理或客户承担。桑普森说,这些旅途是他职业的高光时刻之一。

在暑假的前奏,美国阵亡将士纪念日的周末,我和桑普森、马尔科姆、特里弗一同前往汉普顿。桑普森的一位投资银行家"朋友"每年夏天都会在南汉普顿租一幢别墅。这一次,我们15个人就免费住在这栋两室两卫的别墅里。正如桑普森所解释的那样:

> 这只是那些在特定季节能坐拥度假别墅的人的举手之劳。他们想在美女的陪伴下聚会——拜托,任何人都想。你懂的,谁不想这样?和这么多模特一起入场,俱乐部里的所有人都会惊叹:"那个大佬是谁?"他们想要的是那种效果、那种情形。我要是有那么多钱,我也想那样。

周末的两个晚上,我们在俱乐部待了很久,直到营业结束。在别墅主人的余兴派对上,女孩们已经累得筋疲力尽,其中一个直接坐在厨房的桌前睡着了。星期日早上7点,我们终于离开了周末的最后一场余兴派对。

在清晨的阳光里,我开着桑普森的SUV,载着包括女孩和他们夫妇在内的九个酩酊大醉的人穿过南汉普顿。当我们到达房子时,桑普森直接吐在了浴缸里。

如此的夜夜笙箫不太像度假,反而更像是工作。根据"默契"的潜规则,女孩的时间并不属于她们自己,而是属于经纪人。这一点在旅途中尤为明显,经纪人可以控制所有女孩们的所有行动。原因很简单:女孩们既没有租赁别墅的钥匙,又没有出行的交通工具。

在戛纳就是这样的情况。我和桑托斯在一幢四居室别墅里住了五个晚上——六月份的那个星期,甚至主要是模特的十个女孩和一个助理经纪人一起住在这里。高端派对巡演的固定场地、戛纳著名的 VIP 俱乐部之一的霍拉(Holla)俱乐部和桑托斯与他的搭档签了合同。在半夜 12 点到凌晨 4 点之间,他们必须要带至少 25 名女孩到俱乐部。然而在为期两周的时间里,他们竟然找来了 56 名女孩——如此的供过于求大大地提高了他们的声誉,不过与此同时也造成了一系列后勤问题:比如,为这些价值颇高的美好身体找到足够的床位。

桑托斯和他的搭档分别占用一栋别墅,为一批批女孩提供住宿。在我跟他们旅行期间,桑托斯的别墅曾让三个瑞典人住过一个周末,三个立陶宛女孩住过两周,五个捷克模特住过两周。还有一个来自布鲁克林的俄罗斯模特住过那里;她和桑托斯同居,并声称是他女朋友。她在逗留期间逐渐变得咄咄逼人,指责他不忠、与其他女孩调情。桑托斯甚至直接从他米兰的家中招募东欧模特,因为他把那里作为面向模特开放的公寓。从波兰、立陶宛和捷克到戛纳的机票很便宜,只要他在布拉格这样的城市认识一个当地经纪公司的女孩,他就可以让她帮忙招募模特。这些女孩往往漂亮又有空,因为布拉格的模特工作机会有限,且正值学校暑假,她们不用上学,渴望一个自己负担不起的海滨度假。你可以在每晚餐桌前形成的国别派系中看到桑托斯在模特圈的全球影响力：立陶宛模特坐在一边说着立陶宛语，波兰女孩和捷克女孩则在另一边交谈，瑞典人自己聚在一个角落。

每天晚上8点半，女孩们已经穿戴准备好，在10点半之前到一个固定餐厅吃饭（由霍拉俱乐部所属并提供免费晚餐）。她们至少会从半夜一直待到凌晨4点，有时甚至到早上5点俱乐部关门。第二天，别墅里没有人会在下午1点前醒来；从下午2点到晚上8点的空档则留给她们享受戛纳的白天。

在那段时间里，桑托斯有时会带女孩们去同在俱乐部名下的海滨餐厅。在那里，她们可以享用免费的佳肴和躺椅。只可惜，这些喜欢美黑的女孩永远无法在抵达海滩后尽情享受日光浴。女孩们还想探索里维埃拉，但她们白天的时间还是不够，毕竟她们自己无法控制行程节奏。她们本来想找些新的餐厅，但她们无法脱离团队。她们免费居住的别墅距离市中心只有15分钟车程，但夏季的出租车费却约为50欧元——对她们大多数人来说，都太贵了。

简而言之，来自立陶宛、瑞典、波兰和捷克的女孩们本以为到戛纳可以度假，但到了以后却发现自己受到了严格的管控，并开始为桑托斯和霍拉俱乐部服务。

这项工作也许非常有趣，但也可能非常痛苦。

桑托斯或许就是俱乐部生物。他有些晚上会和女孩们在沙发上跳舞，偶尔啜饮放了摇头丸的鸡尾酒，继续熬夜去参加余兴派对。不过，这样的乐趣还是会对他和女孩们造成影响。他经常一觉睡到下午2点，情绪起伏不定继而与他人发生争吵。

即使身心疲倦、喜怒无常、睡眠不足、时常宿醉，桑托斯和他的女孩们第二天依然必须到达俱乐部。

一次夜里，俱乐部里突然引起意外骚动——不过是最好的那种情况——霍拉俱乐部请来了著名说唱歌手，其魅力感染了全场。桑托斯和他的搭档卢卡在沙发上跳舞，周围是四十几个跳舞、尖叫、和插着烟花棒的酒瓶拍照的女孩，其中包括一时兴起自称桑托斯女朋友的姑娘。直到早上7点左右，在明媚阳光下，这场别墅派对才在穿着睡衣的女孩们的舞动中结束，桑托斯也终于喝完了整间屋子的最后一滴酒——一杯香草斯托利伏特加。就在那一刻，桑托斯向我重复了他的成就：他处于VIP俱乐部世界的最顶端，能和这些千万富翁及美女模特在奢华社交圈中举办迷人的派对。

第二天下午2点左右，我在一个泄了气的充气床垫上醒来，和一个24岁的捷克模特躺在一起——在这个狭小的房间还有另外三个立陶宛模特共用另一张床。

那天，每个人都因为宿醉而行动迟缓。当我们到达海滩俱乐部的时候，太阳已经快落了。女孩们忍不住抱怨：在这里她们根本晒不到阳光！她们已经受够了每天在同一个地方吃同样的食物，她们已经厌倦了这个免费的假期。只剩六个小时，她们又要为俱乐部做好准备。那天晚上，俱乐部几乎空无一人。浩室音乐响起时，女孩们双臂交叉坐在沙发上——没有人喝酒或跳舞，有的甚至睡着了。就连桑托斯都从他自己的卡座消失了两小时，去车里打了个盹儿。

"太太"

第一眼看上去，西莉亚属于"模特优选"这一类型：28 岁的她时尚、高挑，比模特更略显曲线。她和其他同样漂亮的女人在每个夏天都会去汉普顿，大部分晚上都会去米特帕金区，在卡座前跳舞。观察一会儿你就会发现，她自己并不喝酒，而是在给别人倒酒。她站在卡座前肩膀一直跟着音乐摇摆，好像她很喜欢跳舞一样。但实际上她的身体从来没有跟上过节拍：她的注意力总是集中在她的女孩和卡座上。当我第一次遇到西莉亚的时候，她的两个客户是她在珠宝俱乐部时通过老板认识的富有的商业搭档。他们很喜欢她带来风趣幽默的"模特优选"，因此常常光顾她的卡座买酒，令她赚足了佣金。不过他们背后会偷偷称她为"太太"（老鸨），因为她"总是无时无刻不围着女孩转"。

很少有女性从事经纪人的工作。在纽约，我每个晚上都会遇到男性经纪人，但在整个纽约我花了不少工夫，才找到 10 位女性经纪人。我对其中的五位进行了采访并一同外出。

"这对女性来说是更加不易的行当。"当我问为什么少有女性从事经纪人工作时，德雷这样答道。"女人搞不定这些。"一位俱乐部老板说道。"夜生活是男人们的俱乐部。"一个女孩回答。

尽管大多数男性经纪人靠着轻浮的魅力吸引女孩外出，但如果女性能够很好地利用自己在女孩社交网络中的有利地位，她照样可以做经纪人。我采访了五位女性经纪人，她们都可以随时接触到漂亮的女孩,其中四位与模特们有直接私人联系,两位自身就是模特,常与其他模特朋友一起去俱乐部——她们的一颦一笑足以吸引经理、经纪人的注意和工作邀请。其中一位还自己经营一家小型模特经纪公司,通过带新签约的模特去俱乐部来补贴其启动成本。还有一位做过与模特联系颇多的"预约员"工作。

最后一位,西莉亚,她被招募进经纪人团队的原因,是她和他人在苏活区共同经营着一家可以随时接触到女孩的面包店兼咖啡厅。她的店里卖的全是些昂贵的法式糕点和浓缩咖啡,是经纪人恩里科喜欢的度过下午的去处。他和同为欧洲上流社会出身的西莉亚成了朋友,随即发现她和许多经常光顾面包店的年轻女性有私人联系——这里是纽约大学和纽约时装学院的学生及模特光顾的热门场所。恩里科发现外向的西莉亚具有"正能量",这使她与那些可以满足他卡座的宝藏女孩打成一片。他于是邀请她作为助理经纪人与他合作。最终,她成功地独立发展。

西莉亚每天半夜 12 点到凌晨 3 点去完俱乐部后,白天还要管理面包店。她法国的家人在 2008 年后遭受了经济损失,不愿再为她的企业进行投资。她渴望独自成就事业,向家人证明她无论如何也不需要他们的钱。于是她对这家合伙开的店铺倾注了一切。虽然她喜欢这份工作,但工作压力很大——只过了一年,她就逐渐明白开店显然无法盈利——它只是在消耗她的积蓄。所以当恩里科和她交朋友,并告诉她和他共事可以每晚赚几百美元时,她欣然接受。

她是电音舞曲的粉丝，且对高端俱乐部非常熟悉，因为她在巴黎的家那边经常光顾。她说在欧洲，没有人关注模特，大家就是来听音乐的。但是在纽约，她逐渐适应了俱乐部对女孩形象的执着要求，并开始把招募自己社交圈中最好的"模特优选"作为工作。她的目标是每周五天，每晚卡座上都有十几个女孩。

相较于男性经纪人，西莉亚有两个明显的劣势：她无法利用调情来吸引她们的兴趣，因为大多数女孩都是异性恋；而且，她不具备男权优势来管控女孩，去对付强硬的竞争者和俱乐部经理人。于是，西莉亚试图通过一种特殊的女性化方式来克服这两种局限，譬如与女孩建立"强联系"及依靠男人寻求帮助。

"我都不用睡觉了。"当我星期日到她下东区的地下室工作室拜访时，她对我说道。现在已经是休息日的下午，她还穿着睡衣。"我以前常常失眠，大概有十年没好好睡觉了。现在，我累得只要看见床就想冲上去。"夹在这两份工作之间——白天在面包店，晚上在 VIP 俱乐部——西莉亚总是很累。她说她其实还有第三份工作——和想要一同外出的女孩培养感情，这才是让人真正疲惫的源头。

在俱乐部的三个小时，其实比较轻松，就是招待女孩而已。这就只是一份工作，并不有趣——它需要调动情绪来激起西莉亚说的"火花"，即可以推动整个晚上气氛的能量——它可远没有与女孩一刻不停地搭建友谊那么难。她总是在给她们打电话、发短信，并试图让她们信守诺言来到她的卡座。

她说，她无法靠调情让卡座坐满女孩。"这不是给女性的工作。性可以说是无处不在。女孩们和经纪人一起外出时就知道一些事情可能会发生。"比如性爱和挑逗带来的刺激感。

　　然而，西莉亚所拥有的一切就只是友情。"没有友情我真是活不下去。我了解那些女孩，了解她们中的每一个人。当我给她们发短信时，我每次都会先单独问好。"她绝不会像蒂博那样群发信息或夹带性暗示的内容，更无法像德雷和桑普森那样跟她们上床。我也从没听说会有女经纪人在街边当星探。西莉亚不敢，因为这会让人们误以为她是同性恋。其他女性经纪人则认为，无论性取向如何，女经纪人在街边搭讪都是不合适的。

　　"我不能做他们做的事。"与帕布罗合作的经纪人凡娜说道。我们认识时，她已经做经纪人三年了。她觉得男性经纪人都是"猥琐的老男人"，因为他们通过试镜时有心计地挑选来"掠夺女孩"。同样作为一名时装模特，凡娜每天都会遇到大量模特，但她对于如何接近她们非常注意。

　　"我绝不、绝不、绝不可能在街上或试镜时走过去直接搭讪一个女孩。比如随便说句'嗨'来假装很喜欢她们。"友好且外向的凡娜说，她会先观察跟某个女孩是否"来电"。只有当凡娜真心觉得对方可能跟自己成为朋友时，才会邀请她外出。当然，凡娜和女孩"来电"的次数越多，赚的钱就会越多。但她表示，钱不应该排在第一位。

　　在无法使用调情作为手段的情况下，女性经纪人的法宝就是友谊和互惠。在西莉亚看来，女孩们之所以跟她出去，主要是为了她。最理想的情况，是她们不认识，也不关心其他经纪人。她们愿意留在那里是因为她们喜欢她，喜欢她的一群朋友。"我的工作就是组建一个好的团队并使之变得有趣。所以，我和我的朋友或类似朋友的那群人一起时，我们会一起来玩。"

我遇到的所有女性经纪人都有一个共同的信念：跟她们一起夜出才是更有趣的选择，因为她们的团队凝聚力基于友谊。女性经纪人强调她们的团队为派对带来了多少乐趣和能量，且这种能量不是由性关系产生的，而是通过深层的联系产生的。

"你见过那种一直坐在卡座上的女孩吗？"20岁的美国黑人经纪人柯雅问，"唉，我真是讨厌那些人！如果是那样你为什么要出去？还是我们这种更开心。我喜欢跳舞，穿着各种劲爆的服装和我的朋友们跳来跳去。就是跳舞，玩得开心。"

西莉亚的卡座前坐满了"模特优选"。为此她可以得到500美元的报酬，大约是她做模特的收入的一半。和恩里科一样，她在与模特打交道时也脾气火暴，因为这群女孩太看重自己的美丽与价值。她已经为她们倾注了很多，但模特的要求比她所给的还要多。她的原则就是："好吧，如果你自认为那么漂亮，那你就去和那群漂亮的人待在一起。"因为她自己的团队不同——她以拥有漂亮且有趣的女孩闻名。"西莉亚培养的是一种仪表，也是一种态度。"她的一个女孩说。

西莉亚每个晚上都会试着给每个女孩一些关注。她一定会介绍每个人互相认识，鼓励她们一起聊天、跳舞。事实上，西莉亚常常会在去俱乐部之前在她的公寓招待女孩们共进晚餐。这六到八个女孩会一起享用她的家常菜，不少人还会带来一瓶红酒或一份甜点。在这之后，她们会平摊去俱乐部的打车费，以此加固她们的友谊。

即使是白天,西莉亚也会继续关注她的女孩们,给她们打电话、发短信,听她们关于男友、关于分手的没完没了的故事。这就是她仅有的休息日的安排。"现在有这么多经纪人——对我来说,最重要的是和女孩们建立友谊。我得了解所有这些女孩。"那晚她谈到这里时,无奈地耸了耸肩。

的确,西莉亚卡座上的女孩们频繁提到,对西莉亚的喜爱是她们外出的主要原因——支持她、和她一起玩——或许认识她圈子里的其他人也会有趣。在过去的两年里,硕士在读的20岁女演员简是西莉亚卡座上的常客。她几乎只跟西莉亚一起出去,偶尔也会跟支持西莉亚的恩里科外出。她理解VIP经济:为了让男人支付"远超一瓶酒应有价格的钱",必须让他们体验被美女环绕的感觉。如果他们玩得开心,他们就会买第二瓶、第三瓶酒。

简不是模特;她有着一头神气的短发,没有那么苗条高挑,不符合她口中的"超模"的形象,但是为了在有限的研究生预算下与西莉亚一起外出喝酒、吃饭,她尽可能地将自己的魅力变现:

怎么说呢,我其实没有模特那么瘦高——我能够一起去的一个原因,是男人真的很喜欢和我聊天。我能让人发笑,甚至能和他们中的一些人成为朋友。所以,嗯,我能让谈话继续,而很多女孩却不能——男人不会和一群不和他们说话的刻薄女孩待在一起……所以我的工作就是办好派对。就像,我喝了免费酒水，我不能到了那里还不工作。我的工作就是走进来，在看起来漂亮时听西莉亚说："你，到沙发上去，然后开始跳舞！"在看起来糟糕时发现西莉亚希望我不被人看到。有一次我穿了一件夹克，她对我说："快把那件夹克脱掉。"

总而言之，简的加入确保了西莉亚的卡座充满趣味。她将自己的角色视为代表西莉亚的一种工作，这使得她既是资本，又是朋友。可以肯定的是，西莉亚正是因为她们的亲密友谊才可以直言不讳。在这种理解之下，她们彼此支持，尽管方式不同。当被问及为什么她不为在西莉亚卡座上所做的一切工作索要报酬时，简停顿了一下："嗯，因为友谊的界限。其实很多晚上我都不想出去，但我想，西莉亚是我的朋友，这就是她赚钱的方式。所以，我还是会突然出现——你知道吗？就像，我对西莉亚有一种奇怪的忠诚。我想帮助她，因为她一直在用各种形式帮助我，在这些场所以外的地方。"

不过，这种友谊也有局限。起初，西莉亚将她列入"检测名单"——简必须在晚饭前到西莉亚的公寓接受容貌检查，有时还会被要求换一身衣服。简会格外清楚地意识到自己相对较臃肿的身形。当她两年前开始和西莉亚一起出去玩时，她自己减到了58公斤，相当于她八年级时的体重。"其实我经常会想到这件事，"她说她的体重，"因为我担心如果我变得太胖，西莉亚会不再邀请我，或者只邀请我去那些比较逊的地方。"简也接受那些关于她们之间关系的术语，因为她知道这就是西莉亚的生意。

有一次，简和西莉亚的一个客户有过一段短暂的恋情。他们分手之后，西莉亚竟然继续邀请那个客户而没有邀请简，即使他很快就要离开纽约了。"我当时想，我和你做朋友两年了，他两个月后就要离开了啊！但她比我更需要他，毕竟他才是买单的那个人。"当时她们通过短信争吵。简说她感到自己没有被当成朋友，而是被当作商品清单中的一项。她威胁道，自己以后要和另一个经纪人外出。西莉亚回短信说："你竟敢叫我经纪人？我们是朋友啊！"尽管两人和好了，但这一裂痕揭示了西莉亚商业模式最核心的弱点：女孩们跟她外出是由于她们之间关系亲密，也正因如此她不能轻易地过河拆桥。

即使拥有女孩们的友谊和忠诚，西莉亚仍然明白：跟轻浮的男性经纪人相比，她处于劣势。这时她会通过让一个花花公子待在身边作为弥补。她会保证卡座上至少有一个男人。她带来的男人都是些帅气多金的专业人士，而他们对女孩的吸引力令她们愿意外出并留在西莉亚的卡座。她邀请的男人会在免费晚餐的餐厅向酒保支付小费，如此一来她又可以省去一笔费用。她以令人心动的承诺作为诱饵，对男人们描述他们若出席当晚的活动可能会遇到的女孩。她的一位客户向我展示了她的短信邀请：

  约翰尼，快来珠宝俱乐部吧！今天有四位品牌时装模特，货真价实……

许诺得如此完美，不见得名副其实——比如形容女孩集美貌、事业、气质于一身——就是为了诱惑约翰尼出来,到西莉亚的卡座为她提供资金支持。与此同时,西莉亚也向她的女孩们发出了邀请,并且提到当晚会有成功的单身男士到场。举个例子,有一次她告诉简,当晚一位叫马克斯的客户说,自从他们上次浪漫邂逅以来,他就迫不及待地想再见到她。简便应邀去了。她说:"然后我在那里见到了马克斯,他那副样子就好像:'我不知道你会在这里!'现在你明白了吧。西莉亚非常擅长这些。这招太经典了。"

西莉亚也会招募其他男性作为帮手,以此在需要管控女孩们时建立她自身缺乏的男性权威,譬如当女孩们徘徊到其他男人的卡座或走到其他俱乐部时。为了让女孩们一直在她身边,并且让其他男人远离她的卡座,西莉亚还会向保安寻求帮助。当其他卡座的醉汉闯入她的空间或试图与她的女孩交谈时,她便抬起双臂打个响指,召唤保安来维护她的空间。她给他们的小费不菲,就像她给服务员和酒瓶女孩的一样。这么一来她可以确保卡座上的酒永远喝不完。"你必须照顾好你的人,这样他们才会照顾你。"她甚至用小费买通保安来默许她的女孩们在卡座上违规吸烟——如此,她们便不用到室外吸烟,去冒被其他经纪人看中并带走的风险。纵使已经让一位客户支付晚餐小费,西莉亚每晚仍然可能在小费和出租车上花费达 300 美元。

即使有男性的帮助,女性经纪人在管控女孩一事上仍不断面临挑战——这种挑战从她们在门口排队的那一刻就开始了。

埃莉诺在 18 岁时曾短暂地为两名男性经纪人做过替补。那时,当竞争对手走上前邀请她的 10 名女孩跟着他一起进去,她很难留住她们和她一起在门口排队。她讲述道:"我只是个18岁的小姑娘!这些女孩不会听我的。她们只想到俱乐部里狂欢,并不在乎是谁把她们带进来的。所以我在想,如果我是个男人,女孩们就会更容易听我的话。"雇用埃莉诺的那位男性经纪人责怪她把女孩送给了竞争对手;也正是在这个晚上,埃莉诺辞去了她助理经纪人的工作。"这实在具有强迫性。"她总结道。

尽管西莉亚想方设法与女孩们建立友情——女孩们大多解释道,自己之所以在场是因为真心喜欢她——这是一种女性同性之间的社会纽带,而在异性关系场合会有颇多局促。一位客户沮丧地注意到,到凌晨2点半时,女孩们似乎已经从西莉亚的卡座上蒸发,径直奔向另一个(男性)经纪人。我们站在空无一人的卡座前,这位客户说道:"她的女孩们这样可不太地道。我认为她们离开就是因为西莉亚是个女人;如果我是经纪人,她们会留下来。"

西莉亚和其他女性经纪人在俱乐部管理方面还面临着另一个挑战。由于经纪人不断地互相削价竞争并抢夺客户和佣金,经纪人和俱乐部经理之间可能会因巨额款项或数千美元的佣金而爆发激烈争吵。男人们总是可以为了钱态度强硬,凡娜却做不到,因为"你必须与俱乐部经理正面交锋"。所以,凡娜战略性地与帕布罗合作,让他与俱乐部经理谈判、追讨款项。

还有一点与蒂博、桑普森、德雷这样的男性经纪人截然不同:和美女在一起并不会让西莉亚、凡娜这样的女性经纪人获得任何地位;她们还会被误认为是女孩中的一员,被视为性对象。柯雅解释道,"对女生而言,做经纪人真的很难。在俱乐部里，女人基本上就是泄欲对象。仅此而已。把女孩的性作为卖点，这就是女孩在此的用途"。

事实上，管理漂亮女孩不仅没有给身为经纪人的她们带来地位，还给身为女人的她们带来名誉上的污点——被认为她们从朋友身上牟利，且像老鸨一样为了钱介绍女孩。在五位女性经纪人里，有三位都坚定地表示她们不想被公开认定为经纪人；其中一位在外出时甚至会戴上假发，以免在白天被认出。

在 VIP 俱乐部里，女人变成了所谓的"女孩"，成为可供交易的财产。她们很难成为自己的代理人。

免费鸡尾酒的成本

由于晚餐、通勤，可能的话还有房租费用都由经纪人来承担，女孩们花费了相对少的时间和金钱来参加免费派对。尤其是模特，她们被认为是如此的漂亮，以至于穿一件普通款的连衣裙都被视为顶级美貌。

19 岁的汉娜声称，她出门前的准备工作只需要五分钟，因为她去俱乐部从不纠结于发型，衣服也和白天出门时穿的一样。28 岁的詹斯则更努力，因为她自知不是模特。不久前，恩里科还嘲笑她在星期四和星期日晚上穿同一件衣服。她每周会花大约 70 美元从类似飒拉（Zara）的商店买一件新衣服、花 20 美元做一次美甲，每晚花大约 40 美元打车往返俱乐部。尽管如此，她在晚餐和娱乐上省下的钱仍然比她投入的多。

不过在采访中，女孩们还描述了其他一些成本：试图融入女孩的等级制度、被视为有价值的一员所付出的情绪成本和具身化成本。比如，芮芭会即刻注意到其他女孩佩戴的奢华首饰："我记得我最开始这样做时，感觉非常糟糕。因为你环顾四周，可以看得出有些人一个包就值 5000 美元。"渐渐地，她开始意识到模特和时尚工作者可以得到产业的赠品或福利。"所以大部分时候并不是这些人可以自己负担得起的。我一开始真的很不安，但后来发现她们也没有什么太过惊艳的。"

保持纤细的身材是另一项挑战。同样 19 岁的模特汉娜和吉尔常和桑普森一起外出，并在周末陪他前往汉普顿。和桑普森 30 岁的妻子奥利维亚一起坐在汉普顿豪宅的泳池边，女孩们看着自己和周围其他年轻模特的身体，情不自禁地做起了比较。

"没错，这是会让你觉得自己胖。"吉尔描述着身处那一场景的感受。

"它真使我觉得局促不安。"奥利维亚补充道。

"没错！我也是！"汉娜说，"但与此同时我又在想，倒也不会那么糟糕，毕竟我和她们坐在 起。"她们笑了，她继续道："这就像同时拥有自信心的加强针和刹车闸。就像是，'妈的，我们太酷了！'但下一秒就觉得'她可真瘦啊'。"她一边说，一边指着泳池对面的一个模特。

对此，奥利维亚尤其感到压力巨大。她需要漂亮的外形来吸引她身为经纪人的丈夫。"我一直被这些火辣的身体所包围。我必须展示出我最好的一面。我不想让他回到家看见一只癞蛤蟆。"在这个世界，内在美是没有用的："内在美？你是说吃了化妆品吧！"她开着玩笑，其他女孩笑得前仰后合。

男人对女孩衣服和身材的评论对于缓解她们的身材焦虑也无济于事。他们通常是恭维，但偶尔轻描淡写的恶评却会刺痛她们的内心。一天晚上，经纪人卡座的一位客户对芮芭说，她该减肥了。"这真的很伤人，"她说，"他话的意思就是他喜欢长着双峰的麻秆——对，他实际上就是这么说的。我之后再也没有和他们出去过。我很震惊，他竟然会对我这么说。"在戛纳电影节期间，晚宴上另一位男士对当时还是艺术生的比阿特丽斯说："你比较有个性，这倒是弥补了你所缺乏的金发性感。""他说这话时，正拿我跟坐在旁边不会讲英文的那个性感的金发女孩相比。我感到被冒犯，所以我偏要把香槟洒到他身上。他可能没意识到我是故意的，反正我心里好受多了。"或许因为女孩们能融入其中的唯一资本就是她们的美貌，男人便觉得自己有权公开讨论和批评她们的外表。[37]

然而随着时间的推移，保持"女孩"般的身材变得愈发困难。因为女孩的美被定义为青春，喝酒和熬夜却会累垮任何身体。和我交谈的女孩们敏锐地意识到，她们可以在人生中的一小段时间内免费进入派对场所——由于时尚行业对女性年轻容貌的严苛标准，所有模特都面临这一困境。一些女孩会通过谎报年龄来解决这个问题，但这么一来又会出现一系列新的问题。我采访的一位经纪人卡座上的常客已经33岁了；她对夜生活中遇到的每一个人都声称自己28岁。她真的格外担心暴露真实年龄，甚至让我书面保证为她匿名。

除了不得不管控身材才能进入这些免费派对，女孩们还质疑她们在这些场所建立的关系的真诚度，尤其是与男性之间。

虽然经纪人在经济利益的驱使下与女孩们交友,但他们在此过程中的确发展出了相互关心的联系,比如,妮娜和蒂博、简和西莉亚及诺拉和德雷。想要弄清这些关系的真诚度可能会比较难。

"我真的把经纪人当作朋友吗?可能并不。"芮芭叹了口气。在过去的十年里,她固定地和好几个经纪人一起外出了十年。"我觉得把他们当朋友会很难。有些事情我无法与他们分享。"比如,她对经纪人和在社交媒体账户都全部隐藏的28岁年龄与个人姓氏。

为了应对这些潜在的不真诚的交往,比阿特丽斯学会"装傻",在托比这样的经纪人面前装作不知道自己的经济价值。

我试着不去了解太多,因为我不想觉得自己要外出是因为——首先,某人号称是我的朋友就可以赚个25美元之类的,只要带着我去什么地方露面。我连想到都觉得尴尬。其次,我不想因为要救哪个快破产的人而被迫出门。

事实上,我发现女孩们和经纪人在互动中很少明确表达工具性动机,尽管大多数人在采访中都承认了其存在。大多数女孩并不清楚经纪人具体赚了多少。她们很少调查自己卡座的财务状况,且我遇到的所有女孩对经纪人收入的预估几乎都远低于实际情况。

不仅仅是经纪人,女孩们也怀疑她们在现场遇到的其他男人。对芮芭来说,在纽约做一个有魅力的女人是一把"双刃剑"。"比如，虽然你获得了很多特权，免费进入夜生活场所，但是你会被以一种特定的方式对待。"她怀疑跟她约会的一些男人只是在利用她的外表，以此在职业和社交活动中进行炫耀。珠宝设计师和前模特劳拉不屑地将这些只跟模特约会的男人叫做"模特控"。

同样地，22 岁的时尚专业毕业生埃莉诺也对自己和遇到的男人的社会关系持批评态度。在本科朋友的介绍下，还是帕森斯设计学院大一新生的她就开始跟经纪人夜出了。虽然不是专业模特，但又瘦又美的她 168 厘米的身高也足够了。"我一直穿着高跟鞋。"她指着自己 10 厘米的杰弗里·坎贝尔（Jeffrey Campbell）厚底鞋说。埃莉诺大一一整年几乎每晚都和经纪人去派对狂欢。她因此结识了门卫、俱乐部和餐厅老板，以及一些年长的富人。这些男人通常是经纪人的客户。她说："他们人很好，不是经纪人但愿意花钱订卡座。他们愿意和我的女性朋友一起去四星级餐厅并为一切买单。"现在她很少和经纪人出去了，因为他们只不过是她在更大程度上进入高端夜生活场所的垫脚石。

然而，尽管埃莉诺现在独自闯荡，没有经纪人用她营利，她却难以评估自己与富人之间友谊的真诚度。她一开始称之为"好朋友"的 42 岁美容牙医扎克就是这种情况。扎克帅气多金，和城市里顶级俱乐部、餐厅的老板都有交情。埃莉诺喜欢和他一起出去玩。他经常请埃莉诺吃饭和喝酒，但有时只是单纯在他的公寓一起看体育比赛。他们的关系不是肉体上的，但其交易性还是时常困扰着她：

你不得不问问自己，扎克已经 40 岁出头了，他却和只有自己年龄一半的人一起玩——肯定有哪里不对，你明白吗？但是我爱他。他是我的好朋友。他在很多事情上照顾我。只是我经常忍不住想，如果我不是这么瘦，如果我不是有吸引力，他还会和我做朋友吗？可能并不会。这种想法会一直萦绕在你的脑海里。

有一次，当她想邀请自己新泽西老家相貌普通的女朋友们一起来玩时，扎克的回绝使得她心里有了答案。"就好像是，他们不想被看到和外表缺乏魅力的人在一起，"她说，"这真的很恶心。"

不过，埃莉诺仍然继续和扎克及其他有钱男人一起外出，这样她才能负担得起自己的高档娱乐消费：

如果我真的有钱买任何东西，这就会是个完全不同的故事了。但就目前来说我也懂如何运作，你知道吗？我都懂——我爱外出。我爱夜生活。我爱纽约，爱那里的一切。但是，我觉得我只是其中比较幸运的一个，因为大部分人没觊觎我什么。除了，我猜，觊觎我的出场。

保持他们对自己出场的渴望意味着打扮、穿厚底高跟鞋和节食。她说，女孩们一直因"保持魅力"承受着压力，"不然就没有人愿意带她们出门"。埃莉诺继续道："我倒是不觉得我多被人利用。"她犹豫了片刻，又补充了一句："不对，我就是在被人利用，你知道吗？我们就是在互相利用。"

我追问："所以你也在利用他们？"

"是。我的意思是，我负担不起去四星级餐厅的费用。我甚至买不起我最喜欢的那家俱乐部里的一杯鸡尾酒。"

利用和滥用

在频繁发送短信、午餐请客和城市闲逛上，经纪人罗可投入了大量时间，试图说服女孩和他外出。这位 31 岁的非洲男人固然讨人喜欢，但他仍然煞费苦心地讨漂亮女孩欢心，通过与模特中介交朋友来慢慢建立自己的人脉网。他的女朋友就是一位俄罗斯模特。罗可真正的兴趣是 DJ 和音乐，但作为职业经纪人，他的重心必须放在他卡座里的女孩身上。对他而言，她们所期待得到的关注简直不合情理。

一个星期五的晚上，我去参加了他在 M 俱乐部的派对。由于他把过多精力放在了我身上，一名坐在他身旁的女孩感到无聊和被忽视，连句再见都没说就起身离开了。过了一会儿，他看到了她发来的短信，不禁叹了口气摇了摇头：

下次见面，我能得到一个拥抱或击掌而不是无视我一整晚就感恩戴德了。我觉得自己今天蠢极了。不过就这样吧。

"她们全都想得到关注，"罗可说，"你看见了没？我得关注到每一个人。那经纪人呢！没人来问问我过得怎样。没有人在乎经纪人。"

听到一个以介绍自己漂亮的女性朋友来俱乐部为业的男人说出这种抱怨，实在是有些可笑。因为他的中介费高达约800美元。不过罗可还是提出了几乎我遇到的每个经纪人都会有的担忧：女孩们利用他来获得乐趣和关注，而他在这种不对称的关系中则受到剥削。

我们可以将这些由友谊、小恩小惠、亲密关系、义务和互利组成的网络，视为支撑经纪人与女孩之间联系的基础设施。如果基础设施健全，他们之间的关系则会进展顺利；女孩为经纪人提供有价值的劳动力，尽管看起来像是与朋友玩乐，根本不像劳动力。但是，一旦女孩和经纪人之间缺乏亲密感，这种基础设施就会崩溃；经纪人会被认为过于钻营，他们之间精心计算的友谊也显得冰冷。

可以说，这里存在着一种关系上的失配：关系、交易、补偿形式的不一致，通常会令一些人措手不及。[38] 经纪人和女孩都喜欢将这些失败描述为滥用的时刻，甚至可能导致他们之间的关系破裂。

"每一个人都在利用着另一个人。"经纪人马尔科姆有一次对我说。女孩们利用经纪人做的事情之多就如同他们利用她们赚钱的程度一样。她们或许是喜欢派对，或许是喜欢朋友，或许只是负担不起一顿丰盛的晚餐。桑托斯在米兰的助理卢卡是这么看的："她们（女孩）中的很多人只是利用我来度假、聚会、联系。这很恶心，我知道。但是我也一样。我利用她们来完成工作，她们利用我来保持人脉，获得免费假期。""不过被利用和被占便宜之间是有区别的，"马尔科姆继续道，"俱乐部利用经纪人，经纪人利用朋友。朋友们想去派对，所以也反过来利用经纪人。"总而言之，这些是经纪人和女孩们利益交换中不成文的规则。而问题就出在，经纪人或女孩中的某一方被察觉到在滥用对方——比如，女孩蹭吃蹭喝或带不受欢迎的男性朋友来卡座。"那就是在占我的便宜。"马尔科姆说，因为这些行为违反了利益互换的规则。

关系工作可不仅仅是面子上的事，也不简单是遮掩真实意图而处事。经纪人会在这些关系中投入信任，相应地，在承诺无法信守时也会受到伤害。尤其是恩里科，他对任何他认为是别有用心地利用他金钱或时间的行为都非常敏感。比如，当一身名牌服装和手包的女孩向他索要出租车费，他会感不悦："她们是有什么问题吗？"一次晚餐后在脱衣舞店，他邀请的一位女宾客告诉他，只有他支付她的通勤费，她才会去。"她们背着香奈儿、路易威登包，但仍然说'你们要付 10 美元的出租车费'——我真是不明白了！"恩里科认为，10 美元是个微不足道的数目，所以如果有人开口，他不介意支付出租车费。只是当这变成了被女孩占便宜的象征时，他就无法忍受。对于恩里科来说，利用朋友和滥用朋友之间的界限只差毫厘。其实，这极不公平。他们声称想要平等主义下不带功利性的友谊——只许自己大方利用女孩谋利；当女孩们索要一些东西作为回报，却嘲笑她们不真诚。

女孩们也认识到了这条分界线。她们对滥用朋友的容忍度普遍较低。她们的酒水、晚餐和假期并不是免费得到的——因为她们付出了具身性劳动与情绪劳动,包括忍受被那些表面朋友所利用的厌倦感。作为交换,她们期望得到一定程度的奖励。当她们感到自己外表欠佳或被明显占了便宜,便会打道回府。

比如,蕾拉谈起经常一起外出的经纪人特里弗和马尔科姆:"我们是朋友,但我知道这是他们的工作时间。"互换彼此价值是他们友谊的核心:他们要的是收入,她们要的是快乐。如果那一夜无趣,她就会停止参与。她于是讲起了那次擅自离开特里弗卡座的经历。整个晚餐期间,他都一直在玩手机,一度冷场到没有人说话。她等了几分钟,随后对特里弗说:"就这样吧,我累了。我要回去了。"

你会和一个以你们友谊牟利的人成为"真朋友"吗?营利目的是否会使纯粹的关系成为不可能?

当代市场化社会中,利益关系与非利益关系往往界限分明。但"纯粹"的友谊还是过于理想化,这会产生误导,让我们看不到所有社会关系的真实基础是互惠和双向义务关系。仅因这些关系具有潜在的经济价值,就将其简化为冰冷的利弊计算,这未免也过于天真[39]。此类论断亦遮蔽了晚期资本主义中,市场和非市场广泛混融的实践图景。在商业环境,从售货员到性工作者,人们都想方设法赋予其商业关系某种意义——比如化妆品公司玫琳凯等直销机构的商业模式,就依赖于在商业价值上嫁接友谊价值。[40] 其实,我们当中许多人不知不觉间都在利用朋友来获取经济利益。然而更重要的是,我们的这种利用符合某种社会期待。于是,"利用"和"被利用"的方式就显得可以接受。

我们无法解释清楚这种关系，其中一个原因是我们为它的模糊性所蒙蔽。我们一般都倾向于认为，交际关系要么是剥削利用的，要么是真诚纯粹的。但事实上，只有当一段关系看似真正的友情，剥削利用的效果才最好。

因此，关系工作很重要。经纪人试图借此建立起策略性私密关系。通过礼物、共同经历、恩惠、性，以及"我的朋友"之类笼络人心的语言，经纪人赋予了关系以意义，并掩盖其经济动机。擅长关系工作的经纪人会让朋友们外出玩得其乐融融。在经典马克思主义的意义上，经纪人对女孩的剥削，是从女孩的身体中提取剩余价值。原因在于，经纪人相比女孩具有结构性优势，而女孩无法成为自身的中介，也无法从自己的价值中获得同样多的利益。

通过管理上的控制，经纪人打着休闲娱乐的幌子从女孩身上榨取劳动价值。他用看似不像管控的方式管控着她们的容貌、动作和时间。应该说，经纪人管理女孩的方式与一般雇主从员工身上最大限度地提高生产力的管理策略非常相似。在工业资本主义下，工人在艰苦条件中长时间工作被剥削剩余价值，甚至面临过早死亡的风险。长期以来，残酷的暴力方式被认为是低效的：暴力在工人起义之前很少能起到长期作用，且大多数工业化民主国家现在都在规范劳工滥用行为。在20世纪70年代，社会学家麦克·布洛维（Michael Burawoy）在研究制造工厂时发现，获取最大化劳动价值的最佳方式是令工人与管理层的目标保持一致——通过改变工人的主观能动性获得他们的认同。[41] 剥削并不是只在对方感受糟糕时才能实行。事实上，在工人们相信自己的工作具有价值时，生产力就会上升。[42]

从普遍意义上讲，剥削被认为是非正义的、痛苦的。然而，我所看到的场景却恰好相反：一个女孩与经纪人相处得越愉快，她为其提供的有价值的劳动就越多。尽管经纪人与女孩的关系存在结构性的不平等，但这并不意味着两者间的所有联系都建立在谎言与不真诚之上。[43] 因此她们的体验不是痛苦，而是友谊、休闲和乐趣。在这期间，经纪人只不过用关系工作来混淆和重新定义不平等市场交易的规则。

我认为，主要问题的根源在于，社会刻意建构的不对称关系——一方可以从另一方对真实关系的误解中获取价值。[44] 比如，经纪人马尔科姆和恩里科以理想化的友谊来要求女孩忠诚和顺从，进而从女孩身上榨取更多价值。其他经纪人则故意利用信息不对等来使他们的友谊对女孩更有意义。

这就是蒂博的运作方式。

蒂博多次告诉我，绝大部分人没有意识到经纪人可以赚多少钱，以及这份工作实际上需要付出多少。他说，你必须认真工作，努力去做，而不像那些短期工年轻人，只是为了找乐子。那些家伙酗酒、吸毒，做事马虎。"做事，我不会只伸一条腿进去，留一条腿在外面。做任何事情，我都会全力以赴。"他说。

妮娜怀了蒂博的孩子。在她怀孕的后期，她发现他出轨了一个和他们一同外出的年轻很多的女人。在他们的孩子出生后，妮娜离开了蒂博。自此，妮娜成了一名单身母亲，并继续在纽约做模特，只不过与拒绝承认孩子身份的蒂博交恶。即使在法庭上打官司多年，蒂博也没有支付妮娜任何子女抚养费。他把大部分注意力都花在了他的新女友，一个来自巴西的年轻模特的身上。

尽管可能对他们的女孩不公平，但经纪人正在努力进入地位更高的男人们的商业精英世界。而又如他们的女孩那样，经纪人发现，自己实际上被真正的掌权者隔绝在外。

注　释

1　Barrionuevo 2010.
2　社会学家维维安娜·泽利泽（Zelizer 2012）将"关系工作"概括为，努力拓展人际关系使之满足经济交易的需要。
3　关于性工作，参见伯恩斯坦（Bernstein 2007）关于应召女友（girlfriend experience）的研究，以及金伯利·凯·黄（Hoang 2011）关于性工作不同类型之间复杂关系的研究。后者的研究关注社会分层，从高端女招待到站街女都包括在内。
4　关于策略性亲密关系的理论研讨，见 Mears 2015b。策略性亲密关系超越了性工作和浪漫的私密关系，它还适用于人们试图同交易伙伴玩暧昧的领域，最明显的例子是"包养约会"（sugar dating）或"援助交际"（compensated dating）见 Swader et al. 2013。不过，电子产业也开始出现这种趋势，卖方公司赠送礼物，给潜在的买方公司创造义务以建立特殊关系（Darr 2003）。
5　Ellis and Hicken 2016a.
6　Ellis and Hicken 2016b.
7　Mears 2011, pp. 64–69.
8　Ziff 2014.
9　Barrionuevo 2010.
10　Darr and Mears 2017, pp. 4–5.

11 Mauss [1954] 1990. 关于夸富宴,人类学家乔治·巴塔耶(Georges Bataille, [1949]1988, pp. 70 - 71)认为,赠送礼物看起来像是一种损失,但这种做法会赋予送礼者凌驾于接受者之上的权力:"他现在很富有。因为只有炫耀性地消费财富,才能称之为财富。"换句话说,赠送礼物会让人获得话语权。挥霍带来声望。

12 Mauss (1954) 1990.

13 正如米歇尔·卡隆(Michel Callon, 1998, pp. 13 - 15)所指出的,赠送的物品究竟属于补偿物还是礼物,这取决于交换的框架及其交易发生的时间。如果送礼后过了足够长的时间,尽管回报的义务非常客观真实,但却没有被注意到,这种"失忆"便将交换框定为无利害关系而不是为利益进行算计。皮埃尔·布迪厄(Bourdieu 1984, p. 253)指出,社会资本的积累以特定的劳动为前提,通常是时间、注意力和关怀的无偿支出,这使得交换的经济本质可以理解成一种有意义的关系,并能在交换中感受到。

14 McGoey 2016, p. 19.

15 Clemens 2006.

16 历史学家杰西卡·休厄尔(Jessica Sewell, 2010, pp. 3 - 6)在《女性与城市日常》(Women and the Everyday City)一书中,记录了旧金山出现的历史性转变——从当初女性公然吸引危险男性目光(通常指卖身者,而非"典雅"的中产女性),到 20 世纪更多女性进入公共空间,呈现男女共同在场的新消费主义城市(Bernstein 2007, p. 24)。新女性工人们白天在公共场所外出变得更加大胆,晚上则以男女混搭的方式外出。凯西·佩斯(Kathy Peiss, 2004)进一步展示了"福利姬"如何颠覆维多利亚时代对性尊严的限制。

17 Clemens 2006, p. 1.

18 Clemens 2006, p. 70.

19 类似的分化策略在包养约会(sugar dating)实践中很明显。(Rowe 2018)

20 奥尔加认为经纪人补贴晚宴(a comped promoter dinner)和自掏腰包支付全额账单的晚宴之间没多大区别。从她作为恩里科的女伴这一角度来看,两者都是工作。她抱怨说,在整整七个月时间里,单独吃饭总共也就十次。"我们总是和别人在一起,总是经纪人和女孩们共进这种晚宴,经纪人在吃饭时还一直在发短信和工作。我真受不了。"在这种交易过后,他们很快便分开了。

21 德雷是个例外,他让我付了几次午餐费,当时我想问他后续的访谈问题。
22 然而,我遇到的两个女孩对费利佩的说法提出了异议。一位模特告诉我,有一次蒂博和费利佩不小心把她丢在汉普顿一家餐厅的浴室里,直到半小时后才想起她来(她与另一位经纪人搭车,而这位经纪人恰好去了同一家俱乐部)。她告诉我:"他们不在乎女孩们。"另一位模特在迈阿密与尼古拉斯和蒂博参加三月的派对时遭遇了一场磨难。当时她在没有安全住所的情况下被扔下不管了。
23 Mikelberg 2016.
24 关于金钱在重新定义社会关系方面所发挥的转换力量,见 Zelizer 1994。
25 性感女性与商品购买捆绑在一起不仅发生在纽约,在全世界许多地方都如此。例如,2010 年冰岛取缔了脱衣舞俱乐部,理由是脱衣舞俱乐部物化女性并丧失人性。人们广泛认为这一法律举措是女性主义的胜利,也是冰岛进步国家的象征。但冰岛的一些男性仍然希望看到脱衣舞女,于是就制定了一个变通办法。他们现在去了一家"香槟俱乐部",在那里如果出价合理,一位衣着惹眼的舞女会带着一瓶香槟来到顾客面前。香槟销售是一种被称为"捆绑"的交易形式(Rossman 2014,pp. 47 – 49),这使得香槟俱乐部能够在法律允许的范围内经营,而脱衣舞俱乐部仍然是非法的(2015)。捆绑交易是常见的一种混淆视听且声名狼藉的交易方式,将可疑交易转化为合法交易。关于酒瓶女招待雷切尔·乌奇特尔的著名捆绑消费案例,请参见 Taddeo 2010。
26 加布里埃尔·罗斯曼(Gabriel Rossman,2014,pp. 47 – 49)分析了酒瓶服务俱乐部的交易。他认为客户心里明白支付给经纪人的款项包括购买饮料、捆绑销售,或者根据维维安娜·泽利泽(Zelizer 2005,p. 35)的说法,是不同形式的纽带,这使得行为人能够将不光彩交易重新定义为相对可接受的交易。这一做法使他们在高价香槟上的花费与雇用经纪人来招揽女孩的行为实现了相对分离。
27 皮条客必须保持卖身者在性方面的利益,以维持对卖身者所有权的合法主张(Bernstein 2007,pp. 53 – 57)。例如,在荷兰,"情人男孩"(lover boy)一词指非白人成年男子,他招募年轻和处于弱势地位的女性(主要是白人女性)卖身,借助礼物和恩惠巩固关系,引诱她们与其他男性进行交易性性行为,以获取自身利益(Al Jazeera 2012)。

28 考虑到性工作的广义界定是"以换取物质补偿为目的的任何商业类性服务、表演或产品",女孩出入VIP俱乐部场所与性工作有着相似之处,而且可以肯定的是,经纪人的策略努力的指向即性模特(Weitzer 2000, p. 3)。经纪人所从事的是某种形式的性工作,他们通过与女孩调情和睡觉来获得经济利益。他用自己的性行为换取金钱,采用俱乐部工资和销售酒瓶佣金的形式。正如女性主义学者所说,许多工作都类似于性交易。如果把想象扩展得足够远,养家糊口的婚姻就像卖身,因为它涉及男人的经济支持与女人家务劳动和性事的交换。婚姻和卖身这两个领域的区别,在于不同关系的蕴意及其解读。维维安娜·泽利泽(Zelizer 2006, p. 308)提供了一种商业和亲密结合的关系类型。她指出,关系的区别在于深度和持续时间不同。诸如性工作之类肤浅而短暂的社会联系与养家糊口之类深厚而持久的社会联系大相径庭。经纪人和女孩之间似乎有着肤浅而短暂的交换关系,但经纪人称自己与女孩的关系比客户与女孩的关系更为深厚。不过,女孩们和客户则对此持有不同观点。这种分歧的存在部分是由于经纪人的立场;作为一名经纪人,他依赖社会资本,并有让社会资本价值膨胀的动机。在实践中,经纪人、女孩和客户之间存在的肤浅关系其实没什么意义。只有参与各方之间的联系反复出现,他们才能在 VIP 场景中产生共同的归属感。

29 这种情感劳动类似于高端性工作者让人从"女友体验"中感受到一种亲密联系(Bernstein 2007, p. 126)。

30 与女孩发生性关系既是经纪人的资源,也是其弱点。性行为的潜在机会引发女孩之间的竞争,这种竞争可能有用,但也有风险。经纪人在管理多个性伴侣方面牵扯到情感和实际的挑战,尤其是如果这些女孩们都在同一个派对上,且都期待得到他的充分关注之时。即使在派对中只有一个性伴侣在场,但如果经纪人和其他女孩聊得太多,这也会改变群体动态,把朋友变成妒忌型竞争对手。经纪人可以利用这一弱项,告诉对手的女朋友,她的男人在欺骗感情。蒂博发现德雷和三个模特睡觉而又对她们相互隐瞒。当蒂博告诉女孩们实情时,她们在一家俱乐部闹得不可开交。此事也对德雷与几个模特的关系造成了伤害。"这不合规矩。"德雷说道。从此蒂博和德雷不再说话了。到目前为止,经纪人利用性话题来削弱竞争的最极端的例子是杜克的所作所为。这位经纪人的全盛期是在 20 世纪 90 年代末。他解释说,要成为镇上最好的经纪人,最好的办法就是和其他经纪人的女朋友上床。

31 关于"勾搭文化"风气在年轻人中的传播,请参见 England, Shafer, and Fogarty 2012。

32 尽管如此,这位经纪人还是拒绝了关于本书的访谈,因为他不想进一步增加这个行业的不良形象。关于经纪人回复率和采访样本的收集,请参见研究附录。

33 当超额促销(upselling)由俱乐部和酒吧直接组织时,就构成非法敲诈勒索。在迈阿密有一个典型例证。女性犯罪团伙向毫无戒心的男性提供毒品,并将他们带到酒吧,以高价销售整瓶酒服务。这些女性能获得20%的佣金(Conti 2014)。

34 经纪人西莉亚告诉我,她必须在餐厅支付额外的小费,来为"模特优选"提供住宿:"因为俱乐部会在晚宴上向我收取更多的费用来招待她。小费是200美元,但如果带'模特优选'去那里,就会涨到500美元。"

"只针对某个女孩吗?"我问道。

她解释说:"不是针对某个女孩。这是这个行业的规则。这是一个形象对照表。他们想要女孩具备特定的形象,你明白吗?"

35 Warhurst and Nickson 2001; Williams and Connell 2010.

36 蒂博从来没有问及我和其他经纪人在一起外出的问题,只是提醒我不要与任何人分享他的模特公寓名册。

37 在我看来,虽然在对夜生活的讨论中关于女性身体的评论占很大比重,但男性在其他场合公开评论女性的长相也很常见,无论是在消费场所还是在职业工作场所(Quinn 2002)。

38 关于关系工作负面结果的简要讨论,请见 Bandelj 2012, p. 189。

39 经济学家阿尔伯特·赫希曼(Albert O. Hirschman, 1986)在其论文《市场社会的争论》("Rival Views of Market Society")中称之为关于市场社会的"解构性"观点。在此观点中,亲密生活受到冷酷理性计算的逻辑支配。诸如爱、性和友谊等不可剥夺的属性,在这里也像任何其他商品一样被对待。

40 关于直销组织,请参见 Biggart 1990。此外,在电子行业,公司在交易电子元件时赠送礼物和优惠以保持联系(Darr 2003)。在高端性工作行业,女性获得报酬的来源不仅包括性,还包括关系可靠的感觉,这种关系在经济交换条款里有安全约定(Bernstein 2007)。

41 麦克·布洛维(Burawoy 1979, pp. 77–95)在他所研究的工厂中观察到,工人在车间里玩着一场"赶工"游戏——他们努力匹配或者超过彼此的产出，以及管理者对产出的预期，而这让他们能够选择何时和付出多少努力。这种游戏产生了一种社会和心理成就感。而且，这种成就感主导了车间文化，导致了工人同意对自己的剥削，甚至热衷于此。所以，资本主义生产的劳动过程同时掩盖并保障了剩余劳动力，通过劳工同意使剥削合法化。布洛维的干预研究是工业社会学家和马克思主义社会学的重要突破。该分析聚焦于生产过程的一个环节——原材料转化为剩余价值——从而解释了贯穿工作活动的组织同意，这种机制独立于学校、家庭和国家之外。这一转变是从结构到象征性互动、从意识形态到情境的转变，现在可以解释在工作过程中工人的动机是如何产生的。

42 关于这一论点的扩展，请参见 Mears 2015a。

43 事实上，我们可以说，关系工作是维持劳动力剥削的重要工具。器官交易（Healy 2006）、应用辅助生殖技术交易（Almeling 2007）和尸体交易（Anteby 2010）都是例证。这些行业的经营者利用关系工作来销售"无价"的人类商品。公司所有者借鉴利他主义和无价格的文化话语，从无偿捐赠者那里获得礼物，同时也获得了巨大的利润。类似地，亲密服务市场中的关系实践促进了劳动剥削，例如护理人员工资过低的原因在于其工作是无私的且超越市场（Folbre and Nelson 2000, pp. 129-33）。在这些情况下，关系工作通过围绕工作活动（如礼物、捐赠和亲密关系）构建象征性的束缚来重新定义劳动过程。

44 策略性性行为并不一定是坏事，只要相关各方对经济效用的程度有相同理解。当一对伴侣对彼此关系有不同的理解时，比如说，一个人认为是真爱，另一个人认为是有偿的性服务，情感和法律问题便随之而来。维维安娜·泽利泽（Zelizer 2005）记录了许多这样的误解，这些误解最终被诉诸法律。

第六章

从底层起步

星期日，早上6点，迈阿密

这是迈阿密漫长的一夜。桑托斯还没有结束。几个小时前俱乐部就已经关门了，余兴派对也已收场，桑托斯便在他的宾馆房间里安装了一个便携式音响，一边大声放着嘻哈音乐，一边和马尔科姆一起与女孩们跳舞。房间的地板上到处是衣服和空啤酒罐；塔尼娅正从她的最后一口可卡因中清醒过来。尽管如此，桑托斯还是让派对继续着。他对播放列表的嘻哈音乐歌词烂熟于胸，其中包括里克·罗斯和德雷克的热门单曲，比如《拼命工作》(Hustle Hard)和《从底层起步》(Started from the Bottom)。此时，音响里响起了米克·米尔一首名为《我是老大》的歌曲，桑托斯便跟着唱了起来：

感谢上帝，所有这些我打开的酒瓶，所有这些我赚的钱，所有这些我泡的模特……
我的专辑下架之前就卖出了10万张，
而我刚刚23岁……

他停了一下，转过身对我插了一句："我26岁！"然后继续唱道：

我超厉害,看过来、快看过来!

歌曲结束时,桑托斯靠向我继续跳着舞,说道:"这些是全世界都在听的歌,在各个俱乐部里。他们在谈论什么?简直不可思议——多少都在说我,不是吗?我的生活,我的每一个事迹。每个人都想成为我。"

他耸了耸肩,正准备转身去跳舞时又停下来补充说:"你应该对我做个心理学研究。"

这是桑托斯每每讲述他自己的世界时的共同点。我们在迈阿密的第一个晚上,他就建议我的书"不是关于夜生活,而是关于我的生活,因为我有最大的客户和坐拥私人飞机的朋友!而且——你知道我的出身"。

大多数经纪人并没有金钱背景,但最终却被金钱包围。我采访过的44位经纪人中,28位没有考上大学或大学没有毕业。其中19人认为自己来自贫困家庭或中下阶层,只有8人认为自己来自中上阶层或富裕家庭。[1] 尽管他们当中大多数人来自中下或中产阶层,但如今却能坐拥六位数收入,畅饮高价香槟,并与超级富豪共享社交空间。鉴于美国阶层流动性的空间如此狭小,他们其实取得了一项了不起的成就。对于出生在美国且收入分配位居末端五分之一的孩子来说,进入前五分之一的概率约为7.5%——在丹麦,这一概率约为14%。[2] 经纪人这一职业所经历的阶层流动,在大多数西方国家,尤其是美国,几乎不可能实现。

对于大多数经纪人来说，夜生活为他们开辟了一条出人意料的接触精英阶层人脉的通道。前经纪人杜克在一定程度上就依靠他做经纪人 15 年来积累的人脉创立了一家房地产公司。他指出："对于没有受过大学教育的人来说，这是一个进入和闯荡都不难的行当。"

由于大多数经纪人的背景与上流社会并不沾边，他们必须横跨社交距离来贴近客户。仅从两者展示自己的方式看，其阶层差异就一览无遗：如何讲话，如何装扮，如何体现自己的品位。从社会学的角度来看，经纪人的文化资本落后于客户，但他们在社会资本（"人脉"）方面则与客户一样丰富——这些跟学历资质或家庭教养同等宝贵。[3] 总之，文化资本和社会资本是人们在获取地位和阶层流动性的竞争中可以调集的资源。社会学家布迪厄指出，社会资本的分配并不均衡，且其获取需要人"不断地努力"。换言之，在金钱和地位方面没有初始特权的人必须更加努力地积累社会资本。[4] 正如一位经纪人所描述的那样，作为"派对的生命"，经纪人是精英阶层中富豪与美女联络的中介——而这些人与经纪人出身不同。那么，这些局外人是如何设法在精英网络中建立人脉的呢？他们的社会资本的潜在转化力是什么，极限又是什么？

大多数经纪人认为他们已经找到了进入精英社会的途径，并且在其中有无限大的提升潜能："我要把它做大！"与德雷一样，桑托斯喜欢说类似的话，坚信自己将成为一名千万富翁；帕布罗和凡娜希望为他们接触的所有有钱人安排生意；蒂博想开一家高档酒店；桑普森和马尔科姆认为，他们有朝一日会和纽约最大俱乐部的老板同样富有。事实上，29岁的时候，马尔科姆就已经在这个行业工作了八年，从大众经纪人做到形象经纪人。当我认识他时，他已经开始周游世界，活跃在纽约、汉普顿、迈阿密、伦敦和圣特罗佩各个高端派对。他的晋升与女孩们质量的提高密切相关。凭借这一点，他认为自己是精英网络中的一员：

> 现实就是，无论在纽约、迈阿密、圣特罗佩、伊维萨岛，都是社会顶层的那1%，全是些熟悉的面孔。你或许不认识他们，但是会想起他们，跟他们打招呼，比如："嗨，兄弟！最近怎么样？"

马尔科姆的目标可不是变得有钱，而是极其有钱，就像在圣特罗佩和汉普顿时他敬酒的对象一样。

经纪人向上攀升的梦想恰恰印证了为极其富有的客户提供服务的危险：他们令人瞠目结舌的财富扭曲了经纪人对成功的定义，也激发了他们追求无限富有的愿望。然而，几乎没有什么经纪人找到通向1%的那条道路。怀揣奢侈梦想的他们，仍然只能在接近真正富豪的距离沮丧地提供着高档服务。

不稳定的收入

经纪人的工作可能花销不菲。在成为国际VIP经纪人之前，经纪人必须先自掏腰包投入大量资金。经纪人为鼓励女孩每晚与她们一起出去的"款待"付费，从在时尚餐厅提供免费膳食的小费开始。晚餐账单几乎总是由餐厅或俱乐部支付，但发起人需要支付小费，最高可达200美元。

在俱乐部里，经纪人的卡座上摆着免费瓶装香槟（或更便宜的替代品，如气泡白葡萄酒）、伏特加和调酒器。不过经纪人需要向酒瓶服务员支付每瓶10美元至20美元的小费，以确保快速服务。这也有助于让他们的女孩留在餐桌旁。卡座服务员的小费也要多给，因为他们负责送来冰块和干净杯子。经纪人也需要他们的关照。

在俱乐部外，经纪人的花销继续增加。他们通常会支付几个女孩的出租车费用，主动开车送女孩回家——几乎总是开着又大又贵的SUV。他们还要为女孩们白天的消费买单，如看电影、吃午餐、去游乐园、打台球或保龄球——所有这些馈赠的目的都是使女孩们感到晚上的时间理应作为回报。此外，经纪人通常会雇用替补经纪人将部分招募和招待女孩的工作外包出去。

"这些都要算上。"马尔科姆说。他表面上每晚收到1000美元，但税后再减去上述花销，大约只有每晚200美元。他说，经纪人的收入，实际上就是一种"不稳定的收入"。"当你看着报税单，会忍不住想：'我做了什么？我赚的20万美元都去哪儿了？'"

"有几次我看着报税单，心想，你他妈的在开玩笑。我有一辆7万美元的宝马，用的是93号汽油。我总是开车，每三天就要加满油箱，每油箱5美元的话，就要花120美元。这些钱都要算上。有些日子你不工作，但你还得花钱，因为你要继续保持这些关系。"

虽然不是不可能，但从俱乐部获得报酬会十分困难。由于俱乐部更新速度很快，经纪人的佣金经常因管理层的变动而被拖欠，且一旦俱乐部破产，老板会彻底违约，拒绝支付所欠佣金。[5] 与此同时，作为合同工，经纪人是没有医保的，除非他们私下购买或在父母医保的计划之下。由于美国的医疗费用高昂，他们与其他非稳定工作者（包括时装模特）变得不堪一击。正如其他从事非稳定工作的员工一样，他们没有退休待遇，也没有病假，只有少数在特定一家夜总会在编工作的经纪人例外。

"如果你病了，就赚不了钱。如果你不能出门，就赚不了钱。如果你错过了一个晚上，就赚不了钱。每一天，赚不赚得到钱都取决于你。"经纪人西莉亚解释道。

这份工作还有其他一些难以衡量的成本，比如每晚外出所消耗的巨大的身体成本和情绪成本，宿醉或疲惫。此外，经纪人似乎很难平衡工作与家庭生活。

我和31岁的非裔美国人乔第一次见面时，他就在这个行业工作五年了。他疲惫不堪，直言不讳地告诉我："我无法忍受待在俱乐部里。我看起来是很享受，然而我跳舞只是为了娱乐别人，谁让我是所谓'派对的生命'——我至少要看起来那样。"他假装喝酒，其实悄悄往小酒杯里倒水；他假装倒掉一杯酒，实际上将满满的酒杯藏起来。尽管经纪人看起来对夜生活的刺激充满热情，但他们很多人发现自己根本无法每晚享受这种令人筋疲力尽的工作。

然而，即使意识到他们收入的可笑和不稳定，大多数经纪人仍然认为这份工作值得坚持。首先,它为他们带来了可观的"生活格调提升",赋予了他们获得社会地位的偶然机会;随之而来,使其享用通常拥有更多金融资本的人才能有的特权。经纪人还参加炫酷的活动和昂贵的饭局,有时要乘坐游艇和私人飞机出行。他们在一个自己实际上承担不起的世界里做着炫富的消费者。[6] 其次,经纪人认为他们和精英的联系是无价的。在采访和日常对话中,经纪人炫耀自己社会资本的频率令人震惊。他们坚信这些人脉会有助于他们实现各种职业抱负,无论是音乐、表演还是俱乐部、餐饮。"到了年底,我是没赚到什么惊人的钱,"纽约的一名形象经纪人伊桑说,"但我是在认识了不起的人!你知道吗,我觉得这是无价的。认识这些优秀的人并和他们交朋友的机会,我没法拿金钱衡量!你懂的。"

然而,对于伊桑和其他人来说,认识如此重要的人不仅仅是有趣那么简单。他们的相遇,为经纪人燃起了诱惑他们闯入财富世界,并助长着他们成为超级富豪的不切实际的期望。

谁想成为亿万富翁?

追逐于财富和权力,经纪人意识到了自身工作的巨大潜力。沿戛纳港口的码头走着,桑托森看到数十艘挂着加勒海船旗的豪华游艇——那里是超级富豪的避税天堂。对他来说,每艘游艇都代表着一个潜在的机会:"它们就像我的联络人一样。我要做的是待在这里两个月,只等着清点钱数。就这样,直到永远。"他指了指停靠在码头的长长一排游艇,就像等着他的大批联络人。有时他觉得自己的前途光明到令人目眩。"当我50岁时,我将拥有一切。我认识这里所有的有钱人——他们甚至彼此都不见得认识!"

经纪人的目标是利用这些人脉网络来获取短期和长期收益。在短期内,他们的人脉具有直接的实际价值。他们可以在世界各地的城市免费或以极大的折扣就餐,还会应邀参加源源不断的音乐会和艺术展。德雷甚至从来不用全额支付高昂的牙科治疗费——他有几个在俱乐部经常关照的牙医朋友。德雷的搭档埃罗尔曾是一名经纪人。他制作了一支低成本音乐录像带,通过夜生活的人脉宣传他的歌唱事业;他还在一位通过俱乐部认识的保险推销员的帮助下,只花了100美元就为录摄买下了保险。埃罗尔称夜生活是他从音乐到房地产"随心所欲的跳板"。

从长远来看,几乎所有经纪人都认为,他们在夜生活中结识的人脉可以进一步推动在其他领域事业的发展。比如,23岁的经纪人布鲁克斯就是位颇有抱负的演员。他认为这些人脉将利于他的演艺生涯:"我还在继续这份工作的部分原因,就是人脉网络……我知道通过这项业务结交的一些朋友会给我带来更多的机会。"

没有一个经纪人想过做这行直到退休。大多数男人不约而同地设想用一小段时间的经纪人工作经历,获得人脉和过渡到理想职业。在我采访的经纪人当中,有九人的目标是成为有创意的制作人或艺术家,如DJ、俱乐部设计师、演员、电影制作人和音乐人;有五人想转型做品牌营销和公关,还有五人想成为房地产经理人。这些人当中,近一半(19人)将拥有俱乐部、贵宾室、酒吧、餐厅或酒店作为创业目标；还有七人正在或已经转型，成为俱乐部或餐馆的老板、经营者。对于经纪人来说，这是最理想的上升路径——纽约的三大夜生活集团（战略集团、EMM集团和巴特集团［Butter Group］）的老板和经营者曾经都做过经纪人。

我这里收集了一堆有关经纪人从夜生活转型到其他更加显赫平台的非凡的成功故事。其中最令人艳羡的是曾与蒂博、费利佩共事的56岁的牙买加人尼古拉斯。过去几年间，他利用以前在酒瓶客户中的人脉为各种政治活动募资。经纪人经常引用尼古拉斯的名字作为获得"黄金入场券"的典范。

用马尔科姆的话来说，尼古拉斯离开了俱乐部，进入了一个有区分度的、受人尊重的重要领域。马尔科姆说："尼古拉斯通过夜生活得到了他现有的联络人。他就是在某个俱乐部认识了能消费100万美元的主顾，现在那人把他介绍给了其他募资人。"

这种显著的成功是不少经纪人，包括马尔科姆、桑托斯和德雷的目标。他们每个人都渴望退出夜生活和酒店业，以便和富有的客户谈生意。所有经纪人都认为，自己能够成为各个阶层的"联结点"。40岁的迈克尔是一位来自加勒比地区的黑人经纪人。他在这个行业已经工作了20多年。当我们认识时，他正在转型做时尚摄影。他对我说："我现在是名摄影师，和客户一起工作。有时他们说想和某个广告商取得联系，我就会说：'哦，那个人经常去X俱乐部。我认识他，我可以介绍你。'所有这些人，我都是在夜生活中认识的。"

在网络科学中，这种职业优势被称为"中介"。根据社会科学的网络理论，中介可以资本化他们的网络联系。当中介为人们牵线搭桥时，他们会获得一些好处或"租金"。[7]我采访的五位经纪人都倾向于这样做，并将其称为他们在客户之间进行的所谓"B2B"或企业对企业模式。他们的目标不是变得有钱，而是真正致富。区别在于，前者只是收入高，后者则通过与精英长期商业往来创造了财富帝国。

桑托斯这样解释：由于来自哥伦比亚，他能够与拉丁美洲的石油供应公司逐渐建立联系；他最近还认识了法国里维埃拉的常客，海湾国家的首脑。他还计划未来某天介绍这些供应商和买家认识并从交易中抽取佣金。他的计划是这样的：

> 我不想要一两百万美元——我想要十亿。我介绍人们认识但不要任何费用，即便他们是因为我才能一起做生意。不过五年、十年之后，当我认识他们足够长时间，我会说："听着，我会给你介绍石油，但我们签个合同吧。"即使我从委内瑞拉到中东的每桶石油中抽取1%或0.5%的利润，我每年也能赚十亿美元。

"只不过我需要等。"他推论道。他现在还不能要求这种商业关系。他目前要做的，就是建立人脉，让人们互相联系，让他们因为他做生意，而不是与他做生意——他首先要证明自己是一个有商业价值的合作者。虽然桑托斯对他的设想可能夸大其词，但他声称过去曾差点促成他的客户之间的生意。他坚信自己可以利用自己的人脉致富。

然而，虽然经纪人确实让商人们彼此认识，他们却很少能从搭建的联系中获取属于中间人的佣金。40岁的经纪人迈克尔解释道：

这么说吧，数十亿美元的谈判都是从俱乐部开始的。数十亿美元的交易。就像，我们过去常把人们介绍到一起——你要知道接下来他们会有惊人的进展，比如正在建造酒店，这个和那个……这就是成就我们、让人们愿意来找我们的原因之一。

但当谈到抽取份额时，迈克尔承认，他们很难将这些人脉变现："我们实际上从来没有这样做过。我们本应该做的，但很晚才意识到。不过谁在乎呢？过去的已经过去了。"

不过，当经纪人被要求描述一下如何具体地利用社会关系在精英间促成交易时，他们却开始含糊其词，因为他们在金融交易方面并没有经验或受过培训。比如，特里弗在一个下午给马尔科姆发了这条短信："嗨！我这有幢楼的生意。你认识有两三亿美元想买下它的人吗？"

马尔科姆在描述他的回复时忍不住笑了起来："我当时说：'嗨，你得给我份完整的募股章程，告诉我利润率之类的细节。把这些东西整理出来需要不少工作。'"

尽管马尔科姆渴望促成复杂的生意，但他自己并不擅长中介的工作。"就在前几天，"他告诉我，"我一个在银行业做风险投资的朋友对我说：'如果你认识谁有什么好点子就告诉我。我有拨朋友愿意出钱赞助……只要可行，我们就直接行动、套现、卖出。这就是现在的趋势。技术是每个地方的热点。'这正是我热衷的东西，所以我牢牢放在心上。我认识很多不一定有足够资金的聪明人。我会参与进去——接下来我知道，我可以成为提供帮助的共有人。"在我认识他的三年里，这个模棱两可的计划始终没有实现。

或许，他们之中最大的梦想家要数德雷。每天晚上，他似乎都在编造一个关于自己事业的不同故事，讲述他的嘻哈专辑马上发行、音乐生涯即将走向巅峰，还有他的汽车公司和进口公司。

一天晚上，在"市中心"餐厅，他注意到房间的另一边坐着两位知名的富商。他朝他们点了点头，眨了眨眼，富豪们也向德雷挥了挥手。德雷说：

我知道那些人很有钱，但我不清楚究竟有钱到什么地步。每当我遇到他们时，都会试着攀谈两句。他们喜欢我。我说，让我来给你们找个卡座吧，我来帮助你们。这样他们外出的时候，就会想到找我来安排。一旦我有一个商业计划书，你觉得他们会听谁的？不是恩里科，不是桑托斯，是德雷——一个他们认识又喜欢的人！

那些晚上，在外面跟着模特跑、喝醉酒做傻事的经纪人，绝不是我。我始终保持清醒。我清楚地知道房间里都有什么人、边上那位是谁。我向他们介绍自己，与他们成为朋友，把梦想变成现实。

"这似乎有点梦幻，"我插了一句，"这些真的发生了吗？"

"阿什，是的。没错，阿什，这些会发生的。这个世界上所有赚钱的人，靠的都是人脉关系。它不会以任何其他方式发生。没有其他的方式。你介绍他们认识，然后从中获取回扣。"

这是经纪人描述他们职业生涯的典型套路：德雷会着重强调自己在未来交易中巨大的潜能而无视那些失败的过去。他口中最有前景的一笔生意是关于一家塞尔维亚电信公司的。该公司的老板正在寻求扩大其业务在欧洲市场的覆盖面。这位商人来纽约是为了与德雷的一位合伙人安排的另一位潜在合作伙伴见面。德雷则负责组织他们的商务晚宴，并找了六个这些男人明显很喜欢的漂亮女孩陪同。德雷的合伙人本应身处欧洲谈判，签署一份合约来确保属于经纪人的佣金，德雷非常模糊不清地描述，"以及未来10年、15年、20年的30%的收益。我刚收到短信"。他连忙补充了句："这只是20笔交易中的一笔。"表面上，正如德雷所说，他带来的女孩们使得商务晚宴大获成功，所以他得到了属于自己的那份佣金。

接下来的几天里，德雷一直通过短信让我了解交易的开展情况："我觉得我一生都在努力工作——现在终于发生了！今天签合同。"

当被问及电信覆盖范围如何从巴尔干地区开始扩展以及扩展到欧洲的哪些地区时，德雷却表示不清楚细节，要跟合伙人确认。事实上，这笔交易从未真正实现过。

凭借对派对的热情和娴熟，经纪人得到了他们的工作。然而与富商们的相处使他们的志向逐渐扭转，期待有朝一日与他们的客户相提并论——成为百万富翁，甚至是亿万富翁。然而，经纪人在 VIP 世界的成功变成了他们沮丧的来源，因为这将他们的理想提升到了无法企及的高度。通常情况下，服务关系并不能促成足以实现阶层流动的人脉积累。不过经纪人却不这么认为——他们坚信自己可以通过人脉获得利益。部分原因在于，他们并不觉得自己的工作是基于服务关系，而是与朋友们一起度过的闲暇时光。

我最好的朋友们

当我请经纪人为我介绍一些客户接受采访时，他们面露不悦。"不要对他们使用那个词。"桑托斯告诉我，经纪人将那些人视为朋友而非客户，因为他们在世界各地享有共同的派对经历、相似的外出频率和时长。经纪人之间常爱挂在嘴边的就是他们与客户的"友情"，桑托斯甚至将其中一些人描述为他"最好的朋友"和"非常铁的朋友"。

经纪人和客户来自不同的社交世界。由于绝大部分经纪人的教育背景或财富都远不如他们的客户，导致两者之间有明显的社交距离，是一种有所期待的惠顾关系。[8] 经纪人试图通过加强他们的关系与亲密度来缩小这种社会距离，赋予两者间的服务交易一些意义（就像他们与女孩的互动中所做的那样）。

无论是熟人介绍还是颇有心计地出入高档场所，经纪人从认识客户的那一刻起就开始了这种尝试。为了结识潜在客户，经纪人运用酒店礼宾部的口口相传（他们会向其赠送饮料和活动门票）和自我介绍等方式。他们会确保自己跻身于期待的场所，如时尚品牌活动和奢华酒店。一位经纪人刻意在曼哈顿一家最昂贵的健身房锻炼，并借此认识了许多酒瓶客户。德雷在俱乐部也碰到了不少有钱人，当他听说他们的名字后，会在谷歌上搜索他们。然后，他对我说："哇，看看他是谁！第二天我就会跟进，给他发一封邮件：'很高兴认识您！我马上要出门，与一位名人、三位模特共进晚餐。无论如何，如果您愿意来就跟我说。'"而这一顿，他会选择一家可以报销账单的餐厅，即招待客人只用付小费。

对于极少数出身富裕的经纪人来说，认识潜在客户相对更加容易。出身西班牙一个富裕家庭的 30 岁经纪人恩里科就利用他的家族人脉寻找客户。他甚至在穿戴上也像他富有的欧洲朋友一样，定制的休闲裤配上背带，搭配绣有他姓名首字母的正装衬衫。恩里科经常用手机让我看他的"好朋友们"和"最好的朋友"的照片，如欧洲著名的足球运动员、商业大亨和他们上大学的儿女。

无法自带人脉的经纪人则只能利用与富人共同出游的经历来建立友谊。美国白人经纪人博比在长岛工作了八年，谈到客户时他说："你是通过你的人脉结识他们的。所以一旦人家来找你，你要确保你的人关照好他们，让他们成为回头客。"这意味着俱乐部的门卫、服务人员和替补经纪人都提供了优质服务。"随着时间的推移，"他说，"真正的友谊就会发展出来！"

的确，这份友谊建立在经济交易的基础上，因此它的性质变得含糊不清。如我们所见，经纪人从客户的酒瓶消费中获利，从俱乐部老板那里获得高达 20% 的数千美元的分成。此外，经纪人的福利还包括收到私人派对的邀请，以及受雇成为私人派对的组织者。然而，经纪人不希望客户察觉他们之间的友谊是出于经济动机。同颇有谋略地与女孩建立亲密关系别无二致，经纪人投入大量时间为这份友谊赋予意义，以此淡化自己的经济动机。德雷指出，花钱大手大脚的通常是那些喜欢派对的40岁以下的"年轻人"。为了与他们建立联系，德雷必须和他们一起出去玩："能找到一个人在俱乐部里大把花钱就好了。这可是不小的工作量——要花费很多工夫才能把他弄进去。这通常要耗费一整天。"早餐、午餐、电影、为他们弄到毒品，安排他们与模特约会。

到了俱乐部，经纪人还负责促进女孩与客户之间的互动，如在卡座旁互相介绍，或在晚餐时引出话题。在俱乐部和餐厅里，经纪人通常都坐在客户附近，保证他的享受质量。当他们最大的酒瓶客户之一的俄罗斯富商光临时，蒂博和费利佩还会巧妙地确保至少有一个性格开朗的俄罗斯女孩作陪。

经纪人恩里科尤其害怕被诟病为"从朋友身上赚钱"，不想被认为要靠他的朋友赚钱，以至于经常拒绝接受从他们酒水消费中获得佣金。"让朋友们买酒再从他们身上赚钱也太不地道了，不是吗？"他说，"我和我喜欢的人一起出去玩。我不想从他们身上赚钱，玷污我的灵魂，就好像，'来玩吧，马科斯，你买两瓶酒我就能拿到佣金了！'他们知道我不会那样做；一旦我做了，他们会知道我是那种从朋友身上捞好处的人。"

事实上，恩里科可是从他的朋友身上获得了丰厚的利润，只不过是间接的。朋友们经常将他作为预约该市顶级餐厅和俱乐部的首选推荐人介绍给其他来纽约的朋友。关于预约，恩里科通常会收到约为消费金额10%的佣金。无论如何，通过在友谊和金钱之间拉开距离，经纪人可以将他们与客户的交易重新定义为他们与富裕朋友间有意义的联系——本质上把他们的利益企图解释成与平等朋友的娱乐。

在采访中，客户有时也会将他们与经纪人的关系称为友谊，尽管他们不像经纪人那般强调。所有客户都知道金钱是经纪人交往的动力，但这并不抹杀他们交朋友的可能。我在蒂博的卡座上曾碰到一位40岁的金融行业客户。他对我说："其实你拥有的大多数友谊都是互利互惠的，没错吧？它的交易性虽然不那么直白，但它通常对双方都有意义……如果它总是处于交易之中，你才应该质疑这段关系。"这位客户说，当他需要外出招待金融投资者时，他会利用经纪人来预约晚餐和俱乐部。他补充了一句："与经纪人的女孩们共度良宵总比和其他商人在一起愉悦。"但是，如果没有给经纪人报酬，他会小心不要太频繁地让经纪人帮忙。"如果单向度滥用关系，情况就会变得很糟糕。因为如果你过度利用那个人，你就会打破这种关系，那个人就会离开。"他说。

对于其他客户而言，经纪人让他们在俱乐部现场感到舒适和备受欢迎。正如来自纽约的60岁白人律师桑福德慷慨发言所说："我跟俱乐部老板、经纪人都是朋友。在那里我觉得自在。到处都有漂亮模特围绕身边也不赖嘛。"

尽管经纪人努力缩小他们和客户间的社会距离，但两者之间仍然存在一道典型的鸿沟。经纪人擅长吸引女孩的那些伎俩，对客户却不大奏效。我经常见到客户无视或不理会自称是他们亲密朋友的经纪人。

在戛纳停泊着成排游艇的港口，桑托斯就碰到过这样的事。桑托斯曾吹嘘他要带女孩们登艇参加他"要好朋友"的余兴派对——当晚早些时候，我们碰巧在俱乐部卡座附近遇到了一位富有的南美金融家及其家人。显而易见，登上游艇后，桑托斯只与这个家庭23岁的儿子里卡多勉强认识——因为他的叔叔一度困惑地问我，桑托斯是不是皮条客，而那些上船的女孩会不会是性交易的受害者？

当我采访里卡多时，他说他的确见过一次桑托斯，不过那已经是一年多前的事了。在他看来，只要经纪人不过于明显地劝他消费酒水来增加佣金，他还是愿意和其中一些人成为真正朋友的。或者，他换句话说："只要他们不惹毛我。"桑托斯是个好人，里卡多推断，因为他从不试图向自己推销香槟。

无论桑托斯和其他经纪人如何夸大他们与精英男士的人脉深度，他们间的友谊很大程度上只是看似不着边际的框架性策略、实则一种隐性经济交易的做法（包括惹人反感的以营利为目的的女孩交易）。

除了和客户们共度闲暇时光，那些友好联络的幻觉使经纪人即使置身困境也拒绝承认情谊带来的经济效益。它在双方之间建立起不对称的期望——客户期待短期、有趣的接触，而经纪人期待长期、有经济流动的联系。

有色资本的双刃剑

　　种族是经纪人外在身份的一个标志。在晚上的田野调查中，我遇到的大多数有色人种都是经纪人或其他例如保安的俱乐部员工。在"市中心"这样的俱乐部里，任何一个晚上每一百人中最多可能只有十位黑人——其中不少都是经纪人。门卫需要小心翼翼地管控，不让太多棕色和黑色皮肤进入。

　　经纪人的种族较为多样——在田野调查中，我在纽约遇到的经纪人约三分之一是黑人或拉丁裔，且通常是移民男性。在我采访的44位经纪人中，有19位黑人，20位白人，5位亚裔，5位拉丁裔（其中3位黑人、2位白人）。其中25人是在美国工作的移民——只有8人是美国白人。[9]

　　黑人经纪人作为VIP世界中白人占绝对优势下的异类，深知自己的边缘性及对种族陈规老套的观念。女孩常常性感化黑人和棕色皮肤的经纪人，客户们则猜测他们从事拉皮条或毒品交易。然而某些情况下，经纪人反而可以利用社会学家所谓的"有色资本"来贴合关于黑人身体、肉欲、异国情调的刻板印象。"有色资本"指白人对有色人种在一些刻板印象影响下的物化，并由此来提升自身地位，比如将黑人与"灵魂"、异国情调联系起来。白人，则可以通过声称有黑人人脉来体现自己跟非洲文化的联系。因为"有色资本"是由白人定义的，所以黑人经纪人只有在体现他们种族刻板印象的空间才能使用它。然而，令我惊讶的是，一些黑人经纪人可以借助主导性的种族刻板印象在工作中发挥自身优势，从庞大的种族资本主义结构中开辟出狭小的代理空间。[10] 这些人将黑人肤色视为 VIP 场合中的优势,并找到了三种以此获取个人利益的方式。

第一种,夜生活圈子对黑人的普遍看法就包含吃苦耐劳。黑人经纪人们便欣然接受这一正面的刻板印象,即黑人卖力工作,以此跟俱乐部管理层在领取薪水时讨价还价。就像来自塞内加尔的黑人穆斯塔法所说,黑人更努力地工作,因为他们无权获得任何东西,所以"他们努力进取并抓住机会,这也是作为经纪人必须做的事情"。尤其是黑人们没有被赋予任何特权,他们只能拼命工作,只能"抓住机会、破釜沉舟"——这就是经纪人的生活。黑人移民,则更因为种族和国籍的双重劣势,被视为最刻苦的工作者。来自布鲁克林的非裔美国人韦恩解释:"很多黑人来自非洲,算是法属非洲人,他们非常清楚美元的价值。他们没有别的东西……那些就是他们生活的全部。不像那些来自美国或上过大学的黑人,所以他们非常、非常有动力。"

第二种,这些经纪人认为肤色可以帮助他们脱颖而出。尽管特征主义在职场上一定存在弊端,但在 VIP 俱乐部中,大多数黑人表示,自己反而得益于因人数劣势而成为辨识度高的"标记"。[11] 40 岁的迈克尔从事夜生活工作的经历和大多数经纪人一样:爱闲逛、招人喜欢。从十几岁开始,他就和同为加勒比黑人的表弟卢瓦克成为迈阿密一家摩托车酒吧的常客:

> 那里的人们都喜欢我们。因为我们是那里仅有的两张黑人面孔。事实上是那里的老板主动要求见我们、问我们是否想做

经纪人的。他对我们说:"我还从没遇到过这种情况。人们就是喜欢你们,你们真的太有意思了……你们俩有没有想过试试经纪人的工作呢?"那时我们甚至都不知道经纪人是做什么的。我当年才19岁,我甚至都不能合法出现在酒吧里!所以当他约我们见面时,我以为他发现了我们的年龄,让我们不要再去了。

迈克尔于是辞去了他在迈阿密一家观光咖啡厅的打杂工作。他仍然难以置信,再次问酒吧老板:"等一下,你是说我只是继续做我现在无偿的工作,就能得到额外报酬?"意识到黑人有色资本的价值后,俱乐部为黑人提供了进入精英圈非比寻常的机会。或者正如迈克尔所言:"你看,就因为我是来自牙买加的黑人小孩,只要我愿意,我第二天就能打电话约到一家金融公司的CEO吃午饭。"

黑人经纪人的第三种受益方式,也是最显著、最普遍的受益方式,就是依靠阳刚之气和性能力强的刻板印象吸引女孩。来自布鲁克林的29岁经纪人马尔科姆说,他经常从欧洲女人口中听到:"我爱美国黑人。"他便回应道:

我就是你要找的男人!你知道的,就凭我是整栋楼里唯一或为数不多的几个有魅力的黑人男性之一这一点,我就能钓到女孩。你听到了吗?这里所有男的都是西装革履、身材矮小的白人,我倒有了优势。不是我骗你,即使不是我,你们也会找别的黑人。

长久以来，黑人的男子气概一直是白人社会迷恋和恐惧的对象。旧时期殖民语境下将黑人男性比喻为性欲过盛的威胁和异国情调的玩物的说法仍普遍存在。[12]尽管这些比喻蕴含暴力，但黑人经纪人仍然发现，在 VIP 世界中，他们种族身份的异域风情对白人女孩有巨大的吸引力。正如德雷解释的那样，由于经纪人工作中很大一部分是与女性会面并保持她们的兴趣，他们可以利用关于种族的刻板印象来发挥自身优势：

女人喜欢我们。女孩爱我们。这些年轻女孩来自小城镇或东欧，她们的父母总是告诉她们要远离黑人——说我们危险、麻烦；但是，当她们到达纽约时，年轻女孩总是会逆反她们的父母。她们一看到我们就会想："哇，他好酷，他闻起来好迷人，他还会跳舞。"她们认为我们性感、风趣。我们有白人没有的优势——我们自带潮酷风范。她们认为我们很有趣，甚至以为我们有毒品。

德雷知道这是一种刻板印象，但他并不介意夸大其词："我知道有些黑人的床上功夫不如白人，但这就是刻板印象……她们看到我们就会想到乐趣、想到性满足、想到跳舞。"事实上，德雷不得不一遍又一遍地向女孩们解释他不是毒贩也不愿给她们买毒品。而另一方面，他对黑人性魅力的刻板印象又照单全收。

从某种程度上来说，在 VIP 俱乐部这种以白人为主的精英人士环境中,黑人经纪人在赢得白人女孩芳心方面大获全胜,这种快乐甚至可以盖过像马尔科姆这样的黑人面临的种族歧视所带来的负面影响。最近,马尔科姆一直和桑托斯一起在伦敦一家高级俱乐部组织活动。他、桑托斯和一些女孩住在伦敦的一栋联排别墅里,周租为3800英镑。身材高大的马尔科姆穿着嘻哈风格的衣服:他喜欢裤腰低到露出几英寸里面的平底裤;他总是穿着时髦的限量版运动鞋,戴着一顶帽檐向后的棒球帽。因为,当他第一次来到伦敦的VIP俱乐部时,门卫拦住了他:"运动鞋、帽子禁止入内。"这是一种常见的种族隔离的方法——通过禁止某类与穷人、黑人和边缘人群有关的"不适宜"衣着,隐晦地将黑人排除在外。然而,也正是这群人创造了白人俱乐部追捧的嘻哈音乐。[13]

马尔科姆说起这个故事时开怀大笑:"我回复门卫:'你看到这十几个模特了吗?如果不让我进门,她们也不会进门!'现在我走进来,裤子垮到这里。"他指了指屁股下方,继续道:"他们则会说:'怎么了,马尔科姆?进来,快进来!'"

然而,黑人男性的有色资本是把双刃剑,在带来机遇的同时也带来风险。经纪人虽然承认肤色是令他们脱颖而出、吸引女孩的有利因素,但在VIP舞台内外,"非白人"的标签还是为他们带来诸多不便。德雷解释道:

在精英社会,你到的阶层越高,见到我们这种人就越少。这就是现实。我非常清楚——你以为没有女孩、没有人脉,"市中心"俱乐部还会让我们进门吗?不可能的。他们就会像对待猴子一样对待我们，对我们极差。"

经纪人深知，那些负面的、有损黑人声誉的刻板观念总是挥之不去，对他们的形象塑造和人身安全都构成了威胁。德雷一直比较警惕沾染毒品或未成年的女孩，因为他觉得警察们正急于逮捕与白人女性有关系的黑人男性。有一次，当一个白人女孩失踪时，马尔科姆也有类似的恐惧。仅仅因为他的名字出现在了失踪女孩的通讯录列表里，警察就怀疑起他。庆幸的是，她只是在没有告知任何人的情况下跑去了大西洋城。马尔科姆这才松了口气："感谢上帝，找到她了！你要知道，失踪的是个白人女孩，而我是个黑人。当时我就想，完蛋了！"

最后一点，在 VIP 世界之外，黑人经纪人每天都可能遇到偏执的或种族主义的行为。"作为一个黑人，你必须时刻做到最好，最好的着装，最好的举止。"德雷在一个艺术展开幕式的晚上解释道。"我去参加过很多类似的晚宴和活动，"他环顾四周，"一些自以为幽默的家伙常常讲一下种族主义的笑话，踩到我的雷区。我只能保持微笑，说：'哈哈哈，我不会生气的。'"

的确，上次在纽约市中心的时候，我就见识到了德雷面对令人震惊的偏见时所展现的冷静。那是一个阳光明媚的午后，我们漫步在街边，为一位模特经纪人选购生日礼物。在我们出发之前，他穿上仿旧的名牌低腰牛仔裤，戴上古德雷朋墨镜，将针织帽拉下盖住眉毛，宣布说："现在我看起来像个大人物了！"之后，他挽住我的手臂大摇大摆地走在路上。

有时，他这样走路会被路人认成名人。他经常会在街上被人拦住，问他是谁，来自哪里。从人行道旁的咖啡店直到街角，人们的目光都锁定在他身上。然而，并不是所有人都欣赏德雷具有男人味的个性化黑色穿搭。今天下午我们在散步时，就有人跟了上来。

　　一个年长的白人男性跟在我们身后走了好几个街区，直到在下个路口追上了我们。他咄咄逼人地斥责德雷的裤子太过宽松、有失体面——尽管这是嘻哈圈流行的造型，在时尚界和VIP俱乐部也被公认为是时尚风向标。

　　"在这个社会，在这个白人社会，我们把裤带提到屁股以上！"男人在人行道上冲德雷喊道。整个事情发生的过程中，德雷都展现出亲切和冷静，对此置之不理。然而，他并没有很快忘记这件事。几周后他提及此事，对我说："'这是一个白人社会。'这说法也太唐突了吧？"

　　现实就摆在那里，在俱乐部的天鹅绒围栏外，黑肤色的价值正骤然下降，与香槟酒价格的涨幅大相径庭。与所有形式的资本一样，有色资本的价值囿于特定场域；在VIP俱乐部的围墙之外，肤色很快就会成为经纪人的负担。这便是黑色皮肤在精英圈内的两面性：酷炫却危险，充满异国风情但污秽不堪，只能获得少许满足，而在多数情况下与精英阶层是格格不入的。

社会资本的限度

　　经纪人本来能够动用自身的性吸引力与女孩建立联系，并将此转化为在精英网络中生存的社会资本。然而，尽管与精英人士接触频繁，经纪人却鲜少能像周围的精英们那样充分利用自己人脉的价值。

除了受制于与客户之间的社会距离，经纪人还不得不考虑到一个现实问题：他们与富人的交集大部分都在娱乐场所，因此交情很浅。

于是，与精英人士聚会一方面为经纪人带来了宝贵的社会资本，另一方面却限制了他们"消费"这些资本的方式。毕竟社会资本的获得方式直接影响着其拥有者所感知的正当性。[14] 尽管经纪人煞费苦心地将利益相关客户定位成真正的"朋友"，但他们之间物理距离的靠近并不能缩小其社会距离——就如空乘、司机等提供私人服务的从业者在迎合精英时所共同面临的窘境。[15] 虽然肤色为身处白人世界的黑人经纪人增添了异域风情的光环，但黑色皮肤同样为他们的身份烙上了卑微的印迹。

这在我曾交谈过的20个主顾里属于压倒性的看法。假如一个经纪人想设法开个俱乐部或酒吧，主顾们便声称会进行投资，并保证将无条件来光顾新店。然而，没有主顾会认真对待经纪人的生意，或指望经纪人促成商业交易。有一个俱乐部老板看着经纪人及其小起步大梦想，道出几分同情：

> 他们以为自己将要做成生意，但只能是想想而已。设想和实际做成有很大不同。他们确实有各种联系。他们的确认识一些家族。但在此时此地，当我与唐尼（一位经纪人）交谈时他说："我有个主意。我有个项目要做，也曾和这个人或那个哥

儿们说过，正等他们确认将投资我的项目……"我说："唐尼，你看，他们不会给你回话。他们喜欢你只是为了派对。他们不喜欢你成为生意伙伴。"

意识到这一点，一些经纪人就尽可能撇清自己与俱乐部的联系。他们避免称自己是经纪人，因为他们知道这个词与轻率有关。比如，当特雷弗遇到一位刚认识的商人时，会介绍自己是一名项目顾问。"我避免使用'经纪人'这个词。"他说。就连德雷这个善于经营人脉的经纪人大咖，也对这个标签感到不舒服。回想 2011 年，当我第一次提出要研究他的圈子时，他立刻打断我，说他不想被视作经纪人，而只想让大家知道自己是个音乐人。[16] 经纪人普遍感到，他们这份工作并非长久之计。"一大把年纪的男人"在晚上和年轻女孩一起上班，这样的工作并不体面。25 岁的特拉维斯说：

我不想被困在这个行业里。我已经 25 岁，而且年龄越来越大。我不想结婚生子、画地为牢，我在俱乐部工作，你知道吗？这太尴尬了。

一个男人到年届四十还在做经纪人，他很可能被视为失败者和不成功的人，被当成困守于"派对小子"的角色，或更糟糕，被看作是在街上追逐女孩的"油腻老男人"。像蒂博这样的男人，其他经纪人和女孩将其描述为警世钟。如果一个年轻人做不出明智的决定，从俱乐部工作转换到一个更体面的职业，他的遭遇是可想而知的。就像年轻模特感觉到岁月对她们身价的威胁一样，大龄经纪人也体会到，若一个职位严重依赖于长相和性吸引力，会很不稳定。

然而，一旦经纪人在女孩和客户之间有了自己的关系网，其工作就会变得轻而易举，得心应手；事实上，其中许多人都很难再放弃这项有利可图的工作。以恩里科为例，在我们进行最后一次采访时他已经 34 岁。恩里科觉得已准备好进入自己理想的未来商业企业——一家高档的欧式咖啡店，就像他经常在苏活区光顾的那种——但当时他还没有任何切实可靠的计划，去放弃不费气力的现金流和快乐的夜生活。虽然到了一定年纪干这份工作就显得不够体面，但起码报酬丰厚——要是你不过多考虑隐性成本的话似乎就是如此。"我赚了很多钱，"特拉维斯说，"我赚的钱比家人们都多。"

到 2018 年，也就是在德雷、桑托斯、恩里科和马尔科姆首次告诉我他们自己梦想的六年之后，这几个人仍然在他人开的俱乐部做经纪人。那时德雷年近四十，他的那些不在俱乐部工作的朋友都已结婚生子，并在事业上取得了进步。德雷也想得到这些东西；他常说要找一个合适的女人组建家庭，也曾在俱乐部遇到的大量女孩里寻寻觅觅。但他认为先要创建自己的企业再说。为此，他仍处在不断期待的过程中。

同样，桑托斯持续等待他的商业经纪人事业起飞的时候，他也可以说自己终于成功了。很难说桑托斯还没有"成功"。从某种意义上说，俱乐部生活也推着他步步高升，对于一个来自中美洲贫困家庭且未受过教育的混血移民，这已经远远超出他的预期。事实上，在我们认识一年后他自豪地告诉我，他已经在哥伦比亚为母亲买了一套房子。我在戛纳的时候，她曾在那里短暂逗留，帮忙打理他的度假别墅，还看望了桑托斯的兄弟。桑托斯的兄弟在米兰附近也做经纪人。桑托斯的母亲显得洋洋得意，因两个儿子在世界上最富有的地区与贵宾级人物共事。但在桑托斯的世界里，要缩小自己和那些富有"朋友"之间的差距，他还有很长的路要走。

"这份工作我还要做多久？"开车送我去戛纳火车站时，他傻笑着摇了摇头，委婉地问道："我可以一直做下去。蒂博46岁了，你知道吗？他还和我一样干这种工作，带着女孩环游世界、在街上追逐女孩。你知道我为什么想做这份工作吗？我才27岁，就为一个海湾国家的国王工作。等我50岁的时候，我会掌控一切。你等着瞧吧。"

到了火车站，我和桑托斯拥抱告别，上了去圣特罗的火车。那是在2013年夏天，我最后一次见到他。

我坐在火车上眺望窗外。随着戛纳的豪华酒店缓缓远去，碧绿的田野和简朴的农舍渐入眼帘。车开了几分钟后，坐在我旁边的先生拍拍我的胳膊，介绍说自己是戛纳当地的商人。事实上，他是桑托斯做经纪人的霍拉俱乐部的常客。这位先生曾看到我在站台上和桑托斯拥抱告别，就迫不及待地问了我一些憋在心里一直想知道的事情。他很好奇俱乐部里那个留着长发、显得与众不同的黑人，因为他身边总是围着漂亮的白人女孩："你知道他是不是皮条客吗？也许在贩卖妇女？"

注 释

1. 关于经纪人访谈的详细描述，请参阅研究附录。
2. Chetty et al. 2014; Jäntti et al. 2006.
3. 关于社会资本价值提纲挈领的描述，请参阅 Burt 1992。
4. Bourdieu 1986, p. 257.
5. 关于俱乐部的快速倒腾换手及其短暂保有期，埃尔伯斯（Elberse）等人估算在 18 到 24 个月，见 Elberse, Barlow and Wong 2009。
6. 社会学家泰勒·莱姆利（Taylor Laemmli）发展了"生活方式工资"（lifestyle wage）的概念，用以解释高档消费里的服务人员。他们像经纪人一样，在巨大的阶层落差和地位鸿沟中工作。对大多数人来，阶层和地位往往是重叠的。高档服务和经纪人的工作陷入"阶层涤荡"（class laundering）困境。这些人可以接触到更高阶层的消费方式，但其自身正常的财务能力又不足以支撑高消费生活方式。参见 Laemmli 2019。
7. 在社会网络分析理论里，"中介"作为交易方的联结，其获益包括象征性或物质性回报（Burt 1992）。
8. 交易服务往往以员工和客户之间明显的不对等为典型特征。尤其是奢侈品服务行业，人们将其描述为顺从式的表演，要求员工展示出遵从客户、有专业精神和彬彬有礼，从而满足客户的优越感（Sherman 2007, pp. 44—48）。但为制造"真实"的消费体验，经纪人努力培养并维持与客户平等的关系。对经纪人这种工作更恰当的描述是"贴切服务"（proximal service）。社会学家伊莱·威尔逊（Eli Wilson, 2016）用这个术语来描绘高端商业场景中服务供给日趋平等化的特点。在"贴切服务"中，员工努力建构起亲密且平等的关系，而不再是一味地保持距离和顺从客户。例如，使用更少的正规标识，在员工与客户之间进行更加个性化的交流。这种做法试图缩小社会差距，一定程度上改变了经纪人与客户相比教育程度和富裕程度低下的形象。对于社会距离的勾勒，请见 Bogardus, 1933。
9. 完整的描述请见研究附录。
10. "肤色资本"中的"资本"指价值（value）或有价（worth）。这个概念并非来自布迪厄式分析框架（Bourdieusian framework），也不意味着有色人种能通过符号资本来减轻制度性的种族偏见的影响。相关论述请参阅 Hughey 2012。"种族资本主义"指称那种从他人种族身份中获利的经济体系。

11 罗莎贝斯·莫斯·坎特（Rosabeth Moss Kanter, 1977）关于表象特征在工作场所的负面效应理论认为，任何少数群无论数量多少，无论女性群体抑或少数族裔，都会在特定工作场合处于不利地位。在这种场合，严苛的审视和情感压力不是针对某一个人，而是针对某个群体的代表。随后的研究表明，至于少数族群标识在客户身上如何得以体验，关键还取决于工作情景和工作类型。例如，人们印象中的护理工作就应当是女性去做，白人男性如果从事这类工作就可额外受益从而晋升到高管职位（Williams 1995），然而黑人男性在同样的工作环境下就很难从男性优势中获益（Wingfield 2009）。

12 关于种族问题及其表现形式的论述，请参阅 Patricia Hill Collins 2004, pp. 151—64。这些论述尤其谈道，在黑人性别、异质情调和黑人作为危险的殖民遗留问题之间有着根深蒂固的联系。

13 May and Chaplin 2008, pp. 60–68.

14 Cousin and Chauvin 2012.

15 Mears 2019.

16 在访谈样本中有三名经纪人拒绝接受采访，他们没有参加这本书的研究计划（关于更多的访谈选择请见研究附录）。这三名拒绝访谈的经纪人中有两人解释说，他们不想让自己的名字与经纪人联系在一起，也不想进入任何与经纪人的书，因为这意味着粗俗的行为和生活方式，与自己更宏大的投资创业前程不相符。另外一名拒绝访谈的经纪人甚至拒绝拿我的名片。他告诉我，自己与"那些人"——其他那些经纪人——没有任何共同之处。他打算用好自己的金融背景，不会像其他经纪人那样"胸无大志"且不自知，连夜生活里现成的关系都用不好。

第七章

尾声

第七章 尾声

本书分析的是 VIP 派对圈。这个圈子业已成为展示奢华消费的国际舞台，让全球新兴精英阶层彰显地位、积累人脉，并为其商业价值添彩。要想理解在一个不平等阶层结构里上层地位的变化，我们必须掌握这个群体消费的社会意义。VIP 派对圈并非边缘性话题，它展现了社会发展的一个历史性片段，即在 21 世纪资本主义条件下获取社会地位的某种形式。

也许，把消费视为产生价值的手段的看法与人们的直觉相悖。历史上，人们一般定义"消费"是一种价值损失，甚或浪费。在 17 世纪的欧洲，"消费"（consumption）一词的早期用法就是贬义词，表意冲动性的"贪婪"或"耗竭"。[1] 到 20 世纪早期，人们还把肺结核这种导致身体衰竭的疾病称为"痨病"（consumption）。

随着经济科学在工业革命时期的兴起，专家们认为生产是创造价值的核心手段。早期经济学家认为生产和价值创造属于男人的事情，故而把男性工资当成资本主义健康发展的指标。[2] 相对来说，消费就成了女人的无聊行为。在工业化之前，教会甚至宣称消费是一种"疯狂行为"。尤其是在信奉新教的欧洲国家，它们作为资本主义转型的先锋，其个人积累的冲动远大于花销。奢侈品消费属于极度病态和放肆行为，是只有贪婪的女人和懦弱的男人才做的荒唐事。[3]

奢华消费之所以危险，还在于它有动摇社会层级结构的潜在可能性。欧洲在几个世纪里拥有最高的社会地位的，都是那些有头衔和世袭财产的家族。世代富足才培养得出贵族气质。地位真正优越的标志，是家里拥有代代相传而留下浓郁岁月痕迹的精美老物件。[4] 近代早期家居用品和服饰等新型奢侈品的流行引发了某种政治和社会危机：此时新贵阶层看上去就像既有的上层人士，这就模糊了社会群体间的界限。

个人简单通过购买奢侈品能够获得地位，这曾是一种反传统的激进观点。[5] 贵族们用法律限制下层阶级的穿着和消费的做法，从而应对这种威胁。在十七八世纪，在禁奢法的规约下，贵族可以拥有水晶，商人却不可以。假如商人想拥有，就必须支付特别税。当时的禁奢法尤其针对女性衣着和仪容妆扮。女人的鞋跟、项链和袖花蕾丝，都象征着她的社会地位，以及家里男人的身份。骑士的妻子和女儿的衣服可以绣上昂贵的金丝绸缎，而商人的妻子如果胆敢这样炫耀，就要被重罚。[6]

今天，消费资本主义已经蔓延了三个世纪，再试图通过法律强制来区分阶层看上去很愚昧。只要有足够的钱，任何人都可以努力进入上流社会。凡勃伦曾惊叹于19世纪晚期新贵们为获得地位而不惜消费的努力，认为这是一种显著的现代现象且为美国所独有。工业繁荣让白手起家的人赚得盆满钵满，他们便急于展示新的财富力量。这是资本主义民主允诺的例证：任何人付出努力都可以成为上层阶级，无论出身或血统——当然，种族和性别仍然是可以接受的限制。在20世纪的整个发展过程中，随着针对性别和种族排斥的法律法规逐步被废除，美国显得越来越成为一块充满黄金机遇的乐土,仿佛任何出身卑微的人都能指望通过奋斗爬入1%的顶端人群。

有钱从来都无法保证一个人确定能成为精英。人人都知道金钱并不能确保地位。将金钱转化为精英地位遭遇的挑战,可以举出许多著名例子。比如亿万富翁出身的总统唐纳德·特朗普,他的镀金顶层公寓就曾招致纽约上流社会的嘲讽。[7]金钱只是获得社会地位的一种手段。你可以拿钱通过慈善事业来换取声望。[8]你能用钱购买诸如艺术品和美酒之类的高档物品,惊艳来访的客人。金钱也可以让你住在富裕的社区,让你孩子上好的学校。其实,用法国社会理论家皮埃尔·布迪厄的说法,所有这些努力相加,就构成了宝贵的"文化资本",他认定这是掌握了上流社会的文化密码。精英的言谈举止和生活习性看似是"自然的",然而这些在布迪厄看来,却是长期社会化过程的产物,它们变成了上流社会品位和区隔的隐性规则。布迪厄认为,只有通过体验,人们才能掌握正确的技能和知识,从而跻身精英阶层。

专业人士、家长、教师、学生和日常消费者都试图把对上流社会文化的熟悉转化为相对的社会优势,对此进行研究的学者们热切援引布迪厄关于文化资本的概念,用以对这些人进行细微分析。研究者想知道,上流社会的父母、学校和工作场所以怎样的方式将上流社会文化相应传递给他们的孩子、学生和雇员?伴随社会学里各种各样文化资本概念竞相涌现,对符号经济的细致分析也在激增,这些研究试图理解人们追逐地位的合理诉求。[9]

然而，在对文化资本的所有关注中，学者们忽视了经济实力展示的重要性，或者用凡勃伦的术语讲，就是"金钱力量"（pecuniary might）。文化资本只是获得地位的行动策略之一。有些精英只拥有经济资本并借此谋求地位。实际上，布迪厄自己也指出过，对于富裕阶层中的顶层群体——"统治阶层中最主要的统治集团"——来说，经济统摄是一种可以用来争取认可的策略。[10]对一些人来说，纯粹靠经济实力追逐地位，而不顾高雅的教养。

凡勃伦认为，毫无掩饰的金融竞争是美国资本主义的核心。但在今天，对文化层面区隔的关注遮蔽了我们的注意力，我们对身边不断升级的金钱炫耀视而不见：越来越大且不断盛行的豪华游艇、创纪录的艺术品价格和奢侈的生日派对——其中包括2012年刘特佐的31岁生日派对，由战略集团的诺厄·泰珀伯格和杰森·斯特劳斯在拉斯维加斯的LAVO举办，耗资数百万美元。这场派对请了莱昂纳多和布兰妮等名人到场。据报道，布兰妮与生日蛋糕联袂出场，同时献上了生日快乐歌。她获得的报酬高达六位数。[11]

经济学家把奢侈品消费的兴起称为"奢侈品狂热"。这是一场节节攀升的高价驱动区隔扩展。人们为争夺地位或确认地位而竞相购买奢侈品，犹如军备竞赛一般。[12]这些动力催生出艺术品和高档酒之类高端奢侈品的新市场。法国理论家吕克·博尔坦斯基（Luc Boltanski）和阿尔诺·埃斯凯雷（Arnaud Esquerre）称此类奢侈品为"特别物品"（exceptional objects），只在富人之间进行买卖，而且正因价格昂贵才实现了价值最大化。[13]

本来，艺术品和葡萄酒等奢侈品保存时间越长，价值就越高；然而在最近，一个与奢侈品体验相关的另类市场出现了。这类市场基于相反的过程：浪费。VIP俱乐部便是"体验经济"的一部分。在体验经济中，体验消费比拥有商品更重要。自20世纪90年代以来，越来越多的企业听取建议，接受了场景主题。他们不仅要向客户销售商品和服务，还要销售难忘时刻；体验本身，连同体验的美好记忆，也成为产品。[14]

日渐增长的豪华体验市场是理解VIP俱乐部涌现的必要背景，它促进了精心编排的炫耀性挥霍。这或许是经济支配的终极表现。从圣特罗佩和圣巴特到纽约市中心，大客户烧掉大量的现金搞仪式化的挥霍：充斥着"酒瓶女孩"、模特，还有模仿水枪摇晃喷洒的"香槟列车"。与通过收藏艺术品等方式积累价值相反，VIP派对提供挥霍金钱的体验和记忆。就像赌场和豪华音乐节那样，VIP派对为顾客提供了享受浮华体验的舞台。夸富宴以其纯粹、直白的形式颂扬金钱：金钱乃是经济的主宰。

你未必能看到所有那些动员有钱人进行炫耀所需要的有组织的工作。就连挥金如土的人自己都形容组织炫富行为"极其荒谬"，乃至"令人作呕"。在这样的背景下，炫耀性消费带来的不是地位，反倒是轻蔑；人们只需要考虑一下新闻媒体对精英生活方式的批评，以及客户们说起自己高消费的轻蔑语气，就略知一二。VIP俱乐部必须让夸富宴换一种方式进行，把追逐地位置之度外，主要是让它看起来更自然、更有趣。要办成一场成功的夸富宴需要投入大量劳动。就像任何有组织的社会形式一样，夸富宴是一种集体礼仪，需要在精心设计脚本的场景里展开，在过度消费的共享文化和对浪费的集体推崇下才能存在。

20 世纪中叶的哲学家乔治·巴塔耶提出，消费甚至浪费并非轻率和无关紧要的行为，它事实上成为全球经济的组织原则。[15] 巴塔耶认为，每个社会要摆脱过剩，都要设计各式各样不同的程式。社会如何克服过剩及其"非生产性支出"，塑造并揭示着其社会关系。在 VIP 区朝着空中喷射香槟与其说是反常之举，毋宁说是 21 世纪资本主义社会显著不平等的一种仪式性表达。祭祀仪式、战争、角斗士竞技、纪念场所，以及当今的奢侈品零售店、赌场和俱乐部，都展现了浪费现象确是社会生活的构成部分。它们塑造了我们的梦想和欲望，而且值得我们认真关注。

香槟夸富宴展示了全球新休闲阶层的体量，及其性别结构和种族等级制度。凡勃伦早在一个多世纪之前就指出，"女性的所有权"是男性炫耀自己地位的最重要手段之一，如今的 VIP 场所及其他场域还继续受到这种性别权力关系的支配。[16] 与此同时，VIP 世界明显排斥和贬低有色人种，这也印证了精英空间主要由白人支配的假设。在这里，经济统治的实现取决于男性统治和白人至上。

香槟夸富宴也预示全球流动精英们生活世界的转变。VIP 俱乐部在极度富有时代的民主化和全球化过程中涌现。前几代富人都根植当地社区，他们在那里彼此认识，共享社会空间和社会规则——例如波士顿的婆罗门圈和芝加哥社交名人录（the social register of Chicago）里的精英。[17]再看看欧洲贵族和他们在寄宿学校的后代——所有这些财富孤岛都受到内部行为和约束准则的控制，而且在精心安排的联姻中得以复制。相比之下，新的精英阶层则全球联结，且高度流动，互联网企业家和俄罗斯寡头都是如此。他们与沙特王子和对冲基金巨头共享社交空间，角逐社会地位。在这个扁平化的全球财富领域，精英们不再固守地方社区规范。他们的匿名程度也更高。任何持有美国运通黑卡的人都可以参加 VIP 派对。在这里，你远离家人、邻居和地方性习俗的羁绊，可以随心所欲、尽情狂欢。随着追逐地位的选项增多，夸富宴演变成地位彰显策略的诸多选项之一。然而在过去几代人那里盛行的结构化地方秩序中，夸富宴确实意义不大。

为了满足此类具有独特流动性的新贵，一些城镇、岛屿和地方经济整个都变成了炫耀型消费的中心。在从拉斯维加斯到迪拜，从迈阿密到戛纳的 VIP 派对，你会看到富人挥霍无度，在精心策划且自由自在的全球性舞台上展示他们的经济实力。

在精英们控制着越来越多世界资源的时代，像纽约这样的城市已转向为暂住的超级富豪服务。对这些富豪来说，纽约成了全球商圈和休闲娱乐圈的理想目的地。其结果是，纽约人和其他全球性城市的居民一样，正经历着一场富裕危机。[18]高档餐厅和娱乐场所等豪华设施蓬勃发展，而公共产品和公共空间却日渐式微。由于富有的买家投资房地产，整个城市的房价飙升，但黄金住宅单元又大量空置。《纽约客》在 2016 年曾报道，在曼哈顿中城的大部分地区，近三分之一的公寓每年至少空置 10 个月，人们因此戏称纽约为"富有的鬼城"。[19] 与此同时，中产家庭被挤出了曼哈顿公寓均价约 200 万美元的住房市场。无家可归者的比例也正在接近历史最高水平。2016 年，大约五分之一的纽约人生活在官方公布的贫困线以下。

然而，在这座迷人的城市里，在其富丽堂皇的聚居地，派对仍在继续。VIP 场景展示了现代体验经济中价值创造的动力机制。其中，极富的少数人从大量美女以及边缘男性的情绪劳动和审美劳动中获益，并享受乐趣。经纪人和他们的富有客户都承认，摇晃数千美元的香槟向空中喷射确实"荒唐"，然而在那样精心策划的场景中，对那些贵宾要客们来说，这也的确无可厚非。

脱离 VIP 世界

2013 年夏天的一个星期二晚上，临近午夜，德雷仍在 X 俱乐部的桌子前，给那些模特、银行家、房地产经纪人和名角们捧哏。那简直是一幕夜场样板戏，充斥着飞吻、击掌，还有喝不尽的免费赠送的香槟。

当时我跟着德雷进出夜场已经一年半了。尽管他一直在谈论那些悬而未决的商业交易，但他的生活并没有发生多大变化。他照旧在利用美女结交有权势的男人，以此来积累人脉。

尽管德雷没变，但女孩们变了。她们许多人有些已成家立业，有些对俱乐部场景简直厌倦透顶，有些则因为年龄偏大而不再受邀出席这些场合。德雷对此却无动于衷，他随时可以补充那些渴望免费体验纸醉金迷世界的迭代新人。女孩只要漂亮、纤细又高挑，都可与他的朋侪作戏。女孩们循环往复于美貌和地位的交易圈，永不停息地推动着奢侈品经济的发展。

人们可以把 VIP 派对想象成经纪人、客户和美女之间的一系列复杂交易。女孩们向往通过这种场合能抵达自己心仪的美丽之乡，与富商和名流共度时光。无论女孩自身的社会经济地位或教育背景如何，她们都会受邀到圣特罗佩和汉普顿等地的高档场所，与世界上最富有、最有成就的男人交际。在交易当中，女孩们助推男性经纪人和客户展现男子气概。女孩资本宛如货币，可供男人用来变现成地位、人脉及利润丰厚的商业交易。客户还可以利用女孩与其他重要人物建立社会关系，从而向精英阶层攀爬。单纯考虑女孩在金融、时尚、娱乐和城市发展等产业网络中的中心地位，女孩们的经济价值不可谓不巨大。从女孩们替男人创造的资本额来衡量，女孩可以说是无价之宝。但如果作为长期伴侣，她们就在人们眼中失去了价值，而且酬报甚微。

当然，女孩们还是得到了补偿，甚至是很高的补偿，只是不像 VIP 世界里男人所追求的那样，获得丰厚经济回报。我们可以将女孩们参与这些安排的动机划分为三种类型：实用型、关系型和感官刺激型。这三种类型交叠于同心圆的核心。先分析实际诱因。女孩们有吃、住和无可争辩的娱乐等基本需求。在纽约这样的城市，满足此类需求本来就相当昂贵。对在富裕城市生活的年轻人和不稳定的就业人员来说，这是普遍性难题。

VIP俱乐部生活则以"双赢"方式满足了这些需求。在双赢安排下，女孩们可以享受她们本来负担不起的豪华设施，是用参加VIP俱乐部性别化舞台表演的机会来换取的。尽管她们的参与通常具有相当优惠的条件，但这些条件是由男性决定的。其次，女孩有人际交往动机，比如与经纪人建立友谊，以便在陌生的城市结识新朋友或专业人士。当女孩们进入这种设定场景，她们有可能经历某种程度的依恋关系，至少是回报经纪人的款待，甚至有很大可能对经纪人产生爱恋。第三个值得关注的动机，是女孩们明明知道自己在受剥削还夜以继日地随经纪人外出的原因，即感官上的刺激。在这种动机驱使下，女孩们寻求特定"气氛"下的乐趣，感受到自己足够漂亮才得以入场的冲动。经纪人寻找的女孩必须兼具三个动机：有享受免费餐饮的需求，委昵于他的友情，喜欢一起享受夜生活乐趣，这样的女孩才能够成为经纪人宴席上的常客。如果缺乏这三种动机，女孩根本不可能出来。

  VIP俱乐部作为炫耀金钱和挥霍消费的场所，会努力设计各种审慎措施来掩盖经济交换的本质。金钱本是香槟夸富宴的前沿性核心要义，但在客户、俱乐部、经纪人和女孩之间的关系中却被刻意掩饰起来。在这些群体之间的交易里，直接的货币往来属于大忌。对客户来说，俱乐部给他们提供机会，实现彼此之间的联结和对女孩身体的支配，而不用顾忌直接雇用美女会带来的麻烦，那样恐怕过于濒近踩上性禁忌的红线。客户在支付疯涨的酒价时，同时购买了把美女带到身边的隐形劳动；他们买单为的是不用亲自带女孩来，或规避直接付钱给经纪人来换取女孩。从某种程度上说，他们的消费显得心安理得、自然而然。

对经纪人来说，他们讲究关系策略，以把他们与客户之间的联系编织成超越单纯经济往来，甚至刻意积累与商人之间的珍贵人脉，期冀有朝一日入伙商业企业。经纪人日夜不停地劳顿，借关系工作维持礼物、性别和友谊的流动，以模糊女孩实际的经济价值，并显示自己从事正经工作而非拉皮条。通过经纪人的角色，人们可以看到，那些隐形特权如何不均衡地流向美女，以及男性如何在美女陪伴下获取实际利益。[20]

环顾 X 俱乐部室内，每晚有大量美貌和金钱云集于此，其中的劳作自然令人回味。趁德雷正在房间里工作，我告诉他，把他写入了当下我书稿里的一节，他点头表示同意。

"写我，是因为这里所有的人中就我给你讲实情。好吧，我来告诉你是怎么一回事。"他说着，在沙发的上靠背那里稍坐，同时打量自己的桌子和那些从他的香槟瓶里喝酒的漂亮姑娘们。他边对路过的客人点点头说："这个是千万富翁。那个是百万富翁。那些家伙，"——他指了指角落里三个穿着考究的人——"拥有塞尔维亚所有的水资源，至少他们是这么说的；如果是真的，那就是 10 亿美元。而我，就在这些人中间努力赚钱。"

从某种意义上说，德雷是对的。在全球金融和美貌经济之间，经纪人确实起着纽带作用。金融和美貌都是纽约繁华夜生活的中心。经纪人大部分是没受过太多教育的男性，其中很多是非白人移民。他们深知自己在这个富裕世界里难得在场，渴望利用女孩为他们打开的通道进入精英阶层。然而，德雷错了。

他以为自己的社会资本和与商业精英的人脉会把自己推入那些商人的金融轨道,而真相却是,就像女孩一样,经纪人虽然是促成精英派对的重要因素,但精英群体正式成员的大门对他们是关闭的。当一个群体只允许机会在内部囤积并阻止外部介入时,就会产生社会封闭。[21] 有钱的主顾和俱乐部老板在榨取"女孩资本"的同时,也向德雷这样的男人兜售能进入他们行列的幻想。VIP 派对貌似提供了外人可以进入精英网络的舞台,但性别隐喻和社交距离的存在成为一种标识,意味着精英们同女孩、同经纪人建立长期关系都不合时宜。德雷进入精英圈的经历,既显示了社会资本的局限性,也揭示了财富极端不平等带给人的挫败感。在这个亿万富翁的梦幻世界里,他自己的成就总显得那样微不足道。

过了一会儿,我收拾好香奈儿包夹在臂下,亲吻德雷的两颊,说声晚安向他道别。那是我在 X 俱乐部的最后一晚。之后不久,那家俱乐部就关门停业了。

注 释

1 de Grazia 1996, pp. 12 – 13.
2 de Grazia 1996, pp. 12 – 13. 同样,历史学家普遍强调工业革命的意义,而排除了"消费革命"的重要性。然而"消费革命"在 18 世纪的欧洲同样具有重要意义,它对促进工业发展进程中的变革也是不可或缺的。(McCracken 1988, pp. 3 – 4) 也见 Sombart (1913) 1967。
3 从希腊和罗马社会到禁奢法期间,消费与社会等级关系不断变迁。关于这方面历史变革的评论,见 Daloz 2009。

4 McCracken 1988, pp. 31-43.

5 经济学家维尔纳·桑巴特(Werner Sombart,[1913]1967)在《奢侈品与资本主义》一书中指出,奢侈品是获得社会地位的最早手段之一。而对奢侈品的渴望,释放出一股推动资本主义发展的重要力量。

6 Muzzarelli 2009。在法律编纂之前,宗教规范经由着装来确定身份地位。

7 例如,迈克尔·克鲁斯(Michael Kruse, 2017)在《政客》(*Politico*)杂志发文写道:"特朗普被公认为浅薄、只会交易。对他来说,纽约这座城市更多是用来牟利而非体验的地方。大多数纽约精英认为特朗普过于傲慢和轻率,而特朗普又希求纽约精英们能够接纳他,两者大异其趣。特朗普是外来户,资金上受到父亲资助。其父有广泛的政治人脉关系。特朗普想受到重视,但却没人在意。"

8 关于富有阶层借助慈善事业谋求地位,请见 Ostrower 1997, pp. 36-47。在写关于俄罗斯新兴富裕阶层的文章时,伊丽莎白·辛普福斯(Elisabeth Schimpfossl, 2014, pp. 38-64)记录了寡头如何参与艺术和捐赠文化发展项目,并借此实现从炫富到资产阶级合法性的进阶。

9 虽然关于中上阶层和中产阶层文化资本方面的文献汗牛充栋,致力于研究文化和象征资本品类的转换(例如,Khan 2011; Lareau 2003; Rivera 2010),但围绕炫富发生的社会地位变动尚待进一步解析(不过,舒尔茨在 2006 年倒是提供了一个经验案例)。学者们关注的重点在于社会区隔,鲜有对炫富的论述。也许,学者们认为自己在文化资本的概念里扮演着正当角色。在文化资本的博弈中,如果参与其中,学者们有可能获胜,而在经济支配的博弈里,他们几乎肯定会落败。

10 然而,布迪厄(Bourdieu 1984, p. 31)描述了极力以露富来博得地位的现象,称之为"'炫富消费'的直白暴露。这种露富癖实为通过粗俗展示他们的稚拙奢华来谋求在社会区隔中的地位"。他补充说,这种谋取经济支配的策略"根本不具备纯粹的审美能力"。布迪厄详细研究过这种审美禀赋,即中产阶层(bourgeoisie)特有的那种具身性和与生俱来的经典品位。

11 关于刘特佐的生日派对和其他奢华场面的丰富细节,见 Wright and Hope 2018。即使刘特佐拥有巨额甚或不法财富,其生日派对的奢华也并不出奇。2007 年,黑石集团创始人苏世民(Stephen Schwarzman)已年届花甲,他耗资 500 万美元庆祝 60 岁生日，有几十个朋友和金融实业家到场参加派对。据报道，他 70 岁生日派对的花费约是 60 岁生日花费的两倍（Holson 2017）。

12 Frank 1999. 奢华的狂热刺激了"金钱的竞赛"（pecuniary emulation）——凡勃伦所说的任性争胜企图，对上层贵族展开竞争角逐，力争上游，咄咄逼人（Veblen 1899, chap. 2）。金钱的面额，是原始经济力量的展示，从来都是，现在仍是新暴富阶层获得地位的有力工具。社会学家让-帕斯卡尔·达洛兹（Jean-Pascal Daloz, 2009, pp. 61-80）认为，炫富在世界范围内都是社会区隔的有效形式，却并未引起人们的足够重视。基于比较案例研究和历史案例研究，达洛兹提出，除了布迪厄对社会区隔的研究，还要关注精英们常以直接炫富的形式来显示其优势地位。

13 Boltanski and Esquerre 2017. 在聚富经济中，有些商品以非常高的价格出售给非常富有的人。而在大众消费社会条件下，经济的目标是销售大量利润率低的东西给大部分不太富有的人。这表明一种现象：利润归富人所有，由富人掌控，财富的迭代几乎与社会其他群体无关。聚富经济采用叙事策略把商品同世表和传统勾连，从而赋予商品某种价值，导致奇货可居。而如果没有传统叙事的附加，这些商品就不那么值钱了。

14 Pine and Gilmore 1999.

15 Bataille (1949) 1988.

16 Veblen 1899, chap. 4.

17 关于芝加哥精英阶层及其社会规则的论述，见 Zorbaugh 1929。

18 Baker 2018.

19 Keefe 2016。纽约被称为"鬼城"，见 Thompson 2018。

20 经济学家们已经确认美貌的许多社会优势，包括劳动力市场的工资溢价、高收入的配偶以及晋升到领导职位的可能性更大等（Hamermesh 2011）。

21 Weber (1922) 1978, pp. 43-46.

研究附录

我这个研究项目始于 2011 年。当时我重新联系了原来在时尚模特界做田野调查期间遇到的经纪人。早在 2004 年至 2005 年，我读纽约大学研究生时遇到了德雷、蒂博和费利佩，还保留了他们的联系方式。这些年来，他们持续给我发派对和晚宴的邀请短信，我也定期回复他们，以表达谢忱并致问候，即使后来我搬到波士顿就任社会学教授之职也是如此。2010 年夏天，我就开始重启与经纪人中断多年的直接联系，不仅进行了短信沟通，甚至去 X 俱乐部和德雷见面打招呼。2011 年，我找到德雷，请求进入他的 VIP 俱乐部世界进行研究。他邀请我晚上陪他去俱乐部观察他的工作，条件是我不能在任何出版物中使用他的真实姓名。那一年，我曾数次和德雷长谈，并几度在市中心和 X 俱乐部体验夜生活，简直令人陶醉。

经过波士顿大学研究伦理审查委员会的受试者审查，在获得许可后我便于 2012 年和 2013 年对经纪人开始系统地进行观察和访谈。2012 年冬去春来之际，在波士顿大学人文研究中心资助下，我搬回纽约，沉浸于研究场景之中。我再次与蒂博和费利佩取得联系。他们邀我跟随他们进行体验。很快地，通过他们穿针引线，我又在俱乐部结识了其他大量经纪人。2012 年秋天，我回到波士顿继续教学工作，但周末定期去纽约与经纪人会面，确保能保持田野研究的继续。2013年夏天，我再次搬到纽约，继续田野调查和访谈工作。2014年，我到纽约的频率降低，主要是通过短信和脸书与德雷及其他经纪人沟通获取信息。

从2011年到2013年间的大约18个月里，我在纽约17家不同的俱乐部和经纪人度过了百余夜场。曾经有15个不同的周日夜晚，我也造访了纽约"市中心"，通常是和德雷一起去，偶尔也与其他经纪人同行前往。

我将研究初步征募的对象集中在经纪人，原因是他们在全球的俱乐部、美女和客户之间充当着中介角色。德雷和蒂博多年来在业界人缘不错，通过他们容易结识其他经纪人。实际上，刚开始的几个星期里，我几乎每天晚上都能碰见新的经纪人，通常都会与他们交换电话号码，第二天我就给他们发脸书信息或短信，要求进行访谈。脸书和照片墙是识别"女孩"和经纪人的有用工具。我还开设了WhatsApp账号，用来与在国外工作和生活的经纪人沟通，与桑托斯的联系就是如此。

我曾四次应邀前往VIP度假胜地：在迈阿密与桑托斯共度了五个晚上（2012年3月）；在汉普顿度过了两个周末，其中2012年6月与马尔科姆和桑普森同行，2013年6月与通过乔纳斯认识的客户共度；再有就是与桑托斯在戛纳和圣特罗佩度过了一周（2013年7月）。住宿由经纪人、俱乐部与客户安排并支付费用，这是女性参加VIP派对的惯例。不过，与绝大多数其他"女孩"不同，我是自己支付飞往这些目的地的机票，以保证飞行时间安排上更大的自主权。

民族志研究方法非常适合观察像夸富宴之类协调行动背后

的实践逻辑；在本研究当中，补充访谈是必要的，因为在对炫富表象与其深层社会关系的理解上，参与者的意义建构存在令人难以置信的冲突。[1] 我采用玛格丽特·库森巴赫（Margarethe Kusenbach）的"伴同"方法来求解。这种方法混合运用访谈法和参与观察法，研究者跟踪参与者的日常（包括夜间）例行活动，记录参与者在特定场合的互动及其在原发现场对事件的解释，从而研究实体空间的社会结构。[2] 在经纪人允许的情况下，我用音频或打字记录下来经纪人的回答。在44位受访的经纪人中，对其中绝大部分我进行了"伴同"，至少陪他们参加了一次派对，最多的高达10次。有时候，我一晚上要去三四家俱乐部，通常从晚上10点的免费晚餐开始，直到凌晨三四点结束，偶尔还会有后续派对一直超过早上8点。经纪人普遍欢迎我的到来，因为他们的工作本就是让女孩和他们一同出场。为了换取白天跟在他们的身后采访他们，我在晚上扮成"女孩"和他们一起出去。这样，我就用自己的身体资本巧妙解决了民族志研究所说的"备考"准入问题。[3]

俱乐部场所免费向女性提供大量的酒饮和毒品。我在派对期间通常会拿上酒杯，偶尔喝上几口以融入环境，但极少会喝到神志不清。因为俱乐部里每个人都在不停地敲手机，所以在这种场合记笔记也容易。

在我采访的44位经纪人中，多数是我在纽约的俱乐部碰到或通过其他经纪人认识的。其中，有7位正在转型或已经成为俱乐部、餐馆的所有者或经营者。我还专门访谈了3位俱乐部老板，而他们的职业生涯都是从经纪人开始的。访谈有时会持续好几天,那些经纪人在提供关于我们一起外出体验的见解时,看到我用手机打字做记录,他们也都习惯了。有时候,我会躲进饭店和俱乐部的洗手间,记下谈话和观察的细节。我总共邀请了 47 个经纪人参与访谈,其中 3 人出于隐私考虑拒绝了。

考虑到经纪人的人口统计特征,我的样本主要是男性($n=39$),还有 5 名女性。在 44 位受访的经纪人中,超过一半是移民($n=25$)。经纪人样本体现出了民族和种族的多元性,其中超过三分之一是黑人,只有 8 名是美国白人。在这些样本里大多数人会说多种语言,还能与国际客户和模特交谈。他们的年龄从 20 岁到 45 岁不等,平均年龄为 30 岁。我访谈的 44 名经纪人里,有 28 人没有上过大学,或者没有完成学位。他们中有 19 人自称出身贫穷家庭或中下阶层,只有 8 人确认自己来自中上层或富裕家庭(见表 2)。

表 2 经纪人样本描述

经纪人	
共计	44
男性	39
种族	
白人	20
黑人	19
拉美裔	5
亚裔	5

续表

教育水平	
仅高中毕业	16
大学未毕业	12
大专及本科学历	16
阶层背景	
贫困	6
中低收入	13
中等收入	17
上层	3
富裕	5
未来目标	
FNB* 所有者	19
创意领域	9
B2B**	6
公关/营销	5
房地产业	5

* 餐饮业（Food and Beverage Industry）
** 企业对企业的电子商务交易（Business-to-Business Dealmaking）

我共访谈了 20 位俱乐部女孩，主要是从卡座中挑选的。访谈内容主要集中于她们与经纪人和客户的关系，以及她们在这一领域的职业。这类样本中的 20 位女性平均年龄为 23 岁。当时我自己正从 31 岁奔向 32 岁，通常是经纪人卡座间年龄最大的女性。但因为我看上去比实际年龄要小，也不难融入其中。

我还访谈了20位"酒瓶客户"(bottle client),他们都在纽约。在我访谈的所有样本中,这一样本是最难接近的,尽管我在派对上曾多次见到他们。我也可能只是他们视野中的二十几位女性之一,加之俱乐部里乐声嘈杂,几乎没有机会和他们谈论我的研究。只有在安静的夜晚,或者在客户参加派对前的晚餐时,我才得以解释研究项目并邀请他们参与。我对客户样本的招募主要靠经纪人和其他客户引介。德雷和恩里科对客户说我是作家,正在写一本关于夜生活的书。这种介绍方式很有用。我同这些客户集中讨论他们的派对经历、派对动机,及其在俱乐部搭建的人脉关系。在本研究的这些样本中,客户平均年龄为40岁,其中有一半人在金融行业工作,有两人是美容牙医,一人是保险推销员,其余都是企业家。他们超过一半(11人)来自美国本土;其余的人来自南美、亚洲、西欧和东欧等不同地区,有些来纽约旅游,有些在这里定居。

我用Nvivo软件分批对访谈记录和田野调查笔记进行编码,组织出这些章节的主题,其中的内容都是在多轮阅读、重读和听录音基础上归纳出来的。按照当初约定的条件,我已删除了被访者的潜在识别信息,除非另有要求,所有的人名和地名都采用化名。

注　释

1 瑞秋·谢尔曼(Sherman 2017)也通过访谈记录了纽约上流社会和富有房主

之间的矛盾冲突。他们在访谈中尽量将自己的额外权益最小化,尤其是在面对社会学家访谈被迫为自己的消费辩解时。

2 Kusenbach 2003.
3 Nader(1969)1974.

参考文献

Al, Stefan. 2017. *The Strip*. Cambridge, MA: MIT Press.

Adkins, Lisa. 1995. *Gendered Work: Sexuality, Family and the Labour Market*. Buckingham: Open University Press.

Al Jazeera. 2012. "Lover Boys." *Witness*, May 15. http://www.aljazeera.com/programmes/witness/2012/05/201251115345899123.html.

Allison, Anne. 1994. *Nightwork: Sexuality, Pleasure, and Corporate Masculinity in a Tokyo Hostess Club*. Chicago: University of Chicago Press.

Almeling, Rene. 2007. "Selling Genes, Selling Gender: Egg Agencies, Sperm Banks, and the Medical Market in Genetic Material." *American Sociological Review* 72(3): 319–40.

Anderson, Tammy L., Catherine Grunert, Arielle Katz, and Samantha Lovascio. 2010. "Aesthetic Capital: A Research Review on Beauty Perks and Penalties." *Sociology Compass* 4(8): 564–75.

Anteby, Michel. 2010. "Markets, Morals, and Practices of Trade: Jurisdictional Disputes in the U.S. Commerce in Cadavers." *Administrative Science Quarterly* 55(4): 606–38.

Armstrong, Elizabeth A., and Laura T. Hamilton. 2015. *Paying for the Party: How College Maintains Inequality*. Cambridge, MA: Harvard University Press.

Armstrong, Elizabeth A. , Laura T. Hamilton, Elizabeth M. Armstrong, and J. Lotus Sweeney. 2014. "'Good Girls': Gender, Social Class, and Slut Discourse on Campus." *Social Psychology Quarterly* 77(2): 100 – 22.

Attanasio, Orazio, Erik Hurst, and Luigi Pistaferri. 2015. "The Evolution of Income, Consumption, and Leisure Inequality in the United States, 1980 – 2010." In *Improving the Measurement of Consumer Expenditures*, edited by Christopher D. Carroll, Thomas F. Crossley, and John Sabelhaus, 100 – 40. Chicago: University of Chicago Press.

Bailey, Peter. 1998. "Parasexuality and Glamour: The Victorian Barmaid as Cultural Prototype." In *Popular Culture and Performance in the Victorian City*, 151 – 74. Cambridge: Cambridge University Press.

Baker, Kevin. 2018. "The Death of a Once Great City: The Fall of New York and the Urban Crisis of Affluence." *Harper's*, July. https://harpers.org/archive/2018/07/the-death-of-new-york-city-gentrification/?src=longreads.

Balsamini, Dean. 2016. "'We Don't Want Them Here': Suit Claims Eatery Used Race to Seat Patrons." *New York Post*, December 25. https://nypost.com/2016/12/25/we-dont-want-them-here-suit-claims-eatery-used-race-to-seat-patrons/.

Bandelj, Nina. 2012. "Relational Work and Economic Sociology."

Politics & Society 40(2): 175 – 201.

Barrionuevo, Alexei. 2010. "Off Runway, Brazilian Beauty Goes beyond Blonde." *New York Times*, June 8. https://www.nytimes.com/2010/06/08/world/americas/08models.html.

Bataille, Georges. (1949). 1988. *The Accursed Share*. Vol. 1. Translated by Robert Hurley. New York: Zone Books.

Battan, Carrie. 2016. "Money for Nothing: The Lucrative World of Club Appearances." *GQ*, April 4. https://www.gq.com/story/how-celebs-get-paid-for-club-appearances.

Beaverstock, Jonathon, Philip Hubbard, and John Rennie Short. 2004. "Getting Away with It? Exposing the Geographies of the Super-rich." *Geoforum* 35(4): 401 – 7.

Bekiempis, Victoria. 2017. "Brazilian Banker Finally Settles Suit over Unpaid $340G Bar Tab at Club Provocateur." *New York Daily News*, February 2. https://www.nydailynews.com/new-york/brazilian-banker-finally-settles-suit-unpaid-340g-bar-tab-article-1.2962814.

Bell, Emily. 2015. "The Total and Profound Illogic of Relegating Champagne to 'Occasions.'" *Vine Pair*, October 5. https://vinepair.com/wine-blog/the-total-and-profound-illogic-of-relegating-champagne-to-occasions/.

Benzecry, Claudio. 2011. *The Opera Fanatic: Ethnography of an Obsession*. Chicago: University of Chicago Press.

Benzecry, Claudio, and Randall Collins. 2014. "The High of Cultural Experience: Toward a Microsociology of Cultural Consumption."

Sociological Theory 32(4): 307–26.

Bernard, Lise. 2012. "Le capital culturel non certifié comme mode d'accès aux classes moyennes: L'entregent des agents immobiliers." *Actes de la recherche en sciences sociales,* no. 191–92, 68–85.

Bernstein, Elizabeth. 2007. *Temporarily Yours: Intimacy, Authenticity, and the Commerce of Sex.* Chicago: University of Chicago Press.

Bettie, Julie. 2003. *Women without Class: Girls, Race, and Identity.* Berkeley: University of California Press.

Biggart, Nicole Woolsey. 1990. *Charismatic Capitalism: Direct Selling Organizations in America.* Chicago: University of Chicago Press.

Bird, Sharon R. 1996. "Welcome to the Men's Club: Homosociality and the Maintenance of Hegemonic Masculinity." *Gender & Society* 10(2): 120–32.

Birtchnell, Thomas, and Javier Caletrío, eds. 2013. *Elite Mobilities.* London: Routledge.

BlackBook. 2010. "Industry Insiders: Michael Satsky, Agent Provocateur." January 7. https://bbook.com/nightlife/industry-insiders-michael-satsky-agent-provocateur/.

Blair, Elizabeth. 2010. "Strip Clubs: Launch Pad for Hits in Atlanta." NPR, December 23. https://www.npr.org/sections/therecord/2010/12/23/132287578/strip-clubs-launch-pads-for-hits-in-atlanta.

Blum, David. 1978. "Drawing the Line at Studio 54." *New York Times,* June 14.

Boas, Franz. 1921. "Ethnology of the Kwakiutl, Based on Data Collected by George Hunt." *Thirty-Fifth Annual Report of the Bureau of American Ethnology*. 2 parts. Washington, DC: Government Publishing Office.

Bogardus, Emory S. 1933. "A Social Distance Scale." *Sociology & Social Research* 17: 265–71.

Boltanski, Luc, and Arnaud Esquerre. 2017. *Enrichissement: Une critique de la marchandise*. Paris: Gallimard.

Borris, Eileen, and Rhacel Salazar Parreñas. 2010. *Intimate Labors: Cultures, Technologies, and the Politics of Care*. Stanford, CA: Stanford University Press.

Bourdieu, Pierre. 1984. *Distinction: A Social Critique in the Judgement of Taste*. Translated by Richard Nice. London: Routledge.

——. 1986. "The Forms of Capital." In *Handbook of Theory and Research for the Sociology of Education*, edited by John G. Richardson, 241–58. New York: Greenwood Press.

——. (1998) 2001. *Masculine Domination*. Translated by Richard Nice. Cambridge: Polity.

Bruno, Isabelle, and Grégory Salle. 2018. "'Before Long There Will Be Nothing but Billionaires!' The Power of Elites over Space on the Saint-Tropez Peninsula." *Socio-Economic Review* 16(2): 435–58.

Buckley, Cara. 2012. "In Celebrity Brawl at Club, a Scene of Flying Bottles and Ice Cubes." *New York Times*, June 16. https://www.nytimes.com/2012/06/16/nyregion/in-brawl-involving-drake-

and-chris-brown-flying-bottles-and-ice. html.

Burawoy, Michael. 1979. *Manufacturing Consent: Changes in the Labor Process under Monopoly Capitalism*. Chicago: University of Chicago Press.

Burt, Ronald S. 1992. *Structural Holes: The Social Structure of Competition*. Cambridge, MA: Harvard University Press.

Callon, Michel. 1998. "Introduction: The Embeddedness of Economic Markets in Economics." In *The Laws of the Markets*, edited by Michel Callon, 1–56. Oxford: Blackwell.

Chetty, Raj, Nathaniel Hendren, Patrick Kline, and Emmanuel Saez. 2014. "Where Is the Land of Opportunity? The Geography of Intergenerational Mobility in the United States." *Quarterly Journal of Economics* 129(4): 1553–623.

Clemens, Elizabeth Alice. 2006. *Love for Sale: Courting, Treating, and Prostitution in New York City, 1900–1945*. Chapel Hill: University of North Carolina Press.

Collins, Patricia Hill. 2004. *Black Sexual Politics: African Americans, Gender, and the New Racism*. New York: Routledge.

Collins, Randall. 1979. *The Credential Society: A Historical Sociology of Education and Stratification*. Cambridge, MA: Academic Press.

———. 2004. *Interaction Ritual Chains*. Princeton, NJ: Princeton University Press.

Connell, R. W. 1995. *Masculinities: Knowledge, Power and*

Social Change. Berkeley: University of California Press.

Conti, Alie. 2014. "Prostitutes Steal Millions and Walk Free." *Miami New Times*, January 23. https://www.miaminewtimes.com/news/prostitutes-steal-millions-and-walk-free-6394610.

Coontz, Stephanie. 2005. *Marriage, a History: From Obedience to Intimacy, or How Love Conquered Marriage*. New York: Viking.

Cousin, Bruno, and Sébastien Chauvin. 2012. "The Symbolic Economy of Social Capital." *Actes de la recherche en sciences sociales* 193: 96–103.

——. 2013. "Islanders, Immigrants and Millionaires: The Dynamics of Upper-Class Segregation in St Barts, French West Indies." In *Geographies of the Super-Rich*, edited by Iain Hay, 186–200. Cheltenham: Edward Elgar.

——. 2014. "Globalizing Forms of Elite Sociability: Varieties of Cosmopolitanism in Paris Social Clubs." *Ethnic and Racial Studies* 37(12): 2209–25.

Cousin, Bruno, Shamus Khan, and Ashley Mears. 2018. "Theoretical and Methodological Pathways for Research on Elites." *Socio-Economic Review* 16(2): 225–49.

Cressey, Paul Goalby. 1952. *The Taxi-Dance Hall: A Sociological Study in Commercialized Recreation and City Life*. Chicago: University of Chicago Press.

Currid, Elizabeth. 2007. *The Warhol Economy*. Princeton, NJ: Princeton University Press.

Daloz, Jean-Pascal. 2009. *The Sociology of Elite Distinction: From Theoretical to Comparative Perspectives*. Basingstoke: Palgrave Macmillan.

Darr, Asaf. 2003. "Gifting Practices and Interorganizational Relations: Constructing Obligation Networks in the Electronics Sector." *Sociological Forum* 18(1): 31–51.

Darr, Asaf, and Ashley Mears. 2017. "Local Knowledge, Global Networks: Scouting for Fashion Models and Football Players." *Poetics* 62: 1–14.

Davis, Mike, and Daniel Monk, eds. 2008. *Evil Paradises: Dreamworlds of Neoliberalism*. New York: New Press.

Davis, Natalie Zemon. 2006. "Women on Top." In *Early Modern Europe: Issues and Interpretations*, edited by James B. Collins and Karen L. Taylor, 398–411. Oxford: Blackwell.

Delaney, Kevin. 2012. *Money at Work: On the Job with Priests, Poker Players, and Hedge Fund Traders*. New York: NYU Press.

de Grazia, Victoria, 1996. Introduction to part 1, "Changing Consumption Regimes." In *The Sex of Things: Gender and Consumption in Historical Perspective*, edited by Victoria de Grazia, with Ellen Furlough, 11–24. Berkeley: University of California Press.

De Marly, Diana. 1980. *The History of Haute Couture, 1850–1950*. Ann Arbor: University of Michigan Press.

Dolgon, Corey. 2005. *The End of the Hamptons: Scenes from the Class Struggle in America's Paradise*. New York: NYU Press.

Domhoff, G. William. 1975. *Bohemian Grove and Other Retreats: A Study in Ruling-Class Cohesiveness*. New York: Harper and Row.

Durkheim, Émile. (1912) 2001. *The Elementary Forms of Religious Life*. Translated by Karen E. Fields. Oxford: Oxford University Press.

Eells, Josh. 2013. "Night Club Royale." *New Yorker*, September 30. https://www.newyorker.com/magazine/2013/09/30/night-club-royale.

Elberse, Anita. 2013. *Blockbusters: Hit-making, Risk-taking, and the Big Business of Entertainment*. New York: Henry Holt.

——. 2014. "Marquee: Reinventing the Business of Nightlife." Harvard Business School Multimedia/Video Case 515–702, September 2014.

Elberse, Anita, Ryan Barlow, and Sheldon Wong. 2009. "Marquee: The Business of Night Life." Harvard Business School Case 509–019, February.

Elias, Sean. 2008. "Investigating the Aspen Elite." *Contexts* 7 (4): 62–64.

Ellis, Blake, and Melanie Hicken. 2016a. "The 'Model Apartment' Trap." CNN Money, May 12. https://money.cnn.com/2016/05/11/news/runway-injustice-model-apartments/index.html.

——. 2016b. "The Outrageous Cost of Being a Model." CNN Money, May 12. https://money.cnn.com/2016/05/09/news/runway-injustice-model-expenses/index.html.

Elliott, Hannah. 2017. "How One Nightclub Defied the Odds to

Last a Decade — and Make $250 Million." Bloomberg. com, February 21. https://www.bloomberg.com/news/articles/2017-02-21/secrets-of-success-from-1oak-the-250-million-nightclub.

England, Paula, and Nancy Folbre. 1999. "The Cost of Caring." *ANNALS of the American Academy of Political and Social Science* 561 (1): 39–51.

England, Paula, and Elizabeth Aura McClintock. 2009. "The Gendered Double Standard of Aging in US Marriage Markets." *Population and Development Review* 35(4): 797–816.

England, Paula, Emily Fitzgibbons Shafer, and Alison C. K. Fogarty. 2012. "Hooking Up and Forming Romantic Relationships on Today's College Campuses." In *The Gendered Society Reader*, 5th ed., edited by Michael Kimmel and Amy Aronson, 559–72. New York: Oxford University Press.

Entwistle, Joanne, and Elizabeth Wissinger. 2006. "Keeping up Appearances: Aesthetic Labour in the Fashion Modelling Industries of London and New York." *Sociological Review* 54(4): 774–94.

——. 2012. *Fashioning Models: Image, Text and Industry*. London: Berg.

Evans, Caroline. 2001. "The Enchanted Spectacle." *Fashion Theory* 5(3): 271–310.

Evans, Sean. 2010. "Marquee NYC: Still Hip After Seven Years." *Nightclub & Bar*, September 2. https://www.nightclub.com/operations/marquee-nyc-still-hip-after-seven-years.

Farrer, James, and Andrew David Field. 2015. *Shanghai Nightscapes: A Nocturnal Biography of a Global City.* Chicago: University of Chicago Press.

Federici, Silvia. (1975) 2012. "Wages Against Housework." In *Revolution at Point Zero: Housework, Reproduction, and Feminist Struggle,* 15–22. Oakland: PM Press.

Folbre, Nancy, and Julie A. Nelson. 2000. "For Love or Money — Or Both?" *Journal of Economic Perspectives* 14(4): 123–40.

Fox, Emily Jane. 2015. "Here's Where People Are Flying Private Jets." CNN Business, March 5, 2015. http://money.cnn.com/2015/03/04/luxury/top-ten-private-jet-routes/index.html.

Frank, Robert H. 1999. *Luxury Fever: Why Money Fails to Satisfy in an Era of Excess.* New York: Free Press.

Freeland, Chrystia. 2012. *Plutocrats: The Rise of the New Global Super-Rich and the Fall of Everyone Else.* New York: Penguin Press.

Gebhart, Harriet. 1929. "Woodside Girl Scores High as Kicker in Galaxy of Ziegfeld Beauties." *Daily Star Queens Borough,* January 3.

Geertz, Clifford. 1973. *The Interpretation of Cultures.* New York: Basic Books.

Godechot, Olivier. 2016. *Wages, Bonuses and Appropriation of Profit in the Financial Industry: The Working Rich.* London: Routledge.

Goffman, Erving. 1959. *The Presentation of Self in Everyday Life.* New York: Doubleday.

Goffman, Erving. 1967. *Interaction Ritual: Essays in Face to Face Behavior*. New York: Pantheon.

Gottfried, Heidi. 2003. "Temp(t)ing Bodies: Shaping Gender at Work in Japan." *Sociology* 37(2): 257 – 76.

Graeber, David. 2001. *Toward an Anthropological Theory of Value*. New York: Palgrave Macmillan.

Graf, Nikki L., and Christine R. Schwartz. 2010. "The Uneven Pace of Change in Heterosexual Romantic Relationships." *Gender & Society* 25(1): 101 – 7.

Gray, Billy. 2010. "Provocateur Is So Crowded That Nobody Goes There Anymore." *Guest of a Guest*, May 10. http://guestofaguest.com/nightlife/provocateur-is-so-crowded-that-nobody-goes-there-anymore.

Grazian, David. 2007a. "The Girl Hunt: Urban Nightlife and the Performance of Masculinity." *Symbolic Interaction* 30(2): 221 – 43.

——. 2007b. *On the Make: The Hustle of Urban Nightlife*. Chicago: University of Chicago Press.

Green, Adam Isaiah. 2013. "'Erotic Capital' and the Power of Desirability: Why 'Honey Money' Is a Bad Collective Strategy for Remedying Gender Inequality." *Sexualities* 16(1 – 2): 137 – 58.

Gusterson, Hugh. 1997. "Studying Up Revisited." *Political and Legal Anthropology Review* 20(1): 114 – 19.

Guy, Kolleen M. 2003. *When Champagne Became French: Wine and the Making of a National Identity*. Baltimore: Johns Hopkins

University Press.

Hakim, Catherine. 2010. "Erotic Capital." *European Sociological Review* 26(5): 499–518.

Halle, David, and Elizabeth Tiso. 2014. *New York's New Edge: Contemporary Art, the High Line, and Urban Megaprojects on the Far West Side*. Chicago: University of Chicago Press.

Halttunen, Karen. 1982. *Confidence Men and Painted Women: A Study of Middle-Class Culture in America, 1830–1870*. New Haven, CT: Yale University Press.

Hamermesh, Daniel S. 2011. *Beauty Pays: Why Attractive People Are More Successful*. Princeton, NJ: Princeton University Press.

Hamilton, Laura. 2007. "Trading on Heterosexuality: College Women's Gender Strategies and Homophobia." *Gender & Society* 21(2): 145–72.

Hanser, Amy. 2008. *Service Encounters: Class, Gender, and the Market for Social Distinction in Urban China*. Stanford, CA: Stanford University Press.

Harrington, Brooke. 2016. *Capital without Borders: Wealth Managers and the One Percent*. Cambridge, MA: Harvard University Press.

Hay, Iain, and Samantha Muller. 2012. "'That Tiny, Stratospheric Apex That Owns Most of the World': Exploring Geographies of the Super-Rich." *Geographical Research* 50(1): 75–88.

Healy, Kieran. 2006. *Last Best Gifts: Altruism and the Market for *Human Blood and Organs*. Chicago: University of Chicago Press.

Hirschman, Albert. O. 1986. *Rival Views of Market Society and Other Recent Essays*. Cambridge, MA: Harvard University Press.

Ho, Karen. 2009. *Liquidated: An Ethnography of Wall Street*. Durham, NC: Duke University Press.

Hoang, Kimberly Kay. 2011. "'She's Not a Low-Class Dirty Girl!': Sex Work in Ho Chi Minh City, Vietnam." *Journal of Contemporary Ethnography* 40(4): 367–96.

——. 2015. *Dealing in Desire: Asian Ascendancy, Western Decline, and the Hidden Currencies of Global Sex Work*. Oakland, CA: University of California Press.

Holson, Laura. M. 2017. "Camels, Acrobats and Team Trump at a Billionaire's Gala." *New York Times*, February 14. https://www.nytimes.com/2017/02/14/fashion/stephen-schwarzman-billionaires-birthday-draws-team-trump.html.

Horowitz, Jason. 2016. "When Donald Met Melania, Paolo Was There." *New York Times*, September 1. https://www.nytimes.com/2016/09/01/fashion/donald-trump-melania-modeling-agent-paolo-zampolli-daily-mail.html.

Hunter, Marcus Anthony. 2010. "The Nightly Round: Space, Social Capital, and Urban Black Nightlife." *City & Community* 9(2): 165–86.

Hughey, Matthew W. 2012. "Color Capital, White Debt, and the Paradox of Strong White Racial Identities." *Du Bois Review:*

Social Science Research on Race 9(1): 169–200.

Illouz, Eva. 2007. *Cold Intimacies: The Making of Emotional Capitalism*. London: Polity.

——. 2017. "From Donald Trump to Christian Grey: Are Women Secretly Drawn to Beasts?" *Haaretz*, March 2.

Inequality. org. n. d. "Wealth Inequality in the United States." Accessed October 24, 2019. https://inequality.org/facts/wealth-inequality/.

Irigaray, Luce. (1977) 1985. *This Sex Which Is Not One*. Ithaca, NY: Cornell University Press.

Jacobs, Andrew, 1999. "Dance Clubs Heeding Call to Tame Wild Life." *New York Times*, August 31. http://www.nytimes.com/1999/08/31/nyregion/dance-clubs-heeding-call-to-tame-wild-life.html.

Jacobs, Jane. (1961)1992. *The Death and Life of Great American Cities*. New York: Vintage.

Jäntti, Markus, Bernt Bratsberg, Knut Røed, Oddbjørn Raaum, Robin Naylor, Eva Österbacka, Anders Björklund, and Tor Eriksson. 2006. "American Exceptionalism in a New Light: A Comparison of Intergenerational Earnings Mobility in the Nordic Countries, the United Kingdom and the United States." IZA Discussion Paper no. 1938 (January).

Johnsen, Rasmus, and Navid Baharlooie. 2013. "Cult Girl: Responsible Management and Self-management of Subjectivity at Work." Case 713–070–1. Case Centre, Copenhagen Business

School.

Kanter, Rosabeth Moss. 1977. *Men and Women of the Corporation.* New York: Basic Books.

Keefe, Patrick Radden. 2016. "The Kleptocrat in Apartment B." *New Yorker*, January 21. https://www.newyorker.com/news/daily-comment/the-kleptocrat-in-apartment-b.

Khan, Shamus Rahman. 2011. *Privilege: The Making of an Adolescent Elite at St. Paul's School.* Princeton, NJ: Princeton University Press.

Kruse, Michael. 2017. "How Gotham Gave Us Trump." *Politico*, July/August. https://www.politico.com/magazine/story/2017/06/30/donald-trump-new-york-city-crime-1970s-1980s-215316.

Kusenbach, Margarethe. 2003. "Street Phenomenology: The Go-Along Method." *Ethnography* 4(3): 455–85.

Laemmli, Taylor. 2019. "Class Laundering: Perks and the Lifestyle Wage." Presentation at the annual meeting of SASE (Society for the Advancement of Socio-Economics), New York, NY, June.

Lareau, Annette. 2003. *Unequal Childhoods: Class, Race, and Family Life.* Berkeley: University of California Press.

Latham, Angela J. 2000. *Posing a Threat: Flappers, Chorus Girls, and Other Brazen Performers of the American 1920s.* Hanover, NH: University Press of New England.

Laumann, Edward O., Stephen Ellingson, Jenna Mahay, Anthony Paik, and Yoosik Youm. 2004. *The Sexual Organization of the City.*

Chicago: University of Chicago Press.

Lauren, Jillian. 2010. *Some Girls: My Life in a Harem.* New York: Plume.

Lee, Adrian. 2015. "Could the THIRD Mrs. Trump move into the White House?" *Express,* September 8. http://www.express.co.uk/life-style/life/603772/Third-Mrs-Trump-Melania-Donald-Trump-president-White-House.

LeDonne, Rob. 2014. "Opening a Dance Club in the Era of the $100,000-a-Night DJ." *Observer,* November 10. https://observer.com/2014/11/opening-a-dance-club-in-the-era-of-the-100000-a-night-dj/.

Lévi-Strauss, Claude. 1969. *The Elementary Structures of Kinship.* Translated by James Harle Bell, John Richard von Sturmer, and Rodney Needham. Boston: Beacon Press.

Lin, Ken-Hou, and Donald Tomaskovic-Devey. 2013. "Financialization and US Income Inequality, 1970 – 2008." *American Journal of Sociology* 118(5): 1284 – 329.

Llewellyn Smith, Julia. 2006. "No More Sex and the City." *Telegraph,* January 15. https://www.telegraph.co.uk/news/uknews/1507860/No-more-sex-and-the-City.html.

MacLean Annie Marion. 1988. "Two Weeks in Department Stores." *American Journal of Sociology* 4(6): 721 – 41.

Mare, Rob. 2016. "Educational Homogamy in Two Gilded Ages: Evidence from Inter-generational Social Mobility Data." *Annals of the American Academy of Political and Social Science* 663 (1): 117 - 39.

Martin, John Levi, and Matt George. 2006. "Theories of Sexual Stratification: Toward an Analytics of the Sexual Field and a Theory of Sexual Capital." *Sociological Theory* 24(2): 107 - 32.

Martin, Patricia Yancey, and Robert A. Hummer. 1989. "Fraternities and Rape on College Campuses." *Gender & Society* 3(4): 457 - 73.

Matlon, Jordanna. 2016. "Racial Capitalism and the Crisis of Black Masculinity." *American Sociological Review* 81(5): 1014 - 38.

Mauss, Marcel. (1954)1990. *The Gift: Forms and Functions of Exchange in Archaic Societies.* Translated by W. D. Halls. New York: Norton.

May, Reuben A. Buford. 2018. "Velvet Rope Racism, Racial Paranoia, and Cultural Scripts: Alleged Dress Code Discrimination in Urban Nightlife, 2000 - 2014." *City and Community* 17(1): 44 - 64.

May, Reuben A. Buford, and Kenneth Sean Chaplin. 2008. "Cracking the Code: Race, Class, and Access to Nightclubs in Urban America." *Qualitative Sociology* 31(1): 57 - 72.

McClain, Noah, and Ashley Mears. 2012. "Free to Those Who Can Afford It: The Everyday Affordance of Privilege." *Poetics* 40 (2): 133 - 49.

McClintock, Elizabeth Aura. 2014. "Beauty and Status: The Illusion of Exchange in Partner Selection?" *American Sociological Review* 79(4): 575 - 604.

McCracken, Grant. 1988. *Culture and Consumption: New Approaches to the Symbolic Character of Consumer Goods and Activities.* Bloomington: Indiana University Press.

McGoey, Linsey. 2016. *No Such Thing as a Free Gift: The Gates Foundation and the Price of Philanthropy.* New York: Verso.

McIntyre, Hugh. 2015. "American's 10 Biggest Nightclubs Earned over $550 Million in Revenue Last Year." *Forbes*, May 26. https://www.forbes.com/sites/hughmcintyre/2015/05/26/americas-10-biggest-nightclubs-earned-over-550-million-in-revenue-last-year/#ba2418a4514e.

McKendrick, Neil, John Brewer, and J. H. Plumb. 1982. *The Birth of a Consumer Society: The Commercialization of Eighteenth-Century England.* New York: HarperCollins.

Mears, Ashley. 2010. "Size Zero High-End Ethnic: Cultural Production and the Reproduction of Culture in Fashion Modeling." *Poetics* 38(1): 21–46.

——. 2011. *Pricing Beauty: The Making of a Fashion Model.* Berkeley: University of California Press.

——. 2014. "Aesthetic Labor for the Sociologies of Work, Gender, and Beauty." *Sociology Compass* 8(12): 1330–43.

——. 2015a. "Working for Free in the VIP: Relational Work and the Production of Consent." *American Sociological Review* 80(6): 1099–122.

——. 2015b. "Girls as Elite Distinction: The Appropriation of

Bodily Capital." *Poetics* 53: 22 – 37.

Mears, Ashley. 2019. " Des Fêtes très Exclusives. Les Organisateurs de Soirées VIP, des Intermédiaires à la Mobilité Contrariée." *Actes de la recherche en sciences sociales* 230 (December).

Mears, Ashley, and Catherine Connell. 2016. "The Paradoxical Value of Deviant Cases: Toward a Gendered Theory of Display Work." *Signs* 41(2): 333 – 59.

Mencken, H. L. 1919. "Professor Veblen." In *Prejudices: First Series*, 59 – 82. New York: Knopf.

Mikelberg, Amanda. 2016. "NYC's Nightclubs Filled with Imported Models Who Live for Free, Insiders Reveal." *Metro*, October 13. https://www.metro.us/new-york/nyc-s-nightclubs-filled-with-imported-models-who-live-for-free-insiders-reveal/zsJpjl-r8xia58wgFOHM.

Milzoff, Rebecca. 2006. "Taking the Fifth: Can Clubland Survive without Bottle Service?" *New York Magazine*, October 13. http://nymag.com/news/intelligencer/22834/.

Mobley, Mary Edie, and John Humphreys. 2006. "How Low Will You Go?" *Harvard Business Review* (April). https://hbr.org/2006/04/how-low-will-you-go.

Mulvey, Laura. 1989. "Visual Pleasure and Narrative Cinema." In *Visual and Other Pleasures*, 14 – 26. London: Macmillan.

Murray, Charles A. 1984. *Losing Ground: American Social Policy, 1950 – 1980*. New York: Basic Books.

Muzzarelli, Maria Giuseppina. 2009. "Reconciling the Privilege of a Few with the Common Good: Sumptuary Laws in Medieval and Early Modern Europe." *Journal of Medieval and Early Modern Studies* 39(3): 597–617.

Nader, Laura. (1969) 1974. "Up the Anthropologist: Perspectives Gained from Studying Up." In *Reinventing Anthropology*, edited by Dell H. Hymes, 284–311. New York: Random House.

Neate, Rupert. 2017. "Richest 1% Own Half the World's Wealth, Study Finds." *Guardian*, November 17. https://www.the-guardian.com/inequality/2017/nov/14/worlds-richest-wealth-credit-suisse.

Neveu, Érik. 2013. "Les sciences sociales doivent-elles accumuler les capitaux?" *Revue française de science politique* 63(2): 337–58.

Niemietz, Brian. 1999. "Model Mayhem." *New York Post*, November 30. https://nypost.com/1999/11/30/model-mayhem/.

——. 2006. "Bottle Service: A Brief History." *New York Magazine*, June 15. http://nymag.com/nightlife/features/17308/.

Nightclub & Bar Staff. n. d. "2015 Top 100 List." *Nightclub & Bar*. Accessed October 24, 2019. https://www.nightclub.com/industry-news/2015-top-100-list.

Odell, Amy. 2013. "10 Ways to Get Into New York's 'Hottest' Nightclub." *Buzzfeed*, March 21. https://www.buzzfeed.com/amyodell/10-ways-to-get-into-new-yorks-hottest-nightclub?utm_term=.lrQ3MmP66A#.kdQZnDadd9.

Office of the New York State Comptroller. 2018. "New York City Securities Industry Bonus Pool." March 26. https://www.osc.

state. ny. us/press/releases/mar18/wall-st-bonuses-2018-sec-industry-bonus-pool. pdf.

Osburg, John. 2013. *Anxious Wealth: Money and Morality among China's New Rich*. Stanford, CA: Stanford University Press.

Ostrander, Susan A. 1984. *Women of the Upper Class*. Philadelphia: Temple University Press.

Ostrower, Francie. 1997. *Why the Wealthy Give: The Culture of Elite Philanthropy*. Princeton, NJ: Princeton University Press.

Otis, Eileen. 2011. *Markets and Bodies: Women, Service Work, and the Making of Inequality in China*. Stanford, CA: Stanford University Press.

PageSix. com Staff. 2009. "Clubs Court Low-Key Mr. Low." *Page Six*, November 10. https://pagesix.com/2009/11/10/clubs-court-low-key-mr-low/.

PageSix. com Staff. 2010. "Billionaires Vie to See Who Can Order More Champagne in Saint Tropez." *New York Post*, July 24. https://pagesix.com/2010/07/24/billionaires-vie-to-see-who-can-order-more-champagne-in-saint-tropez/.

Park, Lisa Sun-Hee, and David N. Pellow. 2011. *The Slums of Aspen: Immigrants vs. the Environment in America's Eden*. New York: NYU Press.

Parreñas, Rhacel Salazar. 2011. *Illicit Flirtations: Labor, Migration, and Sex Trafficking in Tokyo*. Stanford, CA: Stanford University Press.

Peiss, Kathy. 2004. "Charity Girls and City Pleasures." *Magazine of History* 18(4): 14-16.

Piketty, Thomas. 2014. *Capital in the Twenty-First Century*. Translated by Arthur Goldhammer. Cambridge, MA: Belknap Press of Harvard University Press.

Piketty, Thomas, and Emmanuel Saez. 2003. "Income Inequality in the United States: 1913-1998." *Quarterly Journal of Economics* 118(1): 1-39.

Pine, B. Joseph II, and James H. Gilmore. 1999. *The Experience Economy: Work Is Theatre and Every Business a Stage*. Boston: Harvard Business School Press.

Podolny, Joel. 2005. *Status Signals: A Sociological Study of Market Competition*. Princeton, NJ: Princeton University Press.

Poulin, Michelle J. 2007. "Sex, Money, and Premarital Relationships in Southern Malawi." *Social Science Medicine* 65(11): 2382-93.

Prieur, Annick, and Mike Savage. 2013. "Emerging Forms of Cultural Capital." *European Societies* 15(2): 246-67.

Quinn, Beth A. 2002. "Sexual Harassment and Masculinity: The Power and Meaning of 'Girl Watching'." *Gender & Society* 16(3): 386-402.

Quinones, Sam. 2015. *Dreamland: The True Tale of America's Opioid Epidemic*. London: Bloomberg.

Restaurant & Bar Design Staff. 2015. "Restaurant & Bar Design Award Shortlist 2015: Nightclub." *Restaurant & Bar Design*, July 29. https://restaurantandbardesign.com/2015/07/29/restaurant-bar-designawards-shortlist-2015-nightclub/.

Rivera, Lauren. 2010. "Status Distinctions in Interaction: Social Selection and Exclusion at an Elite Nightclub." *Qualitative Sociology* 33(3): 229–55.

Roose, Kevin. 2012. "A Raucous Hazing at a Wall St. Fraternity." *New York Times*, January 20. https://dealbook.nytimes.com/2012/01/20/raucous-hazing-at-a-wall-st-fraternity/.

Rossman, Gabriel. 2014. "Obfuscatory Relational Work and Disreputable Exchange." *Sociological Theory* 32(1): 43–63.

———. 2017. "They Meant Us No Harm, But Only Gave Us the Lotus." *Code and Culture*, January 27. https://codeandculture.wordpress.com/2017/01/27/they-meant-us-no-harm-but-only-gave-us-the-lotus/.

Roth, Louise Marie. 2006. *Selling Women Short: Gender and Money on Wall Street*. Princeton, NJ: Princeton University Press.

Rowe, Carmen. 2018. "Girls Just Wanna Have Funds." Paper presented at the Annual American Sociological Association Conference, Philadelphia, August.

Rubin, Gayle. (1975) 1997. "The Traffic in Women: Notes on the 'Political Economy' of Sex." In *The Second Wave: A Reader in Feminist Theory*, edited by Linda Nicholson, 27–62. New York: Routledge.

Saez, Emmanuel. 2009. "Striking it Richer: The Evolution of Top Incomes in the United States (Update with 2007 Estimates)."

August 5, update of "Striking it Richer: The Evolution of Top Incomes in the United States." *Pathways Magazine* (Winter 2008): 6–7. https://eml.berkeley.edu/~saez/saez-UStopincomes-2007.pdf.

Saez, Emmanuel, and Gabriel Zucman. 2016. "Wealth Inequality in the United States since 1913: Evidence from Capitalized Income Tax Data." *Quarterly Journal of Economics* 131(2): 519–78.

Sahlins, Marshall D. 1963. "Poor Man, Rich Man, Big-Man, Chief: Political Types in Melanesia and Polynesia." *Comparative Studies in Society and History* 5(3): 285–303.

Salmon, Felix. 2015. "Plutocrats Gone Wild." *New York Times*, May 17. https://www.nytimes.com/2015/05/17/t-magazine/plutocrats-gone-wild.html.

Sanders, Lise Shapiro. 2006. *Consuming Fantasies: Labor, Leisure, and the London Shopgirl, 1880–1920*. Columbus: Ohio State University Press.

Sanders, Teela, and Kate Hardy. 2012. "Devalued, Deskilled and Diversified: Explaining the Proliferation of the Strip Industry in the UK." *British Journal of Sociology* 63(3): 513–32.

Savage, Mike. 2015. "Introduction to Elites: From the 'Problematic of the Proletariat' to a Class Analysis of 'Wealth Elites.'" *Sociological Review* 63(2): 223–39.

Scarano, Ross. 2012. "The Oral History of the Tunnel." *Complex*, August 21. https://www.complex.com/pop-culture/2012/08/the-oral-history-of-the-tunnel.

Schama, Simon. (1987) 1997. *The Embarrassment of Riches: An Interpretation of Dutch Culture in the Golden Age.* New York: Vintage.

Schimpfossl, Elisabeth. 2014. "Russia's Social Upper Class: From Ostentation to Culturedness." *British Journal of Sociology* 65(1): 63–81.

Schulz, Jeremy. 2006. "Vehicle of the Self: The Social and Cultural Work of the H2 Hummer SUV." *Journal of Consumer Culture* 6(1): 57–86.

Schwartz, Christine R. 2010. "Earnings Inequality and the Changing Association between Spouses' Earnings." *American Journal of Sociology* 115(5): 1524–57.

Sengupta, Somini. 2012. "Preferred Style: Don't Flaunt It in Silicon Valley." *New York Times*, May 18.

Sewell, Jessica. 2010. *Women and the Everyday City: Public Space in San Francisco, 1890–1915.* Minneapolis: University of Minnesota Press.

Sheller, Mimi, and John Urry. 2006. "The New Mobilities Paradigm." *Environment and Planning A: Economy and Space* 38(2): 207–26.

Sherman, Rachel. 2007. *Class Acts: Service and Inequality in Luxury Hotels.* Berkeley: University of California Press.

——. 2017. *Uneasy Street: The Anxieties of Affluence.* Princeton, NJ: Princeton University Press. Shilling, Chris. 2012. "The Body and Physical Capital." In *The Body and Social Theory*, 3rd ed., 135–

60. London: SAGE.

Shrum, Wesley, and John Kilburn. 1996. "Ritual Disrobement at Mardi Gras: Ceremonial Exchange and Moral Order." *Social Forces* 75(2): 423 – 58.

Silver, Daniel, and Terry Clark. 2016. *Scenescapes: How Qualities of Place Shape Social Life*. Chicago: University of Chicago Press.

Siwolop, Sana. 2001. "A Warehouse Turns into Retail Space." *New York Times*, August 15. https://www.nytimes.com/2001/08/15/nyregion/commercial-real-estate-a-warehouse-turns-into-retail-space.html.

Skeggs, Beverley. 2004. "Context and Background: Pierre Bourdieu's Analysis of Class, Gender and Sexuality." In *Feminism after Bourdieu: International Perspectives*, edited by Lisa Adkins and Beverley Skeggs, 19 – 33. Oxford: Blackwell.

Sky, Jennifer. 2014. "Young Models Are Easy Pickings for the City's Club Promoters." *Observer*, September 22. https://obser-ver.com/2014/09/young-models-are-easy-pickings-for-the-citys-club-promoters/.

Solomon-Godeau, Abigail. 1986. "The Legs of the Countess." *October* 39 (Winter): 65 – 108.

Sombart, Werner. (1913). 1967. *Luxury and Capitalism*. Translated by W. R. Dittmar. Ann Arbor: University of Michigan Press.

Sontag, Susan. 1972. "The Double Standard of Aging." *Saturday Review*, September 23.

Spradley, James P., and Brenda E. Mann. 1974. *The Cocktail

Waitress: Woman's Work in a Man's World. New York: Wiley.

Story, Louise. 2008. "On Wall Street, Bonuses, Not Profits, Were Real." *New York Times*, December 17. https://www.nytimes.com/2008/12/18/business/18pay.html.

Strauss, Neil. 2005. *The Game: Penetrating the Secret Society of Pickup Artists*. Los Angeles: ReganBooks.

Stuyvesant, Stanley. 2009. "Group behind Bagatelle to Take Over the Merkato 55 Space." *Guest of a Guest*, September 29. http://guestofaguest.com/new-york/restaurants/breaking-group-behind-bagatelle-to-take-over-the-merkato-55-space.

Suttles, Wayne. 1960. "Affinal Ties, Subsistence, and Prestige among the Coast Salish." *American Anthropologist* 62(2): 296–305.

Swader, Chris S., et al. 2013. "Love as a Fictitious Commodity: Gift-for-Sex Barters as Contractual Carriers of Intimacy." *Sexuality and Culture* 17(4): 598–616.

Tao Group. n.d. "About." Accessed October 29, 2018. https://taogroup.com/about/.

Taddeo, Lisa. 2010. "Rachel Uchitel Is Not a Madam." *New York Magazine*, April 2. http://nymag.com/news/features/65238/.

The Star. 2010. "Right Place, Right Time, Right People." July 29. https://www.thestar.com.my/news/nation/2010/07/29/right-place-right-time-right-people/.

Thompson, Derek. 2018. "How Manhattan Became a Rich Ghost Town." *CityLab*, October 15. https://www.citylab.com/life/2018/

10/how-manhattan-became-rich-ghost-town/573025/.

Thornton, Sarah. 1995. *Club Cultures: Music, Media and Subcultural Capital*. London: Polity.

Tobias, Megan Neely. 2018. "Fit to Be King: How Patrimonialism on Wall Street Leads to Inequality." *Socio-Economic Review* 16(2): 365–85.

Tutenges, Sébastien. 2013. "The Road of Excess: Young Partyers Are Searching for Communion, Intensity, and Freedom." *Harvard Divinity School Bulletin*. Accessed October 29, 2018. https://bulletin.hds.harvard.edu/book/export/html/264281.

Urken, Ross Kenneth. 2011. "The Origin of Bottle Service: The Scintillating Backstory to Club Flashiness." *Guest of a Guest*, March 1, 2011. https://guestofaguest.com/new-york/nightlife/the-origin-of-bottle-service-the-scintillating-backstory-to-club-flashiness.

Urry, John. 2010. "Consuming the Planet to Excess." *Theory, Culture & Society* 27(2–3): 191–212.

Vankin, Deborah, and Matt Donnelly. 2011. "Nightclubs Having a Whale of a Time." *Los Angeles Times*, October 15. http://articles.latimes.com/2011/oct/15/entertainment/la-et-bottle-service-20111015.

Veblen, Thorstein. 1899. *The Theory of the Leisure Class: An Economic Study of Institutions*. New York: Macmillan.

Wacquant, Loïc J. D. 1995. "Pugs at Work: Bodily Capital and Bodily Labour among Professional Boxers." *Body & Society* 1(1): 65–93.

Wacquant, Loïc J. D. 2004. "Following Pierre Bourdieu into the Field." *Ethno-graphy* 5(4): 387–414.

Wallace, Benjamin. 2013. "A Very Exclusive Brawl." *Vanity Fair*, April 2. https://www.vanityfair.com/style/scandal/2013/05/model-mogul-nightclub-brawl-double-seven.

Waller, Wallard. 1937. "The Rating and Dating Complex." *American Sociological Review* 2: 727–34.

Warhurst, Chris, and Dennis P. Nickson. 2001. "Looking Good and Sounding Right: Style Counselling and the Aesthetics of the New Economy." *Industrial Society* 33(1): 51–64.

———. 2009. "'Who's Got the Look?' Emotional, Aesthetic and Sexualized Labour in Interactive Services." *Gender, Work and Organization* 16(3): 385–404.

Warikoo, Natasha. 2011. *Balancing Acts: Youth Culture in the Global City*. Berkeley: University of California Press.

Watson, Allan. 2016. "'One Time I'ma Show You How to Get Rich!' Rap Music, Wealth, and the Rise of the Hip-hop Mogul." In *Handbook on Wealth and the Super-Rich*, edited by Iain Hay and Jonathon V. Beaverstock, 178–98. Northampton, MA: Edward Elgar.

Weber, Max. (1922) 1978. *Economy and Society: An Outline of Interpretive Sociology*. Translated by Guenther Roth. Berkeley: University of California Press.

———. 1930. *The Protestant Ethic and the Spirit of Capitalism*. Translated by Talcott Parsons. New York: Charles Scribner's Sons.

Webster, Murray, Jr., and James E. Driskell Jr. 1983. "Beauty as Status." *American Journal of Sociology* 89(1): 140–65.

Weinbaum, Alys Eve, Lynn M. Thomas, Priti Ramamurthy, Uta G. Poiger, Madeline Y. Dong, and Tani E. Barlow. 2008. "The Modern Girl as a Heuristic Device: Collaboration, Connective Comparison, Multidirectional Citation." In *The Modern Girl around the World: Consumption, Modernity, and Globalization,* edited by Alys Eve Weinbaum, Lynn M. Thomas, Priti Ramamurthy, Uta G. Poiger, Madeline Y. Dong, and Tani E. Barlow. Durham, NC: Duke University Press.

Weitzer, Ronald. 2000. *Sex for Sale: Prostitution, Pornography, and the Sex Industry.* New York: Routledge.

Wherry, Frederick F. 2008. "The Social Characterizations of Price: The Fool, the Faithful, the Frivolous, and the Frugal." *Sociological Theory* 26(4): 363–79.

Willett, Megan. 2013. "The Days of VIP Bottle Service at New York City's Nightclubs Are So Over." *Business Insider*, March 8. https://www.businessinsider.com/bottle-service-is-over-at-nyc-clubs-2013-3.

Williams, Christine L. 1995. *Still a Man's World: Men Who Do Women's Work.* Berkeley: University of California Press.

Williams, Christine L., and Catherine Connell. 2010. "'Looking Good and Sounding Right': Aesthetic Labor and Social Inequality in the Retail Industry." *Work and Occupations* 37(3): 349–77.

Wilson, Eli. 2016. "Matching Up: Producing Proximal Service in a Los Angeles Restaurant." *Research in the Sociology of Work* 29: 99–124.

Wingfield, Adia Harvey. 2009. "Racializing the Glass Escalator: Reconsidering Men's Experiences with Women's Work." *Gender & Society* 23(1): 5–26.

Wolf, Eric R. 1999. *Envisioning Power: Ideologies of Dominance and Crisis.* Berkeley: University of California Press.

Wright, Tom, and Bradley Hope. 2018. *Billion Dollar Whale: The Man Who Fooled Wall Street, Hollywood, and the World.* New York: Hachette.

Yaffa, Joshua. 2009. "Barbarians at the Gate." *New York Times*, September 27. https://www.nytimes.com/2009/09/27/style/tmagazine/27moscoww.html.

Zampolli, Paolo. 2011. "Zampolli's World: Paolo Zampolli Celebrates His Birthday at Provocateur NYC." *Haute Living*, March 14. https://hauteliving.com/2011/03/zampollis-world-paolo-zampolli-celebrates-his-birthday-at-provocateur-nyc/139181/.

Zelizer, Viviana. 1994. *The Social Meaning of Money.* New York: Basic Books.

——. 2005. *The Purchase of Intimacy.* Princeton, NJ: Princeton University Press.

——. 2006. "Money, Power, and Sex." *Yale Journal of Law and Feminism* 18(1): 303–15.

Zelizer, Viviana. 2012. "How I Became a Relational Economic Sociologist and What Does That Mean?" *Politics & Society* 40(2): 145-74.

Ziff, Sara. 2014. "Yes, You Should Feel Bad for Models: We're Being Told to Diet — Or Go Broke." *Guardian*, September 9. https://www.theguardian.com/commentisfree/2014/sep/09/models-diet-go-broke-modeling-industry.

Zorbaugh, Harvey. 1929. *The Gold Coast and the Slum: A Sociological Study of Chicago's Near North Side*. Chicago: University of Chicago Press.

MINT LAB　薄荷实验·已出书目

"薄荷实验"是华东师范大学出版社旗下的社科学术出版品牌，主张"像土著一样思考"（Think as the Natives），以期更好地理解自我、他人与世界。该品牌聚焦于社会学、人类学方向，探索这个时代面临的重要议题。相信一个好的故事可以更加深刻地改变现实，为此，我们无限唤醒民族志的魔力。

《香港重庆大厦：世界中心的边缘地带》
麦高登 著　杨玚 译

《特权：圣保罗中学精英教育的幕后》
西莫斯·可汗 著　蔡寒韫 译

《音乐神童加工厂》
伊莎贝拉·瓦格纳 著　黄炎宁 译

《学以为己：传统中国的教育》
李弘祺 著

《乳房：一段自然与非自然的历史》
弗洛伦斯·威廉姆斯 著　庄安祺 译

《美丽的标价：模特行业的规则》
阿什利·米尔斯 著　张皓 译

《喂养中国小皇帝：儿童、食品与社会变迁》
景军 主编　钱霖亮、李胜等 译

《给无价的孩子定价：变迁中的儿童社会价值》
维维安娜·泽利泽 著　王水雄等 译

《唐人街：镀金的避难所、民族城邦和全球文化流散地》
王保华、陈志明 主编　张倍瑜 译

《捡垃圾的人类学家：纽约清洁工纪实》
罗宾·内葛 著　张弼衍 译

《人行道王国》
米切尔·邓奈尔 著　马景超、王一凡、刘冉 译

《清算：华尔街的日常生活》

何柔宛 著 翟宇航等 译

《看上去很美：整形美容手术在中国》

文华 著 刘月 译

《找工作：关系人与职业生涯的研究》

马克·格兰诺维特 著 张文宏 译

《道德与市场：美国人寿保险的发展》

维维安娜·泽利泽 著 姚泽麟等 译

《末日松茸：资本主义废墟上的生活可能》

罗安清 著 张晓佳 译

《母乳与牛奶：近代中国母亲角色的重塑（1895-1937）》

卢淑樱 著

《生老病死的生意：文化与中国人寿保险市场的形成》

陈纯菁 著 魏海涛、符隆文 译

《病毒博物馆：中国观鸟者、病毒猎人和生命边界上的健康哨兵》

弗雷德雷克·凯克 著 钱楚 译

《感情研究指南：情感史的框架》

威廉·雷迪 著 周娜 译

《培养好孩子：道德与儿童发展》

许晶 著 祝宇清 译

《拯救婴儿？新生儿基因筛查之谜》

斯蒂芬·蒂默曼斯、玛拉·布赫宾德 著 高璐 译

《金钱的社会意义：私房钱、工资、救济金等货币》

维维安娜·泽利泽 著 姚泽麟等 译

《成为三文鱼：水产养殖与鱼的驯养》

玛丽安娜·伊丽莎白·利恩 著 张雯 译

《特殊待遇：来自亚洲一流医院的医学生》
　　安娜·鲁多克 著　于茗骞 译

《生活在写作之中：与契诃夫一同磨砺民族志技艺》
　　基伦·纳拉扬 著　淡豹 译

《修复世界：保罗·法默博士与下一代医生的对话》
　　保罗·法默 著　张晶 译

《金门：美国住房之战》
　　康纳·多尔蒂 著　相欣奕、张美华 译

《寻找正确的单词：一个关于文学、悲伤和大脑的故事》
　　辛迪·温斯坦、布鲁斯·米勒 著　鲍伟奇 译

《拍电影的人类学家：先驱让·鲁什的田野与民族志研究》
　　保罗·斯托勒 著　杨德睿 译

《VIP世界：美貌经济的社会学透视》
　　阿什利·米尔斯 著　时川萌 译

薄荷实验·中文原创

《生熟有道：普洱茶的山林、市井和江湖》
　　张静红 著

《过渡劳动：平台经济下的外卖骑手》
　　孙萍 著

《薄暮时分：在养老院做田野》（暂名）
　　吴心越 著

《生命使用手册》

迪杰·法桑 著 边和 译

《不安之街：财富的焦虑》

瑞秋·谢尔曼 著 黄炎宁 译

《寻找门卫：一个隐蔽的社交世界》

彼得·比尔曼 著 王佳鹏 译

《依海之人：马达加斯加的维佐人，一本横跨南岛与非洲的民族志》

丽塔·阿斯图蒂 著 宋祺 译

《风险的接受：社会科学的视角》

玛丽·道格拉斯 著 熊畅 译

《人类学家如何写作：民族志阅读指南》

帕洛玛·盖伊·布拉斯科、胡安·瓦德尔 著 刘月 译

《亲密的分离：当代日本的独立浪漫史》

艾莉森·阿列克西 著 徐翔宁、彭馨妍 译

《亨丽埃塔与那场将人类学送上审判席的谋杀案》

吉尔·施梅勒 著 黄若婷 译

《实验室生活：科学事实的建构过程》

布鲁诺·拉图尔、史蒂夫·伍尔加 著 修丁 译

《德国电梯社会：一个欧洲心脏地区的危机》

奥利弗·纳赫特威 著 黄琬 译

《封面之下：一本小说的创作、生产与接受》

克莱顿·柴尔德斯 著 张志强、王翡 译

《离开学术界：实用指南》

克里斯托弗·卡特林 著 何啸风 译

《影子母亲：保姆、换工与育儿中的微观政治》

卡梅隆·林·麦克唐纳 著 杨可 译

《诊所在别处：成瘾人类学和药物依赖下的青少年》

托德·迈耶斯 著 姚雨萌 译